GIANMA

VIANANDA

UOMINI CHE VERRANNO

www.gianmariazago.com - www.viananda.info
info@gianmariazago.com

Autore: Gianmaria Zago
Copertina e impaginazione: Greta Centazzo

L'autore suggerisce la visione dell'omonimo film *Viananda* creato da Francesco Garbo e Gianmaria Zago.

Prima edizione StreetLib aprile 2022.

Dicembre 2024

A Tobia

Dedicato agli uomini che verranno...

Che il cammino
ti sia lieve
e illuminato.

Mamma

INDICE

PREFAZIONE

A cura di Pier Luigi Luisi

Questo libro potrebbe essere visto come un viaggio, un viaggio metaforico che ci porta attraverso le varie fasi e problematiche della vita. Un viaggio che come destinazione ha il raggiungimento, o almeno la visione, di un mondo possibilmente migliore, verso la Terra di quegli uomini che non ci sono ancora, e che verranno. Verso *Ananda*, che, come scrive l'Autore, è un termine sanscrito che definisce il concetto di serenità interiore, la quale riflette, o dovrebbe riflettere, la serenità del mondo esterno. Uno scenario da cui siamo lontani, ed ecco allora il viaggio, un cammino non facile in un percorso quasi rivoluzionario.

Partendo da una vecchia metafora di Gurdjieff, viene offerto un bel quadro che incorpora tutta una serie di problematiche, da analizzare e superare. Ed è necessario trattare queste tematiche, parlare allora del mondo della psiche, della coscienza, di scienza e spiritualità. Senza dimenticare il corpo, le malattie e la salute, cui è dedicato un bell'intermezzo sulla medicina integrata. Alcuni aspetti appunto che una volta chiariti, ammesso che si possa farlo, dovrebbero condurre ad una comprensione di cosa sia la serenità di cui si parlava sopra.

Una parte significativa del libro è riservata all'educazione e all'insegnamento: chiaramente gli uomini che verranno, quelli non ancora presenti, saranno "nuovi" solo se educati in un modo nuovo, al di fuori delle strategie imperanti del business e del guadagno a tutti i costi. Aspetti, quest'ultimi, che determinano pure lo stato angoscioso del nostro mondo, minacciato ora più che mai da catastrofi globali. Siamo in una dimensione in cui tutto è connesso, la situazione della Terra è quindi profondamente dipendente dall'organizzazione economica e politica, alla quale è dedicato perciò un consistente capitolo.

Sopravviverà l'uomo? Riusciranno a manifestarsi gli uomini che verranno, coloro i quali sentono il profumo di Ananda? È la domanda, e anche il dubbio, che si sente aleggiare durante tutto il viaggio.

Nonostante l'attuale scenario infelice che viene descritto, l'Autore propone spesso nel libro sprazzi di luce, attraverso le voci dei vari personaggi intervistati, figure di particolare rilievo che un individuo incontra nella vita, e che magari permettono di fare un salto quantico con una sola frase, con un esempio, o semplicemente con la loro presenza silente.

Le interviste presenti nel libro ci interfacciano con varie problematiche, con un senso di spontaneità e freschezza che possono aiutare nel cammino verso un mondo nuovo. La progressione verso Ananda deve essere un processo collettivo pur provenendo dall'intersoggettività di un profondo lavoro di risveglio e consapevolezza.

Un invito, un memento, agli uomini che verranno. Un libro utile da tenere sempre pronto sul comodino.

A cura di Roberto Maria Sassone

Questo è un libro vivo che parla più al cuore che alla mente. Esso si fonda su interviste e quindi sul linguaggio parlato che non ha la precisione del saggio, ma ha la vividezza della spontaneità. Il costrutto sintattico non è preciso, ma si evidenzia la personalità degli autori, l'intimità dei loro pensieri, il sentimento con cui sono espressi. Questo, a mio avviso, è uno dei pregi di questa opera.

Claudio Naranjo evidenzia come il peccato originale abbia condizionato l'uomo occidentale al senso di colpa e dice: «Non è forse questo il problema fondamentale dell'umanità? Non sarà forse che, se volessimo migliorare il mondo, la cosa più importante sarebbe restituire agli esseri umani la fede, che forse si potrebbe definire più che fede, quella consapevolezza che il buddhismo sottolinea quando afferma che siamo tutti Buddha che hanno dimenticato la loro vera natura?».

Concordo pienamente con questa affermazione. La salvezza dell'umanità risiede nel ritrovamento della sua natura spirituale, che costituisce il fulcro dell'intera sua personalità e che offre la spinta e le motivazioni alle sue azioni, in quanto non dirette da motivazioni egoiche, ma da aspirazioni etiche.

Il recupero della spiritualità non può però essere un processo intellettuale ed ideologico, ma impegna ogni individuo in un percorso di conoscenza di sé ad ogni livello con un approccio sistemico che non trascura l'interazione continua dei suoi processi mentali, emotivi, istintuali e meramente biologici. L'esperienza spirituale non si svela se la struttura psicofisica è inquinata, frammentata e conflittuale.

Con queste premesse la psicologia acquista una grande rilevanza e responsabilità e deve assumere un paradigma olistico, sistemico ed integrale, riconoscendosi il compito di rendere funzionale il biosistema umano per renderlo il portavoce dello Spirito.

Nella cultura materialistica non c'è spazio per lo spirito che per la maggior parte delle persone è considerato un tema di pertinenza delle religioni. Questo è un grave errore, un pregiudizio che relega la spiritualità alle alte sfere ideali ed astratte. L'esperienza spirituale è invece un aspetto fondamentale della natura umana, testimoniata e manifestata in ogni epoca e tradizione da esseri umani che ne hanno fatto esperienza attraverso pratiche codificate molto concrete che riguardano il corpo e le sue funzioni.

Nella Filosofia Perenne scorre in numerose diramazioni iniziatiche una vera prassi spirituale, una metodologia atta a rendere le funzioni umane dei portali per far emergere un centro di coscienza, il Sé interiore, spostando in tal modo l'asse dell'identità dall'ego al Sé interiore. Così facendo cambia completamente la coscienza di sé e lo sguardo e la prospettiva sulle cose; appare un Testimone silenzioso che vede senza essere offuscato dalla griglia mentale ed emozionale.

La libertà quindi è una conquista interiore, prima che diventi esteriore. Ma non può essere una conquista soltanto personale; sarebbe ben misera cosa se non tenesse conto della libertà collettiva. Il cammino individuale per ritrovare il proprio centro di coscienza acquista valore etico messo al servizio della comunità. La spiritualità è connessa col Bene comune, con la vivida esperienza di sentirsi collegati ed uniti nel Cuore segreto che batte in ogni essere umano e nel flusso vitale che anima ogni essere vivente e la Terra intera.

In questo approccio sistemico all'essere umano non si può scindere la psicologia dalla spiritualità. La spiritualità è la funzione più nobile dell'essere umano che fiorisce però in un terreno psicologico ben coltivato, in cui sono state estirpate le erbacce infestanti.

Il materialismo consumistico però si appropria di tutto, anche della spiritualità, e la rende bene di commercio, ne prende gli aspetti rassicuranti, buonistici, e la fa diventare vino annacquato. Bisogna quindi essere ben vigili e critici di fronte a questo fenomeno. Alcuni percorsi di crescita personale hanno il fine di creare uomini addormentati che si credono svegli.

Certi corsi per lo sviluppo interiore sfruttano negli individui il desiderio di diventare qualcuno, di essere speciali, di sviluppare dei poteri, e trasformano in anticoscienza il cammino. Perciò consiglio di rivolgersi sempre ad insegnanti qualificati dopo essersi informati attentamente per non cadere nelle trappole e nelle sofisticazioni di gran parte del pensiero new age.

L'azione di risveglio interiore dovrebbe avere inizio in tenera età, a partire dalla scuola materna fino all'università. La scuola e l'istruzione dovrebbero avere il primo posto tra le priorità dello stato. La categoria degli insegnanti dovrebbe essere un vero "corpo scelto", curato in maniera particolare, istruito alla ricerca interiore, seguito nella conoscenza di sé, nella trasformazione e nella crescita psicologica personale. Gli insegnanti hanno infatti la grande responsabilità di consentire ad ogni alunno e allievo di sviluppare il potenziale individuale, i suoi talenti, l'intelligenza del cuore. Dovrebbe essere un onore far parte di questa categoria che fornisce l'humus fertile per le nuove generazioni che hanno in eredità la Madre Terra.

È evidente che il clima ideologico di questi ultimi anni ci conduce alla desertificazione dei valori umani, all'appiattimento della cultura, all'addormentamento delle coscienze. Viananda è invece un contributo nobile a rivendicare l'importanza dell'interiorità, della consapevolezza e della spiritualità. Il risveglio delle coscienze è il prerequisito essenziale per ogni cambiamento sociale in chiave evolutiva e per il progresso sociale al servizio dello sviluppo del potenziale umano.

Sri Aurobindo diceva che l'uomo è un essere di transizione.

INTRODUZIONE

Ho riflettuto diverse volte su cosa mi abbia così profondamente spinto alla creazione del film Viananda e di questo libro. Come spesso accade, credo sia la conseguenza di una sinergia di fattori, con alla base una grande sete che mi ha guidato nell'incontrare e studiare il pensiero di alcuni uomini straordinari e di dedicare totalmente la mia esistenza all'approfondimento delle tematiche inserite in questa ricerca. L'aspirazione autentica inoltre di dare il mio contributo per sostenere il cambiamento in atto, ha alimentato il desiderio di raccogliere le loro visioni per la creazione di un futuro diverso. Un enorme ringraziamento va quindi a Claudio Naranjo, Roberto Maria Sassone, Riane Eisler, Matthieu Ricard e Pier Luigi Luisi, che hanno scelto di credere e partecipare a questo progetto, tutti noi mossi dal desiderio di un mondo nuovo.

Sono cresciuto in un contesto familiare molto ricco di stimoli sul piano creativo, con madre pittrice e padre fotografo. Durante l'adolescenza, la mia attenzione si spostò inevitabilmente al magico mondo dell'arte, in cui mi immersi appassionandomi soprattutto alla musica e al cinema. Il mio profondo interesse del funzionamento umano è nato negli anni successivi grazie a vari libri, esperienze e percorsi che mi hanno permesso di entrare in contatto con grandi insegnanti e di diventare la persona che sono oggi. Potrei affermare che la passione per lo studio è stata alimentata fin dalla più tenera età da Giovanni Bravin, mio prezioso maestro delle elementari. L'amore per la comprensione dell'essere umano è sicuramente sbocciato grazie all'incontro con Gianluigi Giacconi, mio caro insegnante nell'ambito della psicologia integrata.

Durante le vacanze di natale del 2018, chiesi a Francesco Garbo, regista ma soprattutto prezioso amico d'infanzia, di venirmi a trovare a casa. Viananda prendeva sempre più forma nella mia mente e volevo comprendere se l'entusiasmo che sentivo, per un progetto che in un modo o nell'altro doveva manifestarsi, risuonasse anche in lui, certo che fosse la persona giusta. Ricordo che iniziai a raccontare l'idea e lo scopo che stava dietro a tutto ciò, compresi in un istante che sarebbe stato il prezioso compagno di viaggio dell'ennesima avventura assieme. Menzionai quindi il pensiero di ricercatori che da alcuni anni stavano più o meno direttamente facilitando una trasformazione in me, certo che solo un film avrebbe potuto coinvolgere molti altri in ciò che sentivo. L'arte e il processo artistico sono un potente mezzo terapeutico non solo per l'artista, ma anche per lo spettatore. Sicuramente la creazione di questo libro e film, hanno incentivato in me una grande crescita e spero possa aiutare nel medesimo intento molte altre persone.

Sono quindi un giovane uomo che ha avuto il privilegio di relazionarsi con individui di enorme esperienza. Ho appreso così tanto da tutti coloro i quali in un modo o nell'altro hanno fatto parte della mia vita, che desidero estendere la mia profonda gratitudine a chiunque ho avuto l'onore di conoscere personalmente. Voglio fin da subito sottolineare come la maggior parte delle idee presenti in questo libro, non siano frutto di mie particolari intuizioni e non sono neppure illustrate con la presunzione di aver compreso chissà cosa, perché so in realtà veramente poco. Ti avviso quindi che non troverai alcuna verità assoluta e non voglio di certo insegnare ciò di cui ho solo piccole briciole di esperienza.

Viananda è una parola composta, significa la *Via* che conduce ad *Ananda*, termine sanscrito che definisce il concetto di felicità, gioia e beatitudine. La consapevolezza che l'umanità sia afflitta da un disagio profondo cresce continuamente. Le persone comprendono sempre più che questo malessere, pur manifestandosi nel mondo, affonda le sue radici in profondità dentro l'essere umano. Solo partendo da qui infatti potrà manifestarsi la vera rivoluzione a cui ci stiamo affacciando. L'unica possibilità di cambiamento collettivo è un profondo lavoro di ricerca e risveglio interiore, attraverso lo sviluppo della coscienza e consapevolezza dei singoli. Uno dei presupposti di questa analisi è che l'essere umano, così come lo conosciamo oggi, non sia l'espressione ultima del suo percorso evolutivo, da qui il titolo *Uomini che verranno*.

Il mio contributo in questo libro è un processo d'integrazione e di analisi in ottica sistemica delle interviste dei protagonisti del documentario Viananda con pochi altri ricercatori, tra cui in particolare Fritjof Capra e Noam Chomsky. Nella loro vita, hanno affrontano quali siano le cause e i presupposti dell'umanità attuale proponendo la loro visione per un cambiamento, più che mai necessario. Un gruppo di grandi rivoluzionari quindi, provenienti da diversi ambiti e paesi, ci permetteranno nelle prossime pagine di riflettere sullo stato attuale dell'umanità, analizzando i problemi globali che affrontiamo oggi, le loro cause e i possibili rimedi. Delineeremo alcune condizioni corrette che faciliterebbero gli individui a manifestarsi nella loro massima espressione di bellezza, invece che nei loro aspetti più distruttivi.

Ciò che potrai trovare è quindi il frutto dell'insegnamento di grandi uomini che ho avuto il desiderio e il privilegio di leggere ed incontrare. La comprensione delle loro parole sarà direttamente proporzionale al proprio sviluppo personale. Questi istanti, che possono essere parzialmente visti nel film, sono sorti a seguito di un grande quesito, che necessitava innanzitutto una risposta in me. Alcuni anni fa mi è stato detto che la qualità della mia vita sarebbe dipesa dalla qualità delle domande che mi sarei posto. Pertanto mi sono chiesto:

In un mondo dove tutto è connesso con tutto, da dove partire per cambiare l'umanità?

Essendo circondati e costituiti da sistemi complessi che interagiscono costantemente tra loro, non ha ovviamente alcun senso studiare l'essere umano isolandolo dal contesto globale, ed è per questo che l'analisi che desidero proporre in questo libro riguarda:

- la necessità di un mutamento da una visione meccanicistica e riduzionistica ad una sistemica ed olistica e il superamento del patriarcato attraverso un modello intrapsichico e sociale integrato, per intervenire sulla causa primaria dei mali di oggi;
- il funzionamento dei quattro piani che compongono l'uomo (corpo-emozioni-psiche-coscienza) e la ricerca di un equilibrio dinamico tra essi in relazione con l'ambiente di appartenenza, per creare le basi di un benessere psicofisico e per manifestarci con maggiore consapevolezza, sviluppando inoltre l'abilità di metterci profondamente in discussione come singoli e come specie;
- la presenza mentale, la meditazione e il percorso spirituale (indipendentemente da dogmatismi e religioni) come via di risveglio, per un miglioramento della qualità umana e come strumenti per sviluppare la capacità di connetterci e dare valore a noi stessi, gli altri e la vita, per sentirci parte integrante di un tutto;
- la psicoterapia e il lavoro sull'ego, ovvero la propria struttura caratteriale, per esseri umani meno coinvolti nei propri deliri e copioni psichici, emozionali e comportamentali, nonché l'allenamento di quelle che verranno definite come virtù essenziali;

- nuove modalità educative per un'educazione che proponga una visione integrata e sistemica come via al cambiamento, attraverso una nuova formazione per gli educatori;
- un paradigma economico in un'ottica di cura, superando i meccanismi gerarchici piramidali dei sistemi patriarcali di dominio passati ed attuali in favore di un modello basato sul partenariato;
- una politica consapevole ed integrata oltre le ideologie, considerando il ruolo dei mezzi di comunicazione e la visione ecologica che vede l'essere umano come parte di un tutto.

Dopo due anni dalla sua stesura, sono veramente entusiasta che questo libro sia finalmente pubblicato. Nella prima parte ci focalizzeremo sull'individuo, nella seconda sulla collettività. Toccheremo diversi argomenti quindi, con l'intenzione di donare alcuni importanti spunti e di stimolare una voglia di approfondimento. A tal proposito, rimando alla bibliografia e alle note che sono state inserite nei prossimi capitoli, anche se per alcuni potranno risultare scontate, credo che per coloro i quali si affacciano per la prima volta a determinate tematiche, possano essere utili.

Revisionando l'intero scritto, mi sono accorto che nelle fasi iniziali era strutturato in maniera eccessivamente tecnica, con costanti rimandi a molteplici studi e ricercatori. Ho scelto infine di semplificare il più possibile i contenuti e le note, per facilitarne la lettura e comprensione, considerando lo scopo del progetto Viananda: arrivare a più persone possibili. Capisco che per qualcuno i temi toccati nella prima parte del libro possano risultare un po' complessi, ma sono necessari per una base concettuale che permetterà una più ampia comprensione anche della seconda. Suggerisco quindi di perseguire nella lettura, aggiungeremo capitolo dopo capitolo tasselli di un puzzle che andranno a comporre un'immagine finale, che è ciò che spero tu possa cogliere.

I protagonisti del film utilizzano in alcuni casi i medesimi termini con sfumature leggermente differenti, dovuto anche dal fatto che ciascuno di essi è stato intervistato nella propria lingua madre. Nell'affrontare questo complicato processo di integrazione e traduzione del loro pensiero, ho cercato comunque di mantenere un linguaggio il più possibile coerente. Tuttavia suggerisco di leggere questo libro con il cuore più che con la mente, altrimenti rischierai di imbatterti costantemente in inutili interpretazioni e considerazioni, non coglierai realmente il profumo di questo progetto.

Non mi resta che augurarti un buon viaggio nella speranza che queste righe possano risvegliare in te un autentico desiderio di un mondo nuovo, oggi più che mai possibile.

Prima parte

LA STRUTTURA DELL'ESSERE UMANO

Per comprendere da un lato quali siano i mali del mondo di oggi e dell'altro come poter cambiare la realtà che ci circonda, è necessario partire dall'oggetto di studio di questo libro e fare una breve analisi di quale sia la struttura dell'essere umano. Sappiamo veramente poco e nulla di noi stessi, più che uomini doppiamente sapiens, ci siamo a tal punto idealizzati da scordarci di essere ancora creature incomplete. Non siamo così speciali, brillanti e importanti come crediamo, ed è stato proprio un eccessivo focus verso il nostro centro psichico a condurci a questo delirio percettivo. Come afferma Claudio Naranjo[1], la cui ricerca ha profondamente influenzato il mio cammino, «Noi esseri umani ci siamo designati come Homo Sapiens, ma questo è forse un segno della nostra scarsa saggezza, perché difficilmente ci proclameremmo sapienti se ci rendessimo conto della nostra tragica ignoranza»[2].

Ciò che possiamo osservare attorno a noi è la conferma di questa mancanza di consapevolezza, che va comunque oltre ogni nostra minima percezione. Guerre, soprusi, devastazioni, orribili interessi po-

1 Claudio Naranjo (Valparaíso, 24 novembre 1932 - Berkeley, 12 luglio 2019) è stato uno psichiatra, psicoterapeuta e antropologo cileno. È stato intervistato a Barcellona (Spagna) per il film Viananda il 18 aprile 2019.

2 Claudio Naranjo, "La rivoluzione che stavamo aspettando. Ecologia profonda, educazione etica e consapevolezza per vivere la crisi come rinascita", pag 119.

litici ed economici, distruzione del pianeta e delle risorse, sono solo alcuni esempi della pericolosità dell'uomo. Viviamo in un mondo ampiamente migliorabile, dove ciò che è abituale viene oramai riconosciuto come normale, anche se non lo è per nulla. L'ignoranza che ci caratterizza è la diretta conseguenza non solo di una totale disconnessione dalla parte più autentica di noi stessi, ma come anticipato è anche il frutto dell'illusione di un sapere e di una comprensione filtrata solo dal nostro centro intellettuale. Ci riveliamo infatti alquanto immaturi su un piano emozionale, esperienziale e pratico, tanto da essere diventati un terribile cancro per il nostro pianeta.

Mi ritengo comunque estremamente fortunato ad essere cresciuto in un'epoca di meravigliose scoperte e di importanti conoscenze tornate alla luce. Per qualsiasi ricercatore che volge uno sguardo oltre alla propria piccola branca di studi, è chiaro che una visione frammentaria della crisi collettiva odierna o di come funzioniamo, non può che portare ad altissime competenze in minuscoli ambiti o aspetti dell'essere umano. Una conoscenza basata sulla spinta di creare separazione dove c'è solo unità. Non sto affermando che non siano importanti delle approfondite competenze specifiche, piuttosto credo che ogni opinione e teoria debba essere attentamente ricontestualizzata in ottica sistemica, con una sguardo più ampio di ciò che chiamiamo realtà. Tutta la vita è un processo integrativo, nel micro e nel macro, siamo chiamati ad integrare la carne con lo spirito, la psiche con il corpo. Già suddividere la mente dall'organismo è alquanto schizofrenico nella misura in cui, fino a prova contraria, dimora nel corpo. Non dovrebbero quindi forse collaborare molto di più studiosi di psiche e soma? Invece possiamo osservare una babele nata molti anni fa, dove esperti di vari settori nello studio dell'individuo, di questioni psicologiche, organiche, sociali, ecologiche, economiche, politiche e perfino spirituali, professano proprie verità tanto amate trovandosi costantemente in disaccordo. Idee che, come vedremo, sono condizionate così profondamente dalla nostra storia personale, dalla struttura caratteriale e dall'educazione che abbiamo ricevuto nel nostro contesto culturale, che non ci consentono di vedere la realtà in maniera più ampia e di creare un mondo migliore.

Facciamo allora tutti metaforicamente un passo indietro, per poter avere una visione integrata soprattutto di quello che è comunque oggettivamente osservabile, partendo da ciò che di buono abbiamo compreso e creato, per un ulteriore salto di qualità della nostra specie.

Prima di studiare quali siano i centri che costituiscono l'essere umano, è opportuno ora illustrare quale sia l'approccio che sta alla base di questa ricerca, lo definiremo con i sinonimi *integrato*, *olistico*[1] e *sistemico*, un metodo di osservazione che si contrappone alla visione riduzionista e meccanicista[2].

La visione meccanicistica e riduzionistica

Pier Luigi Luisi[3] e Fritjof Capra[4] hanno accuratamente delineato i passi dello sviluppo del pensiero scientifico degli ultimi secoli. Per quale motivo, considerando che questa ricerca volge allo studio dell'individuo e dell'umanità, approfondiremo l'evoluzione della scienza dal Seicento in poi? Vedremo come le teorie della fisica classica abbiano influenzato radicalmente i sistemi concettuali delle scienze naturali, umane e sociali (biologia, psicologia, sociologia, economia, etc) e i relativi modelli inopportuni che tutt'ora utilizziamo per affrontare le problematiche attuali. Osservando come la fisica moderna abbia proposto nuove importanti visioni, è auspicabile che

1 Durante l'intervista per il film Viananda, Pier Luigi Luisi ha voluto sottolineare come il termine *olistico* sia oggi estremamente inflazionato, soprattutto in vari contesti new age. Spesso le analisi multidisciplinari proposte col suddetto vocabolo non hanno poi alcun valore scientifico.

2 Per meccanicismo viene intesa una visione riduzionista del mondo come macchina. Approfondiremo in questo libro alcune caratteristiche e implicazioni attuali di questo pensiero, proponendo una visione sistemica grazie al contributo di Pier Luigi Luisi e Fritjof Capra.

3 Pier Luigi Luisi (Italia, 23 maggio 1938) è un chimico e scienziato italiano. È stato intervistato a Roma (Italia) per il film Viananda il 5 marzo 2021.

4 Fritjof Capra (Vienna, 1 febbraio 1939) è un fisico, teorico dei sistemi e saggista austriaco.

gli altri campi di studio dell'uomo e della realtà che ci circonda le integrino ai propri paradigmi attraverso un approccio sistemico. Altrimenti troveremo difficilmente delle soluzioni efficaci ai problemi e alle crisi del nostro tempo.

Luisi e Capra illustrano come «La visione meccanicistica del mondo si affermò grazie a cambiamenti rivoluzionari in fisica e astronomia, culminati con le scoperte di Copernico, Keplero, Galilei, Bacone, Cartesio e Newton»[1]. In particolar modo, a seguito delle teorie nel Seicento di René Descartes[2], lo scienziato doveva limitarsi ad analizzare quelle proprietà che potevano essere misurate e quantificate. Successivamente Isaac Newton[3] creò un'importante sintesi matematica che ebbe un ruolo cardine nello sviluppo della visione meccanicistica e nella sua rigida applicazione in diverse discipline scientifiche, poiché la fisica newtoniana fu fin dal principio ritenuta la base di tutte le scienze. Come approfondiremo, la concezione di un mondo come macchina ha avuto anche un impatto incredibilmente disfunzionale in molteplici rami di conoscenza e per lo sviluppo della civiltà occidentale. Ciò è di difficile comprensione poiché questo paradigma è profondamente radicato non solo in quasi tutte le nostre discipline accademiche, ma anche nella società stessa. È di vitale importanza però capire su quali modelli si basano gli approcci attuali che abbiamo verso la salute individuale e collettiva, la medicina, la psicologia, l'educazione, l'economia, la politica e l'ecologia, altrimenti non possiamo esaminare le problematiche attuali con lucidità. Più o meno consapevolmente, siamo orgogliosi che la nostra cultura si basi totalmente o quasi sulla razionalità e su scienze fondate sulla concezione meccanicistica. Qualsiasi strumento o metodologia che preveda l'utilizzo di linguaggi differenti difficilmente viene presa in

1 Fritjof Capra e Pier Luigi Luisi, "Vita e natura. Una visione sistemica", pag 24.

2 René Descartes (La Haye en Touraine, 31 marzo 1596 - Stoccolma, 11 febbraio 1650), noto come Cartesio, è stato un filosofo e matematico francese.

3 Isaac Newton (Woolsthorpe-by-Colsterworth, 25 dicembre 1642 - Londra, 20 marzo 1726) è stato un matematico, fisico, filosofo naturale, astronomo, teologo, storico e alchimista inglese.

considerazione, poiché screditata da chi sposa un cieco scientismo basato su principi che la stessa scienza moderna ha superato.

Capra chiarisce nei suoi studi[1] come la fisica sia stata reputata a partire dal Seicento il modello di una scienza esatta, chiunque volesse rendere il proprio campo di studi scientificamente valido ed accettato, doveva avvicinarsi il più possibile ad esso, come si è riscontrato nei campi della biologia, psicologia, sociologia ed economia. Dalle teorie matematiche di Newton, la filosofia di Cartesio e la metodologia scientifica di Bacone[2], fino ai primi del Novecento, i fisici hanno sviluppato in maniera sempre più accurata la concezione meccanicistica del mondo, arrivando al culmine di ciò che è stata definita come la *fisica classica*.

La materia era considerata la base di ogni forma di esistenza e la realtà altro non era che la somma di una moltitudine di oggetti separati che componevano una grande macchina, come l'universo e il corpo umano. Era ritenuto corretto credere che i fenomeni complessi potessero essere compresi se ridotti ai loro componenti elementari, studiandone i meccanismi di interazione. Il metodo scientifico è quindi stato negli ultimi secoli fondato su questo approccio meccanicistico e riduzionistico, ambire a questo paradigma della fisica newtoniana denotava una sorta di credibilità da parte della comunità scientifica. Il problema è che questo antiquato modello è ancora oggi reputato da molti come l'unico esistente e degno di scientificità, purtroppo anche nella maggior parte dei contesti accademici.

Il metodo cartesiano è analitico, ovvero consiste nel dividere i pensieri e i problemi in pezzi e nel disporli nuovamente in ordine logico. Luisi afferma «Se studiavi una farfalla, cosa facevi: la dividevi mentalmente in tante parti [...] e l'idea era quella che poi prendevi i risultati di ognuna di queste parti, le mettevi insieme ed avevi il tutto. Questa era la visione dell'analisi riduzionistica fino a recentemente.

1 Per approfondimenti, Fritjof Capra, "Il punto di svolta. Scienza, società e cultura emergente".

2 Francis Bacon, italianizzato in Francesco Bacone (Londra, 22 gennaio 1561 - Londra, 9 aprile 1626), è stato un filosofo, politico e saggista inglese.

Ma c'è una domanda semplice: come fanno tutte queste parti a sapere che appartengono alla stessa unità? Domanda che mette totalmente in crisi questa visione meccanicistica di vedere il tutto fatto di pezzi, che puoi studiare l'uno d'istinto dall'altro. Ed è con questa idea, con questa domanda semplice posta in modo più serio dai ricercatori del tempo, che venne fuori il concetto espresso in termini abbastanza semplici dallo statement: il tutto è più della somma delle parti. Frase ormai diventata un luogo comune, ma che ha una sua vera profondità, perché già una domanda banale "come fanno tutte le parti della farfalla a sentire che appartengono alla stessa unità?" è estremamente complessa. Ci dice in termini qualitativi che c'è un qualcosa che unisce tutte queste parti, in modo tale che agiscano come un insieme»[1].

L'approccio analitico di ragionamento rappresenta forse il maggior contributo di Cartesio alla scienza, poiché è divenuto un tratto essenziale del pensiero scientifico moderno e si è rivelato utile nello sviluppo di molte teorie, così come nella realizzazione di progetti tecnologici complessi. Se da un lato ha avuto un impatto benefico, Luisi e Capra aggiungono che «D'altro canto un'enfasi esagerata su questo metodo ha portato sia a quella frammentazione caratteristica del nostro pensiero in generale e delle nostre discipline accademiche, sia alla prevalenza dell'approccio riduzionista nella scienza: la credenza che tutti gli aspetti dei fenomeni complessi possano essere compresi riducendoli ai loro componenti più piccoli»[2].

La visione meccanicista è sicuramente utile in termini di struttura, se dobbiamo studiare l'organismo umano è bene comprenderne il funzionamento fino a livello degli atomi. A tal proposito Luisi chiarisce, «Si deve anche essere riduzionisti. [...] Il corpo umano in termini di struttura, è indubbiamente fatto solo di atomi e l'analisi non rivela nient'altro che ossigeno, carbonio, idrogeno, azoto, calcio e fosforo, ed è giusto così, è esatto. Dov'è che il riduzionismo però non funzio-

1 Estratto dall'intervista per il film Viananda.
2 Fritjof Capra e Pier Luigi Luisi, "Vita e natura. Una visione sistemica", pag 46.

na più? Quando invece della struttura si parla di proprietà. Come può il riduzionismo spiegare la vita? In nessun modo. Una cellula è fatta da proteine, acidi nucleici, sali... Ma nessuno di questi elementi di per sé è vivente. Solo quando li metti insieme c'è un'interazione tra tutte queste parti, si crea una proprietà emergente che si chiama *vita* e che in nessun modo può essere spiegata in termini riduzionisti. Io tranquillamente sono riduzionista quando si tratta di andare a vedere di cosa è composto in termini di percentuali il corpo umano, un albero o una mela. Ma quando si tratta di proprietà, di comportamento e in generale di vita, deve essere chiaro che il riduzionismo non funziona, non ha mai funzionato e non funzionerà mai»[1].

Perciò nell'analisi delle proprietà e delle relazioni tra le parti, sempre più scienziati concordano sia un approccio oramai anacronistico. Credere quindi sia possibile studiare un sistema[2] complesso come l'uomo o dei fenomeni articolati come i problemi attuali, riducendoli ai minimi costituenti fondamentali e senza identificarne accuratamente le relazioni, fa parte di quel filone di pensiero che è stato denominato come *riduzionismo cartesiano*.

La visione sistemica

All'inizio del secolo scorso, la fisica ha vissuto grandi rivoluzioni concettuali che ne hanno mostrato i tremendi limiti, proponendo invece una visione olistica. Il cosmo diventò così un insieme armonico ed inseparabile, una fitta rete di relazioni dinamiche che comprende anche l'osservatore cosciente. La fisica classica non poteva più essere considerata una scienza esatta nel momento in cui venivano osservati i fenomeni atomici e subatomici. I fisici moderni evidenziano infatti

1 Estratto dall'intervista per il film Viananda.

2 Il termine *sistema* viene utilizzato in questo libro con due accezioni, che per diversi aspetti sono uguali. La prima riguarda il significato che viene delineato nella visione sistemica della vita. La seconda, che utilizzeremo all'interno di alcune analisi sociologiche, intesa come *configurazione sociale* od *organizzazione sociale*.

come tutti i concetti e le relative teorie che utilizziamo per descrivere la realtà siano inevitabilmente limitati ed approssimativi.

Secondo Capra, «Le teorie scientifiche non potranno mai fornire una descrizione completa e definitiva della realtà. Per formulare la cosa in termini molto schietti, gli scienziati non si occupano della verità; essi si occupano solo di descrizioni limitate e approssimative della realtà»[1]. Tutto ciò non vuole assolutamente svalutare la scienza meccanicistica, sappiamo bene quanto abbia per molti aspetti permesso un incredibile sviluppo della nostra civiltà. Tuttavia, le nuove consapevolezze della fisica moderna incentiveranno anche lo sviluppo delle altre scienze, come già avvenuto in passato. Potrebbero ridimensionare quel scientismo che regna nella nostra società che ha raggiunto sfumature allarmanti, a discapito di una visione ecologica e spirituale. A tal proposito Capra afferma, «Come fisico, mi piace osservare che la visione del mondo della fisica moderna non solo sta esercitando un forte impatto sulle altre scienze, ma ha anche il potenziale di essere terapeutica e culturalmente unificante»[2].

La visione sistemica della vita vuole mettere in luce come «Le proprietà essenziali di un sistema vivente sono proprietà emergenti, vale a dire proprietà che non si riscontrano in nessuna delle parti, ma emergono a livello di sistema nella sua totalità»[3]. Ciò significa che il concetto cardine di questo approccio riguarda l'idea che siamo circondati da sistemi complessi che interagiscono l'uno con l'altro. Di conseguenza, per studiare e comprendere cosa possiamo fare per un futuro migliore, non ha alcun senso separare i singoli problemi ed analizzarli separatamente dal contesto globale. Questo può sembrare un concetto ovvio e banale, ma tutt'oggi ci stiamo scontrando con i limiti del pensiero riduzionista, è sufficiente infatti ascoltare i molti esperti, o presunti tali, di questioni politiche, economiche o nell'ambito della salute.

1 Fritjof Capra, "Il punto di svolta. Scienza, società e cultura emergente", pag 43.
2 Ibidem, pag 218.
3 Fritjof Capra e Pier Luigi Luisi, "Vita e natura. Una visione sistemica", pag 64.

Ogni sistema vivente (organismi, sistemi sociali ed ecosistemi) è una totalità integrata le cui proprietà essenziali non possono essere ridotte a quelle delle sue parti costituenti, poiché sono invece la diretta conseguenza delle interazioni e relazioni tra i sistemi. Luisi e Capra infatti spiegano come «Le proprietà essenziali di un organismo o sistema vivente sono proprietà della totalità che non caratterizzano nessuna delle singole parti e che sorgono dalle interazioni e dalle relazioni tra le parti. Queste proprietà vengono distrutte quando il sistema viene sezionato, materialmente o teoricamente, in elementi isolati. Sebbene si possano distinguere le singole parti di ogni sistema, queste non sono isolate e la natura dell'insieme è sempre diversa dalla mera somma delle sue parti»[1].

Il pensiero sistemico fonda le sue radici nelle filosofie antiche, ma in ambito scientifico la teoria dei sistemi è un campo di studi interdisciplinare, a cavallo tra matematica (grazie alla teoria della complessità, definita come *dinamica non lineare*) e scienze naturali, che si occupa dell'analisi delle proprietà e della costituzione di un sistema in quanto tale. Oltre che chiaramente nell'antichità in diverse tradizioni, questo approccio venne riproposto all'inizio del secolo scorso nell'ambito della biologia, della psicologia della Gestalt[2], dell'ecologia e della fisica quantistica[3]. Ciò che lo rende applicabile ai molti ambiti di studio, è l'idea che i principi che regolano la vita siano i medesimi a tutti i livelli. Attraverso accurate teorie scientifiche, ha avuto negli ultimi decenni nuove implicazioni notevoli per diverse discipline e, come analizzeremo prossimamente, è destinata a sostituire la concezione meccanicistica della vita. Sarà un processo imprescindibile se desideriamo affrontare i drammi del nostro tempo con una consapevolezza

1 Fritjof Capra e Pier Luigi Luisi, "Vita e natura. Una visione sistemica", pag 109.

2 La psicologia della Gestalt (dal tedesco Gestaltpsychologie, *psicologia della forma* o *rappresentazione*) è una corrente psicologica sviluppatasi agli inizi del '900 in Germania. Claudio Naranjo ne è stato un illustre esponente.

3 La fisica quantistica è la teoria fisica che descrive il comportamento della materia, della radiazione e di tutte le loro interazioni viste sia come fenomeni ondulatori sia come fenomeni particellari, con una serie di interessanti implicazioni su ciò che chiamiamo realtà. Il punto di svolta di messa in discussione dei grandi limiti della visione meccanicistica avvenne con la scoperta della teoria della relatività e lo sviluppo della meccanica quantistica nella prima parte del Novecento.

più ampia, includendo molteplici strategie sistemiche applicabili.

Per integrare l'approccio riduzionistico a quello sistemico, ricordando come entrambi siano utili se utilizzati correttamente, in un'era dove la scienza è considerata il mezzo per giungere alla verità, sono indispensabili argomentazioni scientifiche che solo i fisici moderni possono dare. Non che prima di essi altri ricercatori di ambiti come la psicologia, filosofia o spiritualità non siano giunti attraverso altri modelli concettuali alle medesime conclusioni, ma concordo con Capra credendo che i fisici, e anche i biologi moderni, abbiano nuovamente il compito di modificare la concezione comune rispetto all'individuo, al pianeta e alla vita nel senso più ampio, illustrando come il pensiero scientifico non sia valido solo se basato sul meccanicismo e riduzionismo, ma anche sull'olismo. D'altro canto, studiosi provenienti da differenti campi devono necessariamente prendere in considerazione le scoperte della fisica moderna e dell'approccio sistemico, per inserirle nei propri modelli.

Questo libro si baserà quindi su un approccio integrato di studio non solo della struttura[1] dell'essere umano, ma anche dei nostri problemi odierni e di alcune possibili soluzioni.

Il peccato originale

«Secondo me ci sono state grandi teorie sul male del mondo e sono rilevanti, conviene tenerle a mente. Credo comunque che la prima grande teoria sia quella del peccato originale. Si dice che siamo caduti dal paradiso, che abbiamo perso il contatto con la coscienza, che un tempo eravamo come Adamo ed Eva, persone che obbedivano a Dio ed erano felici, ma poi abbiamo fatto qualcosa di sbagliato. Non abbiamo obbedito al comando divino»[2]. Naranjo spiega come ci siano

1 Il termine *struttura* viene qui inteso come complesso o insieme di elementi di un sistema, in costante relazione ed interdipendenza funzionale.
2 Estratto dall'intervista per il film Viananda.

molti modi d'interpretare questo racconto del libro della Genesi, ma sono spesso legati al mito giudaico-cristiano. Nell'elaborazione cristiana, si narra che Dio camminasse nel suo giardino e Adamo ed Eva avessero coperto i genitali con una foglia di vite. Dio allora capì che si stavano vergognando e che avevano peccato. Non viene chiaramente illustrato quale sia il peccato, «Ma dove c'è una foglia di vite che nasconde qualcosa di vergognoso, si immagina che questo abbia a che fare con il desiderio, con la carnalità o più in generale, con il fatto che abbiamo una natura animale»[1]. Ad un certo punto della storia, sembra che l'umanità abbia perso di vista il concetto di istintualità sana, una condizione in cui molte popolazioni indigene hanno vissuto fino a recentemente, «Abbiamo cercato di vivere come se non fossimo animali, abbiamo demonizzato l'animale proprio come nel libro della Genesi il serpente è demonizzato. [...] Sappiamo da culture precedenti che era invece un simbolo molto sacro, una rappresentazione della vita stessa o della natura»[2].

Il racconto del peccato originale, secondo il quale siamo caduti dal paradiso e siamo entrati in una dimensione d'ignoranza, caratterizzata da ogni sorta di colpe e desideri poco sani, mise in risalto il divieto del piacere. Nel processo di civilizzazione, spiega Naranjo, la civiltà si è focalizzata verso un ideale che non è il piacere, ma bensì il dovere. Si è reso utile così «Un Dio autoritario che dicesse ciò che si può o non si può fare»[3], ma chiaramente solo un'influenza umana ha potuto essere capace di creare questa situazione di dominio sulla collettività.

Più precisamente delinea come una parte del cervello dedita all'intelletto comandi sugli altri centri dell'individuo, sottolineando come tutto ciò condusse lo stesso Freud[4] a supporre che la nostra tragedia principale fosse il fatto che siamo animali che non possono permet-

1 Estratto dall'intervista per il film Viananda.
2 Ibidem.
3 Ibidem.
4 Sigmund Freud (Freiberg, 6 maggio 1856 - Hampstead, 23 settembre 1939) è stato un neurologo, psicoanalista e filosofo austriaco, fondatore della psicoanalisi.

tersi di darsi alla vita istintiva. «Non siamo come le api che, semplicemente essendo se stesse, obbedendo alla loro legge interna, formerebbero una società armoniosa. Nell'essere umano la situazione è diversa, delineava Freud. Perché non siamo solo buoni, siamo metà buoni e metà cattivi. E poiché non siamo né buoni e né cattivi, non possiamo fidarci di noi stessi, né come individui e neanche come collettività. Allora la società necessità di polizia. In una società dove le persone hanno tendenze pericolose, abbiamo bisogno di giudici, leggi, prigioni, punizioni. Possiamo dire, un ordine di polizia»[1].

Naranjo chiarisce come dal suo punto di vista Freud non sia stato sufficientemente rivoluzionario in questa teoria, poiché consolidò il presunto cristiano per cui c'è qualcosa di intrinsecamente cattivo nell'uomo, che riconduce all'eredità del peccato originale. Dopo la caduta dal paradiso, secondo quel mito, siamo un'umanità colpevole, ognuno di noi si sente in colpa e cattivo, «E non è forse questo il problema fondamentale dell'umanità? Non sarà forse che, se volessimo migliorare il mondo, la cosa più importante sarebbe restituire agli esseri umani la fede, che forse si potrebbe definire più che fede, quella consapevolezza che il buddismo sottolinea quando afferma che siamo tutti Buddha che hanno dimenticato la propria vera natura?»[2]. A tal proposito Matthieu Ricard[3] asserisce, «Certo il concetto cristiano di peccato originale e il senso di colpa che ne deriva sono presenti in questo modo di pensare, che ha influenzato in modo considerevole la mentalità occidentale, e ha ancora un ruolo non trascurabile anche tra i laici. Il buddismo si basa invece su una concezione opposta, ammettendo la bontà originaria dell'essere umano, e offrendo quindi un contesto culturale del tutto diverso»[4].

Riane Eisler[5] aggiunge che le neuroscienze oggi evidenziano che

1 Estratto dall'intervista per il film Viananda.
2 Ibidem.
3 Matthieu Ricard (Aix-les-Bains, 15 febbraio 1946) è un monaco buddista e scrittore francese. È stato intervistato a Peyzac-le-Moustier (Francia) per il film Viananda il 20 febbraio 2021.
4 Matthieu Ricard, "Il gusto di essere felici", pag 176.
5 Riane Eisler (Vienna, 22 luglio 1931) è una sociologa e saggista austriaca naturalizzata statunitense. È stata

«È stato individuato un default nell'uomo, una sorta di caratteristica di base preimpostata e, contrariamente a quanto si potrebbe immaginare, non si tratta affatto della violenza e dell'egoismo, ma bensì del senso di condivisione e cura. Abbiamo realizzato vari esperimenti al riguardo, ad esempio, se osserviamo uno screening del nostro cervello, noteremo che i cosiddetti circuiti cerebrali del piacere si illuminano molto di più nel momento in cui condividiamo che non nel momento di un'egoistica vittoria individuale. Questo dovrebbe suggerirci qualcosa, ma essere predisposti non è sufficiente, bisogna saper creare (le giuste condizioni)[1], perché ciò che sappiamo oggi è che il nostro cervello si sviluppa nel momento in cui interagisce con ciò che lo circonda, soprattutto in tenera età, e ciò che lo circonda è un ambiente culturale»[2].

La mia ricerca è animata quindi dalla convinzione che l'essere umano, per manifestarsi nei suoi aspetti intrinsechi più illuminati piuttosto che brutali, necessita alcune condizioni corrette interne, su tutti i piani che lo compongono, ed esterne. La suddivisione che faremo qui di seguito non supporta in alcun modo l'idea di una parte demoniaca e malsana insita nell'individuo, come illustrato nell'analisi di Naranjo, ma piuttosto di un nostro possibile funzionamento più o meno funzionale e saggio. Siamo costituiti da due forze descritte da varie tradizioni, che potremmo denominare *luce* e *ombra*. Una vera e propria bussola, la prima ci indica la direzione verso la felicità, la seconda verso la sofferenza. Due forze in costante conflitto che richiedono di essere equilibrate ed integrate, come meravigliosamente mostrato nel simbolo del Tao[3]. La nostra ombra è l'insieme di quei pensieri, emozioni, pulsioni, comportamenti e molteplici sfumature caratteriali che giudichiamo e rinneghiamo perché troppo dolorosi, imbarazzanti

intervistata a Carmel (California) per il film Viananda il 14 novembre 2019.

1 Aggiunta dell'autore.

2 Estratto dall'intervista per il film Viananda.

3 Nelle filosofie orientali il simbolo del Tao, altrimenti detto anche dello *yin e yang*, rappresenta il cammino, il divenire di tutte le cose, che si realizza con un movimento che oscilla tra due forze, complementari ed opposte.

o sgradevoli, e che quindi più facilmente possiamo notare negli altri piuttosto che in noi stessi. Il primo passo per non esserne manipolati è sicuramente riconoscerla, accettarla, comprendere come agisce per poi trasformarla. Poiché spesso si maschera da luce, risulta alquanto difficile notarne gli aspetti del suo grande potere senza il sostegno di veri conoscitori dell'animo umano. Qualsiasi strategia che reprime o alimenta il conflitto con la parte oscura presente in noi, non farà altro che potenziarla. Arrenderci ed integrarla diventa così l'unica via percorribile, lasciandoci il permesso di crescere dalle sfide che costantemente ci pone, cogliendone i suoi preziosi doni. La tensione e frizione creata dalla lotta tra ciò che siamo e l'ombra presente in noi, favorisce inevitabilmente la nostra evoluzione come esseri umani.

La comprensione di queste condizioni corrette sono dal mio punto di vista il primo passo per la trasformazione di cui tratta Viananda. L'unico vero luogo possibile della rivoluzione che stiamo ardentemente aspettando, è proprio dentro ai nostri cuori. Se desideriamo uomini che vivano guidati dalla propria luce, dalla propria parte più saggia, dobbiamo necessariamente partire dallo studio dell'individuo prima di passare, nella seconda metà del libro, alla collettività. Fortunatamente le conoscenze dei sistemi che ci costituiscono migliorano di anno in anno, grazie alla scienza e a varie discipline accessibili oramai a tutti. Se le consapevolezze che abbiamo già accumulato fino ad oggi, frutto dell'esperienza dei nostri predecessori più illuminati, fossero applicate su larga scala, il mondo potrebbe mutare rapidamente. E questo cambiamento collettivo non è un'opzione, è ora più che mai una necessità.

I centri che costituiscono l'uomo

Cerchiamo di comprendere quali siano i piani che costituiscono l'uomo, la nostra attenzione adesso si sposterà ad essi per capire come equilibrarli ed allinearli. Desidero proporre un'analisi un po' più ampia del nostro funzionamento, negli ovvi limiti di un libro, con semplicità per rendere fruibili i contenuti che affronteremo.

Poco dopo la metà del secolo scorso, Paul D. MacLean[1] strutturò l'ipotesi del cervello trino[2], con il fine di descrivere le funzioni evolutive dell'encefalo. Asserì che fosse possibile suddividerlo in tre aree differenti, a seguito del presupposto di come sia aumentato considerevolmente di volume durante la nostra evoluzione come vertebrati. Naranjo spiega «MacLean ha scritto un grosso volume sui suoi studi. Afferma che abbiamo una parte del cervello che lui chiama *cervello dell'homo sapiens* sviluppato nell'essere umano, un *cervello limbico* e un cervello più antico che potremmo definire come *cervello rettiliano*, che abbiamo ereditato dai nostri antenati più remoti. Abbiamo tutti un cervello intellettuale, uno limbico e uno istintivo»[3].

MacLean delineò quindi innanzitutto il cervello rettiliano, la parte più antica sede delle funzioni istintive fondamentali per la nostra sopravvivenza, come per esempio la scelta e la difesa del territorio, i bisogni fisiologici e il comportamento sessuale. Il cervello limbico invece è dedito alle emozioni e al comportamento di autoconservazione, ovvero ad alcuni bisogni come il nutrimento e la sicurezza. Infine la neocorteccia è connessa al ragionamento, all'attenzione, al linguaggio, al pensiero critico e astratto, all'immaginazione, all'apprendimento, solo per citarne alcune. Come un cervello uno e trino, questi tre operano costantemente strutturando i nostri comportamenti, emozioni e pensieri. Nonostante questa teoria sia considerata per alcuni aspetti superata[4], ha avuto implicazioni incredibili sulla comprensione della relazione tra tre centri spesso in conflitto.

1 Paul Donald MacLean (Phelps, 1 maggio 1913 - Potomac, 26 dicembre 2007) è stato un medico e neuroscienziato statunitense.

2 La teoria del cervello trino è definita anche *triune brain* o *cervello tripartito*. Per approfondimenti Paul D. Maclean, "Evoluzione del cervello e comportamento umano".

3 Estratto dall'intervista per il film Viananda.

4 Per approfondimenti, un esempio è l'articolo di Peter Farley "A theory abandoned but still compelling", pubblicato dalla rivista scientifica dell'università di Yale nel 2008.

Prima che la psicologia e la medicina odierna si focalizzassero assieme sul loro studio, lo stesso Georges Ivanovic Gurdjieff[1] anticipò di diversi anni le ricerche sul nostro cervello tripartito, con una straordinaria metafora. Suggeriva infatti di immaginare l'essere umano come una carrozza trainata da cavalli e guidata da un cocchiere, il quale ha il compito di trasportare un passeggero[2]. Che cosa rappresentano quindi questi quattro piani? La carrozza raffigura il corpo, i cavalli invece il centro emozionale, il cocchiere la psiche e il passeggero simboleggia il sé o la coscienza.

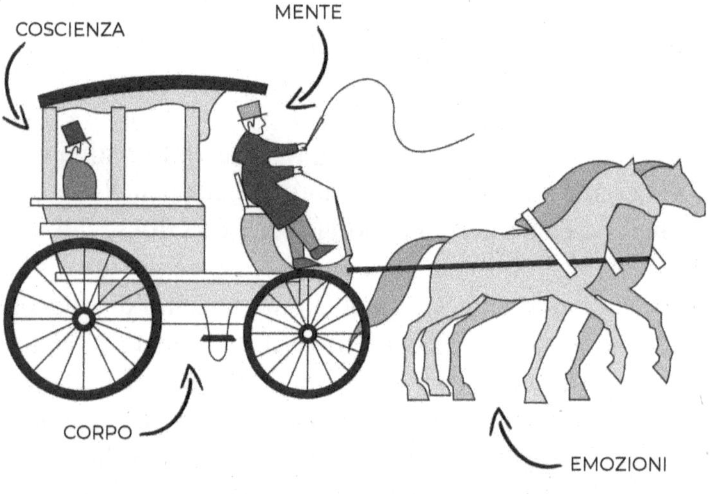

Prendiamo ora in esame i primi tre centri. Noi siamo costituiti da queste tre funzioni che sono apparentemente separate e quindi interdipendenti, tutto ciò che avviene su un piano influenza inevitabilmente gli altri due. Facciamo un semplice esempio: un pensiero colmo di paura produce un'emozione di nome ansia, che si manifesta con

1 Georges Ivanovic Gurdjieff (Gyumri, 14 gennaio 1872 - Neuilly-sur-Seine, 29 ottobre 1949) è stato un filosofo, scrittore e mistico armeno.

2 Per approfondimenti, Peter D. Ouspensky, "La quarta via. Discorsi e dialoghi secondo l'insegnamento di G.I. Gurdjieff" e "L'evoluzione interiore dell'uomo".

dei sintomi reali nel corpo come agitazione, tachicardia e affanno respiratorio. La comprensione di questa interdipendenza, che verrà approfondita a breve, è di fondamentale importanza, nessuna manifestazione psichica, emozionale o organica (sintomatologica e comportamentale) è slegata dagli altri piani e dall'ambiente in cui siamo inseriti. Colui che è in grado di osservare questi tre centri, quindi i nostri istinti e comportamenti, le emozioni e i pensieri, lo definiremo come la *coscienza*[1], ovvero il testimone silenzioso che ci abita.

Il funzionamento del piano organico, emozionale e psichico non è armonico, questi centri sono spesso in lotta tra loro. Se non equilibrati, possono avere effetti deleteri nella nostra vita, poiché ci condizionano con pensieri, emozioni e comportamenti che alimentano l'ombra che vive in noi.

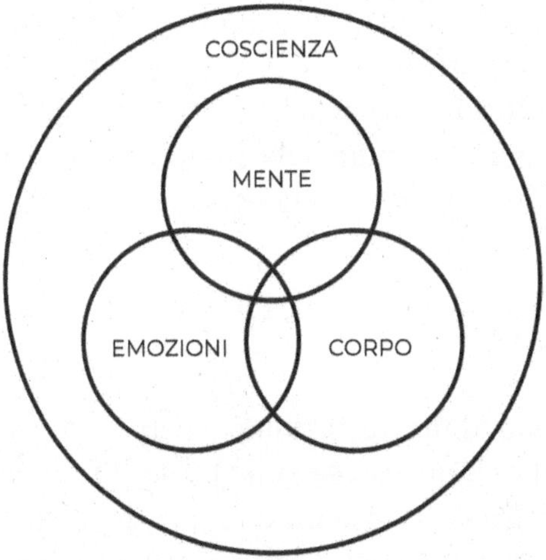

Il vero problema però è che il passeggero, il sé o la coscienza, colui il quale dovrebbe indicare al cocchiere dove portare la carrozza e i ca-

1 Il termine *coscienza* è utilizzato in varie ricerche con innumerevoli significati diversi. Approfondiremo nel capitolo intitolato "Il passeggero e la vera rivoluzione" come verrà inteso in questo libro.

valli, spesso dorme. Ciò è causa di enorme sofferenza. Gurdjieff adoperava questa metafora per illustrare come la coscienza che dimora in noi, è assopita in un sonno indotto. Viviamo così la vita con un pilota automatico (costituito da cocchiere e cavalli, ovvero mente ed emozioni) che guidano la nostra macchina biologica (il corpo fisico). Uno scenario tanto drammatico quanto reale che spiega come la direzione che quotidianamente prendiamo, senza chiarezza e una meta precisa, non sia il frutto di una scelta consapevole, ma piuttosto il riflesso di automatismi e meccanismi inconsapevoli. Purtroppo sopravviviamo anziché vivere pienamente.

Che piaccia o meno, non abbiamo grande scelta in ciò che pensiamo, decidiamo, sentiamo e facciamo. Il cocchiere non sa dove andare perché il passeggero semplicemente non glielo suggerisce, non prendendo mai così le redini dei cavalli e il controllo della carrozza. A breve indagheremo come il mondo di oggi sia costituito e gestito da uomini addormentati troppo coinvolti nei propri deliri psico-emozionali. Il mal funzionamento dei centri e il sonno della coscienza, favorito dalla propria struttura del carattere, nutre l'oscurità che vive in noi, creando distruzione, separazione e sofferenza nel mondo.

La mente patriarcale

Come anticipato, il funzionamento di corpo, emozioni e psiche non è equilibrato. Uno di questi centri ha preso il sopravvento sugli altri due. Naranjo afferma «Possiamo dire che da tempo immemorabile, ma sicuramente associato con l'ordine dell'autorità patriarcale[1], siamo cresciuti nella colpa, ed è nell'interesse dell'autorità il nostro sentirci in colpa. Ai capi religiosi e politici conviene che diciamo *mea*

1 Il patriarcato, in antropologia, è un sistema sociale piramidale nel quale il potere, l'autorità e i beni materiali sono concentrati nelle mani dell'uomo. In senso più ampio, con il termine *patriarcale* intendiamo tutto ciò che è improntato su caratteristiche prettamente maschili a discapito di quelle femminili. Grazie al contributo di Claudio Naranjo e Riane Eisler, sarà uno dei temi fondamentali di questa ricerca.

culpa, che ci sforziamo d'essere migliori secondo come viene suggerito da loro. Tutte queste idee di Freud che siamo animali ingabbiati da un bisogno [...] e la visione del peccato nella sua elaborazione più mitologica, io preferisco riformularli dicendo che il problema del mondo è la mente patriarcale»[1]. Continua spiegando come il patriarcato, il quale si manifesta anche attraverso forme d'autorità, non sia di per sé disfunzionale. Chiaramente è palese che storicamente le società hanno una struttura patriarcale in cui ci sono privilegiati ed oppressi, capi e sudditi, quindi un ordine gerarchico piramidale che sarà necessario per alcuni aspetti destrutturare.

Secondo Naranjo il dramma fondamentale è quindi un tipo di mentalità che viene tramandata da una generazione all'altra e che ha portato a riprodurre questo modello, «Ecco perché dico che il problema del mondo è la mente patriarcale[2], con questo cosa intendo dire? La mente patriarcale è all'interno della nostra personalità, predomina una parte che comanda e che è connessa all'intelletto. Ci sono altre parti di noi stessi che non sono rappresentate quando diciamo *Io*. [...] Abbiamo in noi un cervello che ha la sua base anatomica nella neocorteccia, che ci rende homo sapiens, come ci chiamiamo un po' arrogantemente *homo sapiens sapiens*, perché apprezziamo molto la nostra intelligenza. Tuttavia c'è un'altra parte di noi che riguarda la capacità d'amare, ma non la apprezziamo molto e la trascuriamo. Non solo la ignoriamo nella ricerca di noi stessi, ci preoccupiamo molto più della saggezza che dell'amore (più di conoscere i misteri, di ricevere formule e a volte insegnamenti segreti che ci mostrino cosa sia la verità), ma trascuriamo parecchio l'essere persone migliori. [...] Nella mente patriarcale è come se vivesse solo un fantasma, ovvero la mente intellettuale, scollegata da quella parte amorevole e risvegliata e dal serpente interiore, dalla parte animale, dalla parte istintiva»[3].

1 Estratto dall'intervista per il film Vianandа.
2 Per approfondimenti, Claudio Naranjo, "L'ego patriarcale. Trasformare l'educazione per costruire una società sana".
3 Estratto dall'intervista per il film Viananda.

La stessa divisione trinitaria di MacLean e Gurdjieff è stata proposta anche da Tòtila Albert[1] con la metafora della famiglia interiore, mettendo in relazione il cervello istintuale con il bambino interiore, il cervello emozionale con la madre interiore ed infine la neocorteccia con il padre interiore. Possiamo già in parte comprendere come il sistema in cui siamo inseriti oggi sia nevroticamente orientato al servizio del patriarcato, ovvero del dominio del padre e di tutte le sue caratteristiche sulla madre e il bambino, dell'intelletto sull'emotività e l'istintualità.

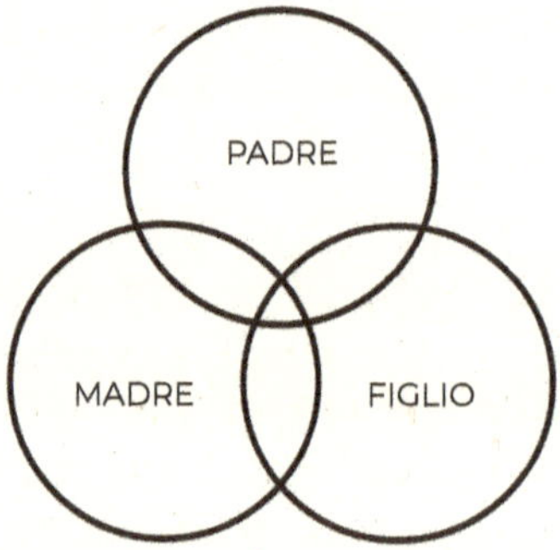

Naranjo spiega «Nel mondo sociale il padre ha dominato sulla madre e il figlio. Questa è la legge romana del *pater familias*, il quale non è solo oppressivo e repressivo nei confronti delle donne, ma anche dei bambini. Analogamente nella nostra mente abbiamo un cervello padre che comanda, un cervello madre che non sappiamo nemmeno di avere perché siamo troppo spenti (è eclissato dagli interessi voraci della nostra mente strumentale e predatrice) e un cervello figlio, un cervello erotico collegato al principio del piacere, anch'esso molto inibito e demonizzato. Chiamo di nuovo *mente patriarcale* questa costellazione interna, questo modo di essere delle persone. Se la condi-

1 Tótila Albert Schneider (Santiago del Cile, 30 novembre 1892 - Santiago del Cile, 27 settembre 1967) è stato un artista e filosofo cileno.

zione della mente individuale è patriarcale, poiché viviamo una tirannia di una delle nostre tre persone interiori rispetto alle altre due, la diagnosi, il corollario e la prescrizione dovrebbe essere molto ovvia: [...] dovremmo ambire ad un'unità interna. Credo che questa unità è quello che si può definire come *spirito*, l'unità delle nostre tre parti. Ma per poter raggiungere quell'unità, bisogna passare attraverso una sorta di morte dell'ego, un salto nel vuoto che colui che comanda, il tiranno interiore, deve applicare. Deve sopportare di passare attraverso un processo interiore, non essere pieno di sé, deve arrendersi a qualcosa di più grande che ancora non fa la sua comparsa»[1].

Se Gurdjieff quindi alludeva al fatto che la sofferenza sia la diretta conseguenza di un conflitto dei nostri tre centri, il piano psichico, emozionale e comportamentale, Albert e Naranjo mettono in luce il dissidio della trinità interiore. Solo integrando queste funzioni in noi, potremo cambiare il mondo. Ma è palese come tutt'oggi siamo più focalizzati a proporre soluzioni estrinseche che scordano un lavoro basato su una reale conoscenza del nostro funzionamento, sulla consapevolezza e ricerca interiore. Finché tutti i sistemi e sottosistemi che compongono l'essere umano non funzionano adeguatamente, creeranno negatività oggettiva che viene poi riflessa su ciò che chiamiamo realtà.

Le conseguenze dell'era patriarcale, che perdura da alcuni millenni, sono alquanto difficili da notare per molti poiché non solo questo paradigma è radicato ovunque nella società, ma anche nel nostro mondo intrapsichico. Il sistema in cui siamo inseriti è fondato su modelli sociali, politici, economici, scientifici, filosofici, linguistici e religiosi in cui la metà degli uomini di genere maschile, e le loro qualità intrinseche, dominano sull'altra femminile. Solo dopo la metà del secolo scorso, il patriarcato è stato profondamente messo in discussione soprattutto dai movimenti femministi, prima di ciò sembrava ingenuamente sempre esistito nella storia dell'umanità come la diretta

1 Estratto dall'intervista per il film Viananda.

conseguenza di alcune leggi naturali. Siamo di fronte alla necessità di un mutamento di valori (che definiremo anche con il termine *virtù*) che chiaramente fanno parte della madre e del bambino interiori, un processo di integrazione piuttosto che di ulteriore disequilibrio.

Il patriarcato e la mente patriarcale ci hanno indotto ad esaltare alcune qualità che sono alla base della civiltà occidentale, come per esempio competitività, dominio e razionalità a discapito di cooperazione, cura, affettività e istintualità sana. Alcuni picchi di massima espressione di questi valori maschili sono l'illuminismo, la rivoluzione scientifica e la rivoluzione industriale. Tre momenti della recente storia umana tutt'oggi glorificati, che hanno consolidato alcuni concetti che difficilmente mettiamo in discussione. Secondo Capra, «Essi comprendono la fede nel metodo scientifico come unico approccio valido alla conoscenza; la visione dell'universo come sistema meccanico composto da parti materiali elementari; la visione della vita nella società come lotta competitiva per l'esistenza; e la fede in un progresso materiale illimitato da conseguirsi attraverso una crescita economica e tecnologica»[1]. Idee che attualmente, attraverso anche le più recenti scoperte nell'ambito della fisica e della biologia, sono chiaramente da ricontestualizzare. L'influenza di Cartesio e Newton sul pensiero scientifico ha avuto una grande utilità in passato e un enorme valore. Potrà averla altrettanto in futuro solamente se ne verranno riconosciuti i limiti, poiché considerare il metodo cartesiano come unico approccio valido per accedere alla conoscenza e alla verità, ci ha guidato ad innumerevoli deliri tipici della nostra società patriarcale.

L'analisi che affronteremo nei prossimi capitoli verrà proposta secondo un'ottica olistica, superando l'approccio meccanicista e riduzionista e suggerendo un'osservazione integrata dei mali oggettivi contemporanei, partendo dall'essere umano. Possiamo studiare l'uomo come la somma dei suoi sottosistemi, dei suoi centri, e come parte

1 Fritjof Capra, "Il punto di svolta. Scienza, società e cultura emergente", pag 29.

integrante della società e della natura. Sarà inoltre necessario in parte delineare la complessità di queste interazioni superando il paradigma lineare di causa ed effetto, ovvero quella catena di correlazioni che hanno portato ad una semplificazione dello studio dei vari fenomeni. Analizzeremo il mondo materiale come una rete inseparabile di relazioni, esamineremo l'urgente crisi ecologica del pianeta considerandolo come un sistema vivente a tutti gli effetti con capacità di autoregolazione.

Ogni singola parte è connessa e dipendente da tutte le altre per mezzo delle informazioni che scambia. L'armonia del sistema uomo è quindi connessa alla qualità delle relazioni tra i centri che lo costituiscono e i sistemi che lo circondano. Modificando queste relazioni, rendendole più funzionali, il sistema si riassetta e si riorganizza evidenziando la sua intelligenza intrinseca. L'individuo quindi, come anticipato, messo nelle corrette condizioni, può manifestarsi nella sua parte più illuminata e può incominciare a svegliarsi. Questo processo, se messo in atto da sempre più individui, si rifletterà al di fuori di noi e sarà la rivoluzione che ci guiderà verso un nuovo mondo.

Il patriarcato e la visione meccanicistica, all'intero di questa ricerca, sono considerati sia come due paradigmi strettamente interconnessi (poiché frutto del dominio del padre e delle sue qualità intrinseche sulla madre e il figlio interiori, del centro psichico su quello emozionale ed istintuale) ma anche come i due modelli e mali principali che ci hanno guidati ai problemi e alle crisi odierne. Non perché siano totalmente disfunzionali per loro natura, ma piuttosto poiché si stanno manifestando in maniera sbilanciata e disarmonica.

LA CARROZZA

Il primo passo, per creare le condizioni corrette di ogni centro precedentemente analizzato, riguarda il corpo, ciò che abbiamo metaforicamente identificato come la *carrozza*. Abbiamo in parte approfondito quanto sia importante riaffermare la sacralità della carne, del bambino interiore e di una espressione funzionale dell'istintualità e delle pulsioni.

Roberto Maria Sassone[1], insegnante che ha profondamente ispirato la mia crescita, racconta come «Su questa tema si è creato un grande equivoco, il desiderio come cosa cattiva, il desiderio che intrappola, dobbiamo eliminare il desiderio. L'equivoco è che viene scambiato il desiderio per bisogno, i bisogni secondari che vengono prodotti dalla nostra società, per cui diventa desiderabile ciò che in realtà non lo è, ma si è deciso che quella cosa ci renderà felici per un istante. È un bisogno creato, secondario, e i bisogni secondari sono quei bisogni in cui si è veramente intrappolati, che si devono realizzare a tutti i costi altrimenti creano frustrazione. Mentre il desiderio è quel movimento verso la vita, che può scegliere l'oggetto, che può andare verso ciò che realmente da gioia, che realmente rappresenta un incontro. Ecco perché anche nella sessualità questo diventa un valore aggiunto, cioè

1 Roberto Maria Sassone (Palermo, 24 maggio 1950) è uno psicologo, psicoterapeuta e analista reichiano italiano. È stato intervistato a Milano (Italia) per il film Viananda il 20 aprile 2019.

io desidero te perché sei tu, perché c'è la tua bellezza, perché c'è l'intensità del tuo sguardo, perché la tua anima convibra con la mia. Questo non è romanticismo, è contatto reale»[1]. Poi continua «Ma questo avviene per altri aspetti della vita, posso provare la stessa intensità nella collaborazione con le persone in un progetto che porta sviluppo reale, nella dimensione del contatto profondo con la natura. Sono cose talmente basilari, quasi banali da dire, che però fanno la differenza, perché qui c'è la ricchezza della trasformazione. Se non siamo in grado di riscoprire proprio la gioia delle piccole cose vere, non è proprio possibile immaginare che siamo in grado di sentire, e di discriminare nel sentire, ciò che veramente è vero da tutto quello che è stato creato, da tutto quello che è diventato come carta stagnola che ha l'illusione della preziosità e brilla in maniera falsa e ve ne siamo catturati tutti più o meno»[2].

Prima di portare l'attenzione su questi temi, è opportuno però analizzare quali siano i limiti dell'approccio medico contemporaneo nella visione della prevenzione, salute, malattia e guarigione.

La medicina integrata

La biologia, come tutte le scienze, è stata in passato profondamente influenzata dalla visione meccanicistica di Cartesio e Newton, e a sua volta ha fortemente condizionato lo sviluppo della scienza medica e in particolare ciò che Capra ha definito come *modello biomedico*[3]. Esso costituisce attualmente la base della medicina moderna, soprattutto all'interno del sistema sanitario. Il corpo è così diventato una semplice macchina da poter analizzare nei suoi costituenti e la malattia è interpretata come un guasto, un cattivo funzionamento di

1 Estratto dall'intervista per il film Viananda.
2 Ibidem.
3 Utilizzeremo il termine *modello biomedico* per differenziare all'interno della scienza medica questo approccio da tutti quelli che invece sono inseribili all'interno della medicina integrata.

meccanismi biologici osservati attraverso la lente della biologia cellulare e molecolare. Questo funzionamento errato può essere quindi corretto attraverso un intervento fisico o chimico da parte del medico. Purtroppo, qualsiasi influenza non biologica su processi biologici viene tutt'oggi troppo spesso ignorata, nonostante vari approcci medici antichi e moderni ne rivendichino l'assoluta importanza. La netta divisione di Cartesio tra corpo e mente spinse i medici a concentrarsi sull'organismo trascurando gli aspetti psicologici, emozionali, sociali ed ambientali. Nell'ottica sistemica che stiamo proponendo in questo libro, è chiaro che focalizzarsi solo sugli aspetti fisiologici sia estremamente riduttivo, gli altri centri dell'essere umano e il suo contesto hanno infatti un ruolo fondamentale nel processo di malattia e guarigione.

Nonostante sia ancora oggi proposto nella maggior parte delle università e nella pratica clinica l'approccio riduzionista alla salute, lo studio del singolo determinante come causa della malattia mostra in misura sempre maggiore i suoi tremendi limiti[1]. Nuove evidenze scientifiche sottolineano la necessità di una visione complessiva dell'organismo, un approccio olistico come via di studio del sistema uomo, considerando che psiche e aspetti biologici sono strettamente correlati in modo bidirezionale, cioè si influenzano a vicenda. La salute dell'organismo è connessa ad una serie di funzioni integrative di interconnessione ed interdipendenza dei sistemi interni ed esterni dell'uomo (mente, emozioni, corpo e ambiente), funzioni che non possono essere descritte efficacemente e comprese attraverso il modello biomedico.

Secondo Capra, nella medicina e biologia occidentale e specialmente tra i medici, «C'è una crescente consapevolezza del fatto che molti fra i problemi che il nostro sistema medico si trova di fronte derivano dal modello riduzionistico dell'organismo umano su cui esso

1 Per approfondimenti, Fritjof Capra, "Il punto di svolta. Scienza, società e cultura emergente".

si fonda»[1]. È stato infatti testimoniato come a volte certi interventi e protocolli della pratica biomedica verso il disturbo, siano in realtà ciò che per assurdo ne incentivano lo sviluppo o diventano la causa di altre patologie. Questo è accaduto soprattutto a causa del paradigma concettuale che sta alla base della medicina occidentale, dell'inconsapevolezza individuale e dei limiti delle ricerche attuali. Luisi e Capra evidenziano come «La pratica della medicina basata su questo approccio limitato non è molto efficace nel promuovere e mantenere una buona salute e la situazione rimarrà così finché la scienza medica non metterà in relazione lo studio degli aspetti biologici della malattia e le condizioni generali fisiche e psicologiche dell'organismo umano e del suo ambiente»[2].

Il paradigma che è necessario mettere in parte in discussione per una scienza medica integrata e più efficace è quello deterministico-lineare riduzionista, come anticipato nel caso dell'organismo lo studio del singolo determinante come causa di malattia, ad esempio una molecola, un gene del DNA o una proteina. «La concezione propria della teoria dei sistemi chiarisce che i geni non determinano in modo unico il funzionamento di un organismo nello stesso modo in cui ingranaggi e ruote determinano il funzionamento di un orologio. I geni sono piuttosto parti integranti di un tutto ordinato e si conformano quindi alla sua organizzazione sistemica»[3]. Luisi e Capra aggiungono inoltre che «Il problema concettuale al centro del sistema sanitario odierno è la confusione tra processi patologici e origini delle malattie. Invece di chiedersi perché insorge una patologia e provare a rimuovere le condizioni che l'hanno provocata, i ricercatori provano a capire i meccanismi attraverso i quali opera la malattia, così da poter interferire con essi. Il pensiero medico odierno interpreta come causa della malattia questi meccanismi e non i veri motivi che ne sono all'origine»[4]. L'at-

1 Fritjof Capra, "Il punto di svolta. Scienza, società e cultura emergente", pag 89.
2 Fritjof Capra e Pier Luigi Luisi, "Vita e natura. Una visione sistemica", pag 75.
3 Fritjof Capra, "Il punto di svolta. Scienza, società e cultura emergente", pag 224.
4 Fritjof Capra e Pier Luigi Luisi, "Vita e natura. Una visione sistemica", pag 75.

tenzione di molti medici è tutt'oggi maggiormente rivolto alle anomalie causate dalla malattia e non verso i molteplici aspetti che l'hanno prodotta o cosa implichi uno stato di salute generale e il fenomeno della guarigione. Ciò si spiega poiché quest'ultimo non può essere realmente compreso in termini riduzionisti, poiché è il frutto di una complessa interazione tra aspetti fisici, psicologici, sociali ed ambientali della condizione umana. Capra asserisce, «Per reincorporare la nozione di guarigione nella teoria e nella pratica della medicina, la scienza medica dovrà trascendere a sua visione ristretta della salute e della malattia. Ciò non significa che dovrà essere meno scientifica; al contrario, ampliando la sua base concettuale sarà in maggior accordo con gli sviluppi recenti nella scienza moderna»[1].

Nei paesi più ricchi abbiamo registrato nell'arco dello scorso secolo un significativo aumento della vita media delle persone e ciò ha supportato il paradigma biomedico. È chiaro che questo è uno dei grandi meriti di questo modello, ma dobbiamo considerare che la salute presenta tuttavia più dimensioni. La speranza di vita non può quindi essere in alcun modo l'unico parametro per analizzare la salute di una società. Non occorre scegliere tra un approccio o l'altro, tra riduzionismo e olismo, ma piuttosto la chiave sarebbe l'integrazione dei due facilitando così una comprensione maggiore del funzionamento non solo umano, ma anche sociale in relazione al pianeta.

I medici, i quali sono il frutto dei loro studi accademici che propongono eccessivamente tutt'oggi una visione meccanicistica, spostano l'attenzione dalla persona nella sua integrità a sezioni del corpo sempre più piccole, dagli organi alle cellule e molecole. Ovviamente la diretta conseguenza di questo approccio è l'impossibilità di studiare e comprendere l'essere umano nella sua totalità, tant'è che la frustrazione collettiva in molti paesi occidentali verso il proprio sistema sanitario antiquato e riduzionista è oramai sempre più palese. A seguito di queste riflessioni, da diversi decenni è emersa una visione sistemi-

1 Fritjof Capra, "Il punto di svolta. Scienza, società e cultura emergente", pag 105.

ca della salute, malattia e guarigione con l'affermarsi della medicina integrata.

Considerando da un lato la totale assenza di ascolto, attenzione e empatia con il paziente (causato non solo da deficit nella formazione dei medici, ma anche da ambienti lavorativi insostenibili) e dall'altro un modello biomedico che ha visto il suo sviluppo in particolare negli strumenti diagnostici, nei grandi passi della chirurgia e della farmacologia, sembra comunque ci sia un problema a livello concettuale. Lo stesso dilemma che ha portato alla maturazione di terapie e approcci alternativi e complementari a cui sempre più persone si affidano[1]. Sarebbe auspicabile incentivare anche in questo caso il dialogo, il mettersi in discussione grazie al confronto di preparati esponenti della medicina convenzione e complementare, riconoscendo entrambi i propri punti di forza e debolezza, nell'ottica che ogni approccio è inevitabilmente limitato ed approssimativo. La storia della scienza conferma come queste approssimazioni possono essere sempre più sottili proprio grazie all'integrazione di visioni differenti ma altrettanto valide.

Nella medicina integrata l'analisi non si limita solo a livello di organi, cellule, molecole e geni, ma piuttosto mette al centro il sistema uomo nella sua complessità e lo studio delle relazioni dei suoi sottosistemi, che sono costantemente interconnessi e interdipendenti con l'ambiente in cui è inserita la persona. In tal modo, non solo il corpo ma anche la psiche del paziente acquisisce un ruolo centrale nella creazione della malattia e nel percorso di guarigione. Sempre più medici potrebbero sviluppare quindi l'abilità di comprendere la malattia nel suo contesto da cui ha avuto origine. L'importanza di un lavoro psicoterapeutico[2] nel percorso di cura è già ampiamente riconosciuto

1 Il rapporto Italia 2017 di Eurispes mostra una crescita che si allinea con i trend europei di diffusione e domanda delle medicine non convenzionali. Oltre un italiano su 5 (il 21,2% della popolazione) fa uso di medicinali non convenzionali (con un +6,7% rispetto al 2012).

2 Con il termine *psicoterapeutico* in questo libro viene inteso tutto ciò che ha un effetto terapeutico su un piano psichico ed emozionale, a seguito di un percorso con un abile professionista nell'ambito della relazione d'aiuto. Quindi non come esclusivo intervento di uno psicoterapeuta, come proposto in Italia.

dalla scienza medica, nell'ottica della sempre più chiara interazione tra psiche e corpo. La fiducia del paziente nel medico e nel trattamento, sommata al suo atteggiamento mentale (come testimoniato anche dagli studi sull'effetto placebo[1]) e alla comprensione di quali fattori psichici, emozionali, organici, caratteriali, sociali e ambientali hanno contribuito allo sviluppo della malattia, sono ingredienti fondamentali in ogni processo di guarigione.

È chiaro quindi che l'intervento di un abile e preparato operatore nell'ambito della relazione d'aiuto, psicologo o counselor che sia, possa agevolare questo approccio integrato, non analizzando i fattori biologici che sono invece compito del medico, ma piuttosto psicologici, in un clima umano che sostenga il paziente in una fase che spesso implica grande paura e fragilità. Il lavoro di collaborazione multidisciplinare è una prerogativa fondamentale nella medicina integrata. Sarà però necessario ridare alla psicoterapia il valore che merita, il quale spesso può essere compreso solo da chi ha avuto la possibilità di incontrare bravi professionisti che hanno accompagnato la persona in percorsi di reale miglioramento della qualità della propria vita. Ciò dovrà essere promosso all'interno del servizio sanitario, il quale però pare essere strutturato in modo tale da sostenere con sempre più difficoltà i costi di gestione. L'industria sanitaria, avendo adottato il modello economico attuale disfunzionale che analizzeremo nel rispettivo capitolo, opera attraverso logiche che purtroppo possono difficilmente permettere un cambiamento radicale del modo in cui ci approcciamo alla prevenzione, alla salute, alla patologia e alla guarigione. Ed è per questo che un cambiamento del paradigma economico, faciliterà anche la trasformazione del nostro sistema sanitario.

Una visione olistica della malattia delinea inevitabilmente un ap-

1 Il placebo è stato ampiamente studiato anche sia in psicologia che nella medicina attraverso studi clinici controllati. Nell'ambito della scienza medica, è una sostanza priva di principi attivi specifici, ma che viene somministrata come se avesse veramente proprietà curative o farmacologiche. La salute del paziente che ha accesso a tale trattamento può migliorare, a condizione però che il paziente riponga reale fiducia in tale sostanza o terapia. Questo miglioramento indotto dalle aspettative positive del paziente è detto effetto placebo.

proccio integrato di cura, tendendo bene a mente come l'essere umano messo nelle corrette condizioni produce naturalmente salute e capacità di autoriparazione. Quindi promuovere una buona salute attraverso campagne di sensibilizzazione preventive potrebbe già alleggerire il nostro sistema sanitario, educando le persone fin dalla più tenera età ad uno stato di benessere che sia il più possibile favorito attraverso mezzi e strumenti che esulino interessi economici di multinazionali. Il tutto attraverso scelte politiche consapevoli focalizzate sulla salute degli individui, che può essere incentivata nei vari contesti scolastici, lavorativi ed urbani.

Nella mancanza spesso di professionisti in grado di unire i puntini di quelle che sono le informazioni che emergono dalla propria situazione di disequilibrio e malattia, una visione e conoscenza sufficientemente olistica è essenziale per andare oltre all'approccio meccanicistico della salute. Ricordo nuovamente come quest'ultimo abbia indubbiamente portato ad uno sviluppo incredibile in alcuni ambiti dell'arte medica (strumenti di diagnosi, chirurgia, farmacologia), ma anche grandi mancanze che quasi tutti noi abbiamo sperimentato più o meno direttamente. Una svolta del sistema sanitario dovrebbe essere accompagnata da una evoluzione della formazione accademica, che come nel caso della psicologia, sembra fatichi a volte a stare non solo al passo della ricerca, ma anche di consapevolezze perlopiù collettive, mostrando una rigidità non consona a qualsiasi ambiente educativo.

La malattia del secolo

In un mondo duale come il nostro, dove per sapere cosa sia il caldo dobbiamo necessariamente sperimentare il freddo, per studiare quali siano le basi per un corpo sano dobbiamo comprendere che cosa crea negatività su questo piano. Cercheremo di affrontare tutto ciò con estrema facilità, quindi per semplificare potremmo affermare che il principale veleno attuale che favorisce un mal funzionamento del piano organico è composto da due ingredienti, che definiremo come *stress nervoso* e *stress organico*.

Lo stress è considerato la malattia del nostro secolo. Nella società moderna consideriamo accettabili i folli livelli a cui siamo soggetti, scordandoci che è la causa della gran parte del malessere che viviamo e di ciò che compromette la nostra salute. Lo stress è una risposta adattiva[1] della mente e dell'organismo a degli stimoli, definiti *stressors*[2], col fine di potenziare le capacità di sopravvivenza dell'individuo, con variazioni biologiche, psicologiche e comportamentali. Se per esempio stessimo attraversando una strada a piedi con nostro figlio e all'ultimo istante percepissimo un ciclista che si sta pericolosamente avvicinando a noi, rischiando un incidente, l'intelligenza innata del nostro corpo attiverebbe una reazione da stress per evitare il pericolo, magari con un movimento repentino mettendo in salvo entrambi.

Eliminare totalmente lo stress è impossibile, quindi è importante imparare a gestirlo assumendosene la responsabilità, comprendendo quali stressors sono i più salutari e benefici per noi, poiché ciò potrebbe determinare la qualità e la durata della nostra vita. Gli stressors possono essere esterni, come per esempio sociali, relazionali, professionali o ambientali, oppure interni e autogeni, che coltiviamo ed alimentiamo in noi stessi come pensieri, paure, giudizi, vergogne, risentimenti, sensi di colpa, bisogni, doveri, ossessioni, desideri e passioni. Sperimentiamo quindi costantemente minacce oggettive e soggettive, reali e immaginarie. Siamo capaci di aumentare il livello di stress con pensieri negativi e con una cattiva gestione emozionale,

1 In psicologia le strategie di adattamento messe in atto da un individuo per gestire, ridurre o tollerare lo stress ed il conflitto vengono definiti con il termine *coping*, a seguito delle teorie di Richard S. Lazarus (New York, 3 marzo 1922 - Walnut Creek, 24 novembre 2002) e Susan Folkman (New York, 19 marzo 1938), due psicologi americani. Hans Selye (Vienna , 26 gennaio 1907 - Montréal, 16 ottobre 1982) medico austriaco naturalizzato canadese, definì come *Sindrome Generale di Adattamento* quella risposta che l'organismo mette in atto per ristabilire un nuovo equilibrio interno (omeostasi) in seguito a fattori di stress (stressors).

2 Per stressor si intende uno stimolo di diversa natura che attiva una reazione di stress.

diretta conseguenza spesso anche di un funzionamento organico non ottimale. Per semplificare, non ci stressiamo solo a causa del titolare e dell'ambiente di lavoro insopportabili, ma anche con i costanti virus mentali che abbiamo su di noi, gli altri e la vita. Se quando siamo a casa, sul nostro divano, rimuginiamo su ciò che è successo in ufficio, continuiamo a stressarci come se fossimo ancora lì.

È importante quindi trovare e mettere in pratica efficaci strategie per abbassare il livello di stress, alimentando pensieri nutrienti e non entrando in conflitto con le proprie emozioni. In base alla qualità degli stressors, possiamo dividere l'eustress, ovvero la componente vitalizzante che dona energia, salute, felicità e motivazione, dal distress, la controparte tossica, che può favorire malattie organiche e disturbi psichici vari.

Un eccesso di stress nervoso lo definiremo col termine *ipersimpaticotonia*[1], il nostro sistema nervoso simpatico (che potremmo immaginarlo come l'acceleratore di una macchina) è troppo sollecitato da distress, e ne consegue la secrezione di adrenalina, noradrenalina e cortisolo che ci mantengono in uno stato di tensione e agitazione eccessiva. Si attiva ciò che viene denominata come *reazione di lotta o fuga*[2], ovvero una reazione automatica ancestrale allo stress, che prepara il corpo a combattere o a fuggire a seconda della minaccia percepita. Ovviamente non ci troviamo mai, come i nostri progenitori, ad affrontare animali feroci o situazioni che minano realmente la nostra sopravvivenza, ma per il nostro corpo gli stressors nocivi elencati precedentemente a cui siamo soggetti nell'ambiente in cui viviamo, sono comunque una deleteria causa di stress nervoso.

Lo stress organico è invece collegato ad una *iperacidificazione* del terreno, ovvero del nostro ambiente cellulare, come diretta conse-

1 Per ipersimpaticotonia si intende un incremento della stimolazione e tonicità in un individuo del tono vegetativo simpatico, pare sia correlato a molte condizioni cliniche che coinvolgono organi e tessuti del corpo.

2 La reazione di lotta o fuga fu descritta per la prima volta da Walter Bradford Cannon (Prairie du Chien, 19 ottobre 1871 - Franklin, 1 ottobre 1945), fisiologo statunitense. Le sue teorie poi si sono ampiamente evolute con diverse altre ricerche ed implicazioni moderne.

guenza della nostra alimentazione, stile di vita e di tutti quei pensieri ed emozioni che siamo abituati a vivere in modo conflittuale, i quali acidificano il nostro organismo attraverso una serie di reazioni, come ben approfondito da sempre più ricercatori. Ogni emozione che attiviamo dentro di noi è collegata a dei neurotrasmettitori, potremmo dire che ha una sua biochimica[1], se provo spesso ansia per esempio il mio corpo produrrà e assumerà un certo tipo di sostanze che nel tempo intossicano e acidificano. Se invece sperimentiamo gioia e felicità, il nostro cervello e alcune strutture nervose periferiche produrranno ormoni del benessere o del piacere, come serotonina, endorfine, dopamina e ossitocina, estremamente benefici per il nostro organismo.

Cercare di abbassare i livelli di stress che viviamo a livello individuale e collettivo, dovrebbe essere una prerogativa centrale per ciascuno di noi e delle nostre politiche sociali, offrendo condizioni ambientali ideali e strumenti efficaci. Ciò faciliterebbe l'emergere di un'intelligenza organica insita nell'uomo che permetterebbe un funzionamento più armonico di questo centro e di conseguenza anche di quello psichico ed emozionale.

Un corpo sano

Sappiamo bene oggi come uno stile di vita scorretto sia la principale causa di innumerevoli disturbi che possono essere prevenuti. Focalizzarci nell'insegnare e dare indicazioni alle persone su come prendersi cura di sé, per quanto possa sembrare scontato e banale, sembra essere una delle soluzioni chiave per una medicina più efficace e per un sistema sanitario più efficiente.

Se l'eccesso che siamo abituati a vivere delle due forme di stress precedentemente analizzate influenzano il buon funzionamento del piano organico e quindi del sistema uomo nella sua globalità, cerchia-

1 Per approfondimenti, Candance B. Pert, "Molecole di emozioni. Perché sentiamo quel che sentiamo?".

mo ora di comprendere quali siano le condizioni corrette per questo centro. Innanzitutto è essenziale rafforzare le innate difese che il nostro corpo possiede, ovvero il sistema immunitario, per incrementare maggiore salute intesa come assenza di malattie e stato di benessere generale ed equilibrio dinamico psichico ed organico[1]. È opportuno poi facilitare quotidianamente una condizione di rilassamento del nostro sistema nervoso, sviluppando abilità e tecniche di recupero dallo stress efficaci, come vedremo la scienza conferma con innumerevoli ricerche come la meditazione sia un potente strumento anche per questo fine[2]. Infine seguire uno stile di vita ed una alimentazione sani e acquisendo strumenti di corretta integrazione delle nostre pulsioni, emozioni e pensieri, i quali non vanno repressi, ma bensì gestiti e manifestati funzionalmente e consapevolmente.

Un corpo sano, grazie ad un all'allineamento con gli altri sistemi che ci costituiscono, permette inoltre lo sviluppo di una intelligenza intuitiva connessa anche al centro istintuale. Ciò che a volte definiamo come *intuizione* però non è la diretta conseguenza di un sapere e sentire esperienziale e di un cocchiere attento e presente alle sagge indicazioni del passeggero (della mente verso la coscienza), ma piuttosto il frutto di trappole e copioni psico-emozionali, come vedremo nei prossimi capitoli. Come ben approfondito da Naranjo, il sapere intuitivo è uno dei processi da alimentare nell'uomo d'oggi, in particolare in una società patriarcale orientata solamente al dominio del padre sulla madre e il bambino, quindi dell'intelletto sulle emozioni e la spontaneità, credendone il vero e unico mezzo di lettura della realtà. La repressione dell'istinto è stata spesso in passato giustificata per un presunto ordine e progresso necessario in quelle civiltà che dominano gli esseri umani e la Terra negli ultimi millenni.

Le nuove scoperte nell'ambito della biologia e dell'epigenetica[3],

1 La Costituzione dell'OMS del 1948 ha descritto la salute come: "Uno stato di completo benessere fisico, sociale e mentale, e non soltanto l'assenza di malattia o di infermità".

2 Per approfondimenti, Daniel J. Siegel, "Mindfulness e cervello".

3 L'epigenetica è una recente branca della scienza che si occupa di come l'ambiente e il genoma si influenzano

limpido esempio di medicina integrata, hanno aperto frontiere interessanti, evidenziando ancora più nello specifico come l'ambiente cellulare e il contesto in cui siamo inseriti, l'alimentazione e lo stile di vita, lo stress e le emozioni, i pensieri e le varie esperienze di vita possono agire molto più profondamente nel nostro organismo di quanto potessimo immaginare fino ad alcuni anni fa. Viceversa, è ben noto anche in psicologia come delle condizioni organiche non ottimali possano causare gravi disturbi psichici[1].

Non approfondirò ulteriormente questi temi che oramai sono di dominio pubblico, credo inoltre che ognuno sia libero di scegliere tra le varie teorie proposte, soprattutto nell'ambito dell'alimentazione. È assodato comunque che mangiare correttamente aumenti sostanzialmente la positività su tutti i piani, vari approcci convergono in indicazioni di una dieta varia ed equilibrata, ricca di acqua e cereali integrali, frutta, verdura e proteine vegetali e volta a ridurre i consumi di carne, latticini e cibi spazzatura raffinati o devitalizzati. Oltre ad una questione organica, che può essere ulteriormente esaminata, dovremmo badare alla qualità dei prodotti che consumiamo, spesso ricchi di sostanze tossiche come conservanti e coloranti, e dovremmo considerare anche l'aspetto ambientale, infatti produrre alcuni cibi inquina e distrugge tremendamente il nostro pianeta. Pur essendo ampiamente riconosciuto come un'alimentazione sbagliata sia la causa o la concausa di molte patologie, inspiegabilmente ancora troppi medici non hanno accurate competenze per dare consigli alimentari corretti.

Un'ulteriore tematica, molto interessante nell'ottica di un corpo sano, è l'aspetto energetico di cui siamo costituiti. Per il paradigma biomedico le funzioni energetiche dell'organismo non sono riconosciute, mentre per esempio altri approcci orientali mettono questo

a vicenda, con grandi ripercussioni nell'ambito della genetica e biologia e nella comprensione dello sviluppo, dell'evoluzione e della salute.

1 Per approfondimenti, rimando agli innumerevoli studi di psicosomatica, ovvero quella branca della medicina e della psicologia volta a ricercare la connessione tra un disturbo somatico (anche generico) e la sua possibile eziologia di natura psicologica.

fattore al centro del proprio trattamento. Alcuni modelli quindi vedono nelle disfunzioni energetiche del corpo il preavviso e la causa di problematiche organiche. Queste teorie possono sembrare il frutto di considerazioni ascientifiche, tuttavia è bene ricordare che osservare e criticare qualsivoglia paradigma con le basi concettuali del proprio di appartenenza, non ha spesso alcun senso poiché potrebbero basarsi su presupposti completamente differenti. È curioso però che, nonostante la diffidenza dei molti che sposano unicamente la scienza biomedica, alcuni di questi approcci siano affiancati a trattamenti convenzionali anche nel sistema sanitario italiano in alcune regioni, rientrando nell'ambito della medicina complementare[1] (come Medicina Tradizionale Cinese, omeopatia, osteopatia e agopuntura solo per citarne alcuni). Questo è un meraviglioso esempio di come anche la scienza medica occidentale si stia aprendo all'integrazione. Criticare metodologie differenti a priori, mostra purtroppo una chiusura mentale che non dovrebbe appartenere a nessun ricercatore e terapeuta. Capra afferma, «Per comprendere scientificamente i modelli della "medicina dell'energia" sembrerebbe necessario concentrarsi sui concetti di flusso, fluttuazione, vibrazione, ritmo, sincronia e risonanza, che sono in pieno accordo con la moderna concezione sistemica»[2].

Anche nell'ambito di alcuni approcci psicoterapeutici viene studiato l'aspetto energetico dell'organismo[3]. Secondo Sassone infatti, ogni contenuto psico-emozionale si fissa in alcune aree del nostro corpo, negli organi e muscoli, creando disfunzioni attraverso blocchi della nostra energia vitale. Come definisce lo stesso «L'armonia dell'essere umano è innanzitutto la conseguenza del recupero della funzionalità energetica»[4] e «L'energia vitale è la stessa per ogni esse-

1 Per esempio, le medicine complementari disponibili nei servizi sanitari aziendali toscani sono la Medicina Tradizionale Cinese, l'agopuntura e l'omeopatia. Mentre l'azienda sanitaria dell'Alto Adige propone l'agopuntura, l'osteopatia e l'elettroterapia.

2 Fritjof Capra, "Il punto di svolta. Scienza, società e cultura emergente", pag 282.

3 Per esempio nella psicoterapia reichiana e bioenergetica.

4 Roberto Maria Sassone, "Educazione alla Ricerca Interiore. Senza Corpo non c'è Spirito", pag 50.

re vivente, pianta o animale che sia»[1]. Dal suo punto di vista quindi, nessun percorso psicoterapeutico può escludere anche un intervento che preveda lo scioglimento di questi blocchi, poiché secondo una visione olistica, solo la somma dell'equilibrio delle funzioni di tutti i nostri sottosistemi e le qualità delle relazioni tra essi con l'ambiente, permette un omeostasi dell'intero sistema uomo. Le nostre rigidità, alimentate come vedremo dalla corazza della struttura caratteriale, posso essere sciolte creando così lo spazio sufficiente per un inizio di contatto con la nostra coscienza. La diretta conseguenza di questo meraviglioso processo, è un incontro più intenso con la vita che ci anima e un aumento spontaneo dell'amore incondizionato verso noi stessi e gli altri. Ricordiamoci nuovamente che, perdendo il contatto con la vita che c'è in noi e con la nostra casa che è il centro organico, ci siamo eccessivamente focalizzati sulla mente, «Non viviamo più la vita, ma la pensiamo»[2] e a seguito di questa chiara disfunzione «Non siamo noi a pensare, ma è la mente che ci pensa»[3].

Per un corpo sano, è fondamentale analizzare inoltre come la persona vive la sessualità, poiché è uno degli elementi cardine per un equilibrio dell'intero sistema uomo. Ogni forma di repressione del centro organico e degli aspetti dionisiaci, alimenta disfunzioni deleterie di questo piano e di conseguenza degli altri. Qualsiasi sentiero, anche spirituale, che prevede la mortificazione del corpo, è da considerarsi fallimentare in partenza. Fare l'amore con consapevolezza e presenza è infatti forse una delle espressioni massime di spiritualità.

Desidero sottolineare che tutto ciò non ha nulla a che vedere con l'idea di sessualità attuale, la quale è condizionata da una visione patriarcale e distorta suggerita dalla pornografia, che è diventata una pericolosa dipendenza per molte persone e ha causato una visione prestazionale e violenta del rapporto sessuale[4]. I giovani d'oggi, i

1 Roberto Maria Sassone, "Wilhelm Reich: dall'energia vitale alla spiritualità naturale", pag 86.
2 Roberto Maria Sassone, "Educazione alla Ricerca Interiore. Senza Corpo non c'è Spirito", pag 127.
3 Ibidem, pag 127.
4 La letteratura scientifica conferma un'associazione fra consumo eccessivo di pornografia e tendenza a svilup-

quali sono soggetti ad un bombardamento pornografico quotidiano[1], dovranno riscoprire la meraviglia del fare l'amore e il suo significato più profondo. Gli uomini dovranno allenarsi alla dolcezza e le donne al rispetto di sé, come rammenta Sassone «La sessualità è la spinta alla vita, non è soltanto la genitalità»[2]. La pornografia attuale, o forse la sua stessa esistenza nella forma corrente, è la dimostrazione della repressione del bambino e della madre interiore, dell'istintualità sana del primo e dell'amorevolezza della seconda. Naranjo afferma, «Nel mondo non vi sarebbe pornografia se non vi fosse repressione»[3]. L'industria pornografica rivendica una presunta libertà di espressione, celando in realtà motivazioni molto meno nobili come il massimo profitto, senza curarsi di come i contenuti proposti destabilizzino i giovani e consolidino modelli di una sessualità aggressiva. Un'educazione attenta a questi temi, alla sana affettività e sessualità, promuoverebbe lo sviluppo di un pensiero critico e consapevole da parte dei minori, affinché essi abbiano strumenti utili per fronteggiare adeguatamente il contatto e l'esposizione con materiale sessualmente esplicito. Possiamo osservare oggi come l'impatto negativo sui ragazzi è enorme, i modelli diseducativi della pornografia generano interpretazioni ed aspettative sbagliate nei confronti del sesso.

Per concludere questa breve analisi su cosa incentivi il mantenimento di un organismo in salute, possiamo riassumere che si rivelano efficaci buona parte di quelle discipline terapeutiche che agiscono sul corpo. Da un lato attraverso l'apprendimento di strumenti per facilitare un abbassamento dei livelli di stress ed uno stato di rilassamento

pare potenziali problematiche di natura comportamentale, psicofisica e sociale: debutto sessuale precoce, ricerca di partner multipli e/o occasionali, desiderio di emulazione di comportamenti a rischio, interiorizzazione di una distorta identità di genere, percezione disfunzionale della fisicità, aggressività, tendenza allo sviluppo di sintomi ansiosi o depressivi, consumo compulsivo.

1 La rivista scientifica Nature ha pubblicato il 28 novembre 2020 un articolo dal titolo "The impact of COVID-19 pandemic on pornography habits: a global analysis of Google Trends". Si stima che tra il 46-74% degli uomini e il 16-41% delle donne siano utenti che usufruiscono abitualmente di materiale pornografico nelle nazioni moderne. Invito ad approfondire questa tematica di enorme impatto oggi, innumerevoli altre ricerche sono uscite in questi anni con dati ancora più allarmanti che riguardano i giovani e la pornografia.

2 Estratto dall'intervista per il film Viananda.

3 Claudio Naranjo, "L'ego patriarcale. Trasformare l'educazione per costruire una società sana", pag 157.

quotidiano, dall'altro di conoscenze per una sana alimentazione e stile di vita in relazione al proprio ambiente di appartenenza.

Sono inoltre benefici quei suggerimenti utili allo sblocco delle tensioni muscolari ed emotive, favorendo un nutrimento sottile attraverso la luce, il suono, l'acqua, il buon cibo e il respiro consapevole. Un'attenzione particolare va infatti alle modalità più o meno nevrotiche di respirazione che l'individuo utilizza durante la giornata. Vedremo nei prossimi capitoli come il mondo del respiro e della meditazione, oltre a facilitare un contatto con la nostra essenza, sia uno strumento estremamente potente per alimentare la nostra energia vitale, per rilasciare emozioni fissate attraverso blocchi nel corpo e per recuperare quindi la funzionalità dell'organismo, incentivando una disintossicazione dello stesso. Sassone afferma che «Sessualità, vitalità e respiro sono un unico grandioso fenomeno che fa la differenza tra essere vivi o essere morti credendosi vivi. Il lavoro sul corpo è principalmente il recupero della capacità di godere della vita in ogni sua manifestazione, e di sentirsi vivi anche nelle sofferenze e nelle difficoltà»[1].

Inoltre, come approfondito da Naranjo, è imprescindibile un percorso che dia sempre più spazio al bambino interiore, alla sua istintività, spontaneità e ad una espressione sana delle nostre pulsioni, poiché diverse disfunzioni organiche sono la diretta conseguenza dell'oppressione di questo centro. Non riusciamo così a fare esperienza diretta di ciò che fa parte di noi e della vita in generale, ma piuttosto interpretiamo e rappresentiamo interiormente ogni informazione deformandola, allontanandoci così dalla realtà che può essere colta solo grazie ad un radicamento con il nostro sentire.

Ognuno di noi può scegliere di promuovere un processo di cura del proprio organismo, avvalendosi del sostegno di un abile medico che utilizzi un approccio olistico. Integrare tutto ciò con un intervento psicoterapeutico, può incrementare un livello di accettazione e di sana espressione dei nostri impulsi ed istinti, diminuendo così il rischio di

1 Roberto Maria Sassone, "Educazione alla Ricerca Interiore. Senza Corpo non c'è Spirito", pag 100.

devastanti manifestazioni disfunzionali degli stessi o di problematiche psicosomatiche[1] varie.

La malattia come spinta alla crescita

Credo che spesso la vita prima ci mostri la lezione e poi ci conceda il tempo di comprenderla. I problemi e la malattia ci obbligano a porci dei quesiti. Da un punto di vista scientifico, all'interno di un sistema complesso in natura, nel nostro caso consideriamo l'essere umano, se qualcosa è presente e persiste nel tempo, deve avere assolutamente un compito importante per quel sistema, altrimenti questo scomparirebbe. Ciò significa che ogni malattia ha una funzione per l'individuo nel suo insieme corpo - emozioni - mente - coscienza, può essere quindi un'opportunità piuttosto che una maledizione.

Dovremmo forse ridiscutere, anche a livello accademico, il modo in cui noi occidentali siamo abituati ad affrontare la malattia ed i problemi, non sono nemici da combattere ma bensì la base su cui strutturare un intervento di riequilibrio di anomalie organiche, comportamentali, emozionali e psichiche. L'equilibrio di cui stiamo parlando non deve essere immaginato come statico, ma piuttosto dinamico, ed è qui che il concetto di flessibilità per ogni sistema diventa cruciale, che si tratti dell'essere umano, di una società o di una organizzazione. Anche la visione della morte nella nostra cultura occidentale mostra oggi una totale assenza di spiritualità. Possiamo osservare come si tenda per alcuni aspetti a negare la morte e la dignità che merita, non prendendo in considerazione tutte quelle domande filosofiche ed esistenziali che invece dovrebbero essere non solo discusse, ma anche parte integrante del percorso terapeutico, soprattutto per i malati terminali.

Un miglioramento del nostro sistema sanitario potrà verificarsi

1 Per approfondimenti, rimando anche alla ricerche di Psiconeuroendocrinoimmunologia, PNEI, ovvero la disciplina che studia le relazioni bidirezionali tra psiche e sistemi biologici.

come diretta conseguenza del superamento concettuale del paradigma meccanicistico e riduzionistico della cura medica, attraverso un approccio multidisciplinare. Nello sviluppo della patologia, è opportuno da un lato esaminare la responsabilità individuale, dall'altro quella ambientale, ovvero sociale e culturale. Focalizzarsi solo sul primo o sul secondo aspetto, come alcuni approcci oggi fanno, è limitante nella comprensione della patologia. È auspicabile l'utilizzo di un modello integrato che dia un ruolo di maggiore rilevanza per quei professionisti che operano su un piano psichico ed emozionale. Ciò faciliterebbe l'analisi del contesto ambientale del paziente che ha inevitabilmente contribuito alla strutturazione della malattia. Questi aspetti sono delegati spesso al personale infermieristico, il quale presenta in alcuni casi consapevolezze assenti nei medici, forse a seguito di un contatto umano reale a cui è esposto. È ovvio che questo cambio di paradigma possa avvenire solo attraverso un mutamento della formazione accademico universitaria.

Comprendere in che modo si è sviluppata la malattia è spesso preso poco in considerazione rispetto a come opera la malattia stessa. Ma sono proprio le cause, conseguenza dell'interazione dei nostri centri con l'ambiente, che devono essere identificate, altrimenti anche se il disturbo scompare, si ripresenterà in altra forma. Qualsiasi patologia è sistemica per sua natura, riguarda l'intero organismo, non solo il singolo organo o area corporea, quindi necessita di un intervento olistico. La medicina integrata ha il compito di fornire un modello concettuale univoco di visione della salute, prevenzione, malattia e guarigione al di là di inutili teorie new age[1], in modo tale da fornire una base concettuale e un linguaggio comune per tutti quegli orienta-

1 Spesso molte di queste teorie sono guidate da una cieca sfiducia del sistema sanitario e della ricerca scientifica, poiché considerata come istituzione ufficiale. La mancanza di credibilità nelle nostre istituzioni (giustificata in parte da molti scandali passati), l'arroganza intellettuale di molti scienziati che trattano tematiche scientifiche come verità assolute e alcune generalizzazioni e semplificazioni sul potere delle case farmaceutiche, portano molti individui a sviluppare e a sposare visioni estreme che addirittura in taluni casi cadono nel cospirazionismo, delineando così una conoscenza molto approssimativa di come funziona la ricerca scientifica. Ciò potrebbe essere un tematica da approfondire attentamente in questo periodo storico di grande confusione, dove i limiti della scienza, dei suoi interpreti e modelli vengono spesso confusi con presunti complotti.

menti olistici che altrimenti rischiano di diventare in alcuni casi poco funzionali.

L'idea di salute deve necessariamente tenere in considerazione aspetti individuali, sociali, culturali ed ambientali, aiutando così le persone a comprendere veramente le norme di prevenzione per un corpo e una mente sani. Questo è possibile attraverso un approccio integrato, sono essenziali tutte quelle strategie che: prevedano norme di una buona alimentazione e stile di vita corretto, nell'ottica di rafforzare il nostro sistema immunitario; utilizzino strumenti e strategie efficaci di gestione e recupero dello stress, come la meditazione, per incentivare uno stato di equilibrio e rilassamento; si avvalgano di percorsi multidisciplinari, dalla psicoterapia a quegli approcci efficaci che agiscono sul piano organico; integrino le nostre pulsioni, emozioni e pensieri, per una istintualità, spontaneità e sessualità funzionali; considerino da un lato la responsabilità individuale, dall'altro quella ambientale, quindi sociale e culturale. Questi sono da ritenersi solo alcuni spunti di una grande tematica che potrebbe essere ampiamente approfondita.

L'integrazione tra i due paradigmi medici trattati in questo capitolo e la trasformazione dell'educazione accademica sono la base per una rivoluzione del sistema sanitario. Nonostante infatti sia importante mantenere e approfondire l'approccio riduzionistico, oltre a medici sempre più specializzati, c'è bisogno di medici olistici che riescano a comprendere l'individuo e il problema nella sua totalità, ampliando la base scientifica universitaria proposta verso psiche, emozioni, corpo e ambiente. Ribadisco che deve essere anche ridiscusso il concetto di prevenzione, salute, malattia e guarigione. A tal proposito Ricard afferma, «È come quando sentiamo prurito. Istintivamente, cerchiamo sollievo grattandoci. Ma il sollievo dura poco perché il prurito ritorna ancora più intenso, e noi sfreghiamo la pelle fino a farla sanguinare. Abbiamo confuso sollievo e guarigione»[1].

1 Matthieu Ricard, "Il gusto di essere felici", pag 137.

La vita sussurra continuamente, se non le si presta attenzione, prima alza il tono di voce ed infine urla. L'urlo equivale alla malattia, al problema, la vita ci parla attraverso il nostro corpo e se finalmente l'ascoltiamo, ricomincia a sussurrare e il problema può scomparire o perdere d'importanza. Nulla può essere represso in eterno, ciò che soffochiamo in un modo emergerà in altra forma, il disturbo organico è spesso la manifestazione di una parte di noi che abbiamo deciso di non ascoltare ed esprimere. Siamo quasi sempre noi stessi gli artefici della nostra malattia e della nostra guarigione, non siamo la vittima di un problema ma spesso gli unici creatori dello stesso. Con la consapevolezza che la vita è un susseguirsi amorevole di lezioni da apprendere, scelgo di credere che ogni insegnamento giunge nel momento in cui abbiamo già buona parte delle abilità per affrontarlo ed integrarlo.

I CAVALLI

Abbiamo compreso come poter incentivare un corretto funzionamento del corpo e come sia opportuno un cambiamento del sistema sanitario e di una formazione accademica che sposi sempre più una visione integrata e una cooperazione multidisciplinare della salute.

Ora cercheremo invece di analizzare il centro emozionale[1], riprendendo la metafora iniziale ciò che è stato definito come i *cavalli.* Diverse cause di malattia e morte nella nostra società sono dovute da conflitti e sofferenza emotiva. Gli scompensi emotivi hanno ripercussioni sulle funzioni basilari della nostra quotidianità, per esempio come pensiamo, ci relazioniamo, comportiamo, dormiamo, digeriamo, come funziona il nostro sistema immunitario, come recuperiamo le energie e molto altro ancora. La sofferenza emotiva è una delle principali cause di stress per il corpo e la mente.

1 Sono veramente molte le teorie sviluppate da fine '800 ad oggi riguardo le emozioni. Per approfondimenti e per comprendere ciò che ha portato alle conclusioni delle più recenti ricerche di cui vedremo alcuni spunti, rimando alle teorie principali sulle emozioni specificando alcuni noti ricercatori che non necessariamente fanno parte solo del filone di pensiero in cui sono stati inseriti: teorie neurofisiologiche (James 1884 - Cannon 1927 - Papez 1937 - MacLean 1949 - Zajonc 1994 - Damasio 1999, 2012 - Ledoux 2000); teorie cognitivo-attivazionali (Schachter e Singer 1962, 1971 - Zillmann 1971 - Calvert-Boyanowsky e Leventhal 1975 - Sinclair 1994); teorie dell'appraisal (Arnold 1969 - Scherer 1984, 1997, 2009 - Frijda 1986, 1993, 2009 - Lazarus 1991); teorie psico-evoluzionistiche (Tomkins e Plutchik '60 - Ekman 1972, 2007 - Izard 1997); teorie costruttivistiche (Averill 1985 - Harré 1986 - Lutz 1988 - Mandler 1990 - Guidano 1996).

Peste emozionale

Wilhelm Reich[1] coniò il termine *peste emozionale* per definire il mal funzionamento di questo centro dell'essere umano, un irrigidimento vitale dell'individuo e di tutti i suoi sistemi, processo che presenta terribili ripercussioni sia individuali che collettive. Molte delle follie che possiamo osservare nel mondo odierno infatti sono la conseguenza di individui totalmente manipolati dalle loro emozioni disfunzionali. La peste emozionale viene quindi perpetuata dalla società in cui siamo inseriti, siamo educati fin da piccoli per essere degli adulti "appestati". Sassone afferma come «Reich è stato un genio incompreso, ha visto la trappola in cui si sta cacciando questa umanità. Ha parlato della peste emozionale, che secondo me è un termine incredibile per spiegare questo miasma che gira nella nostra società, che ha contagiato tutti»[2].

Voler cambiare il mondo senza cambiare prima noi stessi, attraverso un attento lavoro sull'ego[3] che potrebbe permetterci di manifestarci con maggiore consapevolezza, è un miraggio. Le persone appestate sono creature così distruttive che hanno totalmente perso il contatto con l'amore incondizionato per la vita, e spesso sono gli interpreti di quelle realtà che reprimono i piaceri del corpo, la libertà e la spontaneità. Secondo Sassone «La peste emozionale genera fondamentalmente due categorie di esseri umani, molto utili a chi gestisce il potere: i masochisti e i sadici. Gli uni sono adatti a essere gregari, forza lavoro obbediente, gli altri sono soldati efficaci e senza scrupoli per le varie milizie integraliste. Gli uni sono controllati dal senso di colpa e dagli strumenti di espiazione che gli vengono offerti, gli altri sono affrancati dal senso di colpa perché la loro violenza è giustifica-

1 Wilhelm Reich (Dobrzcynica, 24 marzo 1897 - Lewisburg, 3 novembre 1957) è stato un medico, psichiatra e psicoanalista austriaco naturalizzato statunitense.

2 Estratto dall'intervista per il film Viananda.

3 L'ego è il nostro carattere, l'insieme delle nostre modalità psichiche, emozionali e comportamentali. È l'immagine mentale che abbiamo di noi stessi ed è ciò che crediamo di essere ed apparire agli occhi degli altri. Alcuni sinonimi che utilizzeremo nel libro sono *personalità, carattere, struttura caratteriale, Io egoico* e *Io illusorio*.

ta in quanto è per proteggere lo stato, l'ideologia o la fede»[1]. Questa peste emozionale è presente in ciascuno di noi, ed è per questo che è auspicabile apprendere strategie per una gestione sana delle emozioni attraverso un percorso psicoterapeutico, calandoci nello studio della nostra ombra e del carattere.

Ricard spiega, «Essendo basato su un malinteso, l'ego è costantemente minacciato dalla realtà, e ci dà un senso di grande insicurezza. Coscienti della sua vulnerabilità, tentiamo in ogni modo di proteggerlo e rafforzarlo, provando avversione per tutto ciò che lo minaccia e attrazione per tutto ciò che lo sostiene. Dai poli opposti dell'attrazione e della repulsione scaturisce una ridda di emozioni conflittuali»[2].

Spesso riteniamo che la strategia più desiderabile per raggiungere uno stato di felicità sia soddisfare i bisogni illusori che altro non fanno che rafforzare l'ego. Tuttavia l'idea di un Io autonomo è in contraddizione con la natura dei fenomeni e alimenta sofferenza, con effetti drammatici sulla qualità della nostra esistenza. Ricard continua, «La fiducia in noi stessi che l'ego può garantirci è del tutto fittizia, giacché è fondata su attributi precari - il potere, il successo, la bellezza e la forza fisica, la vivacità intellettuale e l'opinione degli altri - e su tutto ciò che costituisce la nostra immagine. Ma la vera fiducia in sé è di tutt'altro genere. E, paradossalmente, è proprio la naturale conseguenza dell'assenza di un sé individuale. Dissolvere l'illusione dell'io significa liberarsi dalla fragilità interiore. La fiducia in sé che non scaturisce dalla credenza nell'io va di pari passo con una sensazione di libertà non più sottomessa alle contingenze emotive e si accompagna all'imperturbabilità rispetto al giudizio degli altri e all'accettazione interiore delle circostanze della vita, quali esse siano. Tale libertà si traduce in un sentimento di apertura a tutto ciò che si presenta. Non si tratta di una fredda presa di distanza, di un distacco brusco o indifferente, tutte false rappresentazioni del "distacco" bud-

1 Roberto Maria Sassone, "Educazione alla Ricerca Interiore. Senza Corpo non c'è Spirito", pag 53.
2 Matthieu Ricard, "I Segreti della Mente Calma", pag 158.

dista, ma di una disponibilità benevola e coraggiosa che si estende a tutti gli esseri»[1].

I copioni emozionali

Le neuroscienze e le scienze cognitive[2] ci aiutano a comprendere come i meccanismi comportamentali e decisionali siano segnati da emozioni[3] ed esperienze pregresse, le quali condizionano profondamente la nostra esistenza. Daniela Lucangeli[4] nei suoi studi illustra come ogni esperienza passata sia associata ad uno schema comportamentale e ad una memoria emozionale. Istante dopo istante, vengono inviati al cervello una serie di informazioni neuroelettriche a cui ne conseguono delle reazioni biochimiche e ormonali nel corpo. Questo meraviglioso meccanismo è essenziale per la sopravvivenza, poiché ci ricorda di evitare o ricercare determinate situazioni, scrivendo delle vere e proprie tracce neuronali nella memoria, che si riattivano in situazioni analoghe di piacere o dolore. Lucangeli spiega, «Siamo strutturati in modo che il nostro organismo abbia una memoria capace di riconoscere il dolore subito, perché il dolore va ricordato così da evitare ciò che ci può nuocere in futuro. Siamo organizzati a livello neurofisiologico per avviare alert ed emozioni come la paura, in modo da riconoscere ed evitare subito ciò che ci nuoce e ci mette in pericolo»[5].

Ovviamente la natura non ci ha creato difettati, questo sofisticato processo è utile per rispondere alle situazioni della vita che si ripresentano, in modo istintivo, senza riflettere. Se ogni qual volta che ci

1 Matthieu Ricard, "I Segreti della Mente Calma", pag 158.

2 Le scienze cognitive sono l'insieme di discipline che hanno come oggetto di studio scientifico e filosofico la cognizione di un sistema, e che pur operando con sfumature differenti integrano i risultati delle loro ricerche al fine comune di chiarire il funzionamento della mente.

3 Le emozioni sono processi complessi e multifattoriali, composti da: valutazione della situazione; attivazione dell'organismo; espressione e manifestazione delle risposte emotive; prontezza e preparazione all'azione. Per la loro complessità, è corretto parlare di *esperienza emotiva*, ma utilizzeremo per semplificare il temine *emozioni*.

4 Daniela Lucangeli (Italia, 5 giugno 1965) è una psicologa, psicoterapeuta e ricercatrice italiana.

5 Daniela Lucangeli, "Cinque lezioni leggere sull'emozione di apprendere", pag 17.

trovassimo di fronte ad un fuoco non ci ricordassimo se possiamo toccarlo o meno, probabilmente ora non avremmo più le mani. L'alert corrisponde al famoso meccanismo di lotta o fuga, come anticipato è di vitale importanza nel momento in cui il cervello percepisce una minaccia reale. Il problema però è che le reazioni ad alcune esperienze già vissute, le quali hanno creato una traccia emotiva grazie ad una azione sull'amigdala[1], condizionano le esperienze stesse. Associamo ad attività simili le medesime risposte emotive, riattivando quei copioni emozionali che devono essere riconosciuti e destrutturati nel caso siano invalidanti o poco coerenti con la realtà. Magari da bambini siamo stati derisi quando cantavamo, e abbiamo così associato la vergogna al canto per tutta la vita, limitando inutilmente la nostra espressività.

Ciò ci porta in parte a comprendere come le scelte di quegli uomini che detengono poteri decisionali nell'ambito dell'educazione, di questioni economiche e sociopolitiche, sono spesso l'ovvia conseguenza di una peste emozionale, ovvero di risposte emotive automatiche e disfunzionali, purtroppo non riconosciute come tali. Essere sostenuti e guidati nell'ascoltare quindi ciò che le nostre emozioni ci vogliono suggerire, senza giudizio, potrebbe mostrarsi rivelatorio. Quando viviamo esperienze traumatiche, alcune emozioni si fissano eccessivamente in noi nella credenza che siano così fondamentali per tutelarci da ulteriori eventi dolorosi. Lasciata andare la paura però, può esserci spazio solamente per l'amore.

Queste risposte emotive inconsapevoli spiegano come il centro emozionale prenda delle scelte più velocemente del piano psichico. Gli studi di Lucangeli[2] suggeriscono quindi che le emozioni controllano la mente e i nostri comportamenti, non viceversa, tanto da definire il centro emozionale il *grande decisore*, un sistema intelligente che ha due tipi di risposta, mi fa bene o mi fa male. Durante tutta la nostra

1 L'amigdala gestisce le emozioni ed è situata nella parte dorsomediale del lobo temporale del cervello.

2 Per approfondimenti su questi temi e relativi studi e fonti, oltre alle sue molte pubblicazioni scientifiche, Daniela Lucangeli, "Cinque lezioni leggere sull'emozione di apprendere".

vita vengono tracciate quindi memorie emotive che condizionano la nostra esistenza e ciò che spesso definiamo con il termine *destino*. Così inconsciamente non riusciamo a volte a raggiungere determinati obiettivi a causa di cortocircuiti emozionali che agiscono inconsapevolmente attivando risposte indesiderate, sperimentando magari sempre le stesse situazioni, in amore, in famiglia, nelle amicizie e nel contesto lavorativo. Ma c'è molto di più, «È come se le memorie del dolore non fossero soltanto individuali, ma transgenerazionali. Questo significa che noi tramandiamo, per proteggere i nostri figli, ciò da cui si devono proteggere»[1]. Queste memorie epigenetiche possono essere tramandate ai propri discendenti per tre generazioni. Non siamo chiamati quindi ad integrare solo le nostre eventuali memorie emozionali disfunzionali, ma anche quelle del nostro sistema familiare e pertanto in senso ancora più ampio della nostra specie.

Anche i vocaboli e le relative immagini mentali che utilizziamo per descrivere i vari aspetti della realtà, sono condizionate dall'emozione associata all'idea stessa. Le parole quindi risvegliano copioni emozionali inconsci, basti pensare al vocabolo *Dio*, oppure ad un qualsiasi insulto che attiva in noi una ferita antica ed una credenza deleteria, strutturata probabilmente a seguito di determinate esperienze dell'infanzia, quando magari uno dei due genitori ce lo ripeteva severamente.

Pensiamo che il discernimento di cosa sia giusto o sbagliato nella vita sia totalmente deliberato ed intenzionale, senza comprendere come la nostra lettura della realtà e i nostri giudizi siano profondamente condizionati dai nostri copioni emozionali, dalla peste emozionale, dalle esperienze passate e da tutte quelle credenze che sono spesso la diretta conseguenza del contesto familiare, sociale e culturale in cui siamo cresciuti. In senso più ampio dalla nostra struttura caratteriale e dal funzionamento dei sistemi che ci costituiscono in relazione con l'ambiente. Possiamo così credere fermamente come

1 Daniela Lucangeli, TEDx Milano 13 novembre 2017.

sia corretto che le persone di quella popolazione debbano stare a casa loro (accanendoci con chi scappa dalla guerra piuttosto che con coloro i quali la perpetuano) oppure che avere una macchina di lusso o l'ultimo dispositivo elettronico sia auspicabile e molte altre convinzioni che pensiamo nostre. Mettiamo in discussione tutto ciò che crediamo, poiché forse, di cosa sia giusto o sbagliato, vero o falso, bello o brutto, possibile o impossibile, ne sappiamo veramente poco.

L'intelligenza emotiva

Imparare a gestire le nostre emozioni, tramite lo sviluppo di ciò che possiamo definire come *intelligenza emotiva*[1], permette al corpo e alla mente di ritrovare maggiore salute. La qualità della vita e delle relazioni dipende molto da come gestiamo le emozioni, sul piano familiare, affettivo, sessuale, sociale e lavorativo diversi problemi nascono infatti da scompensi emotivi. Le emozioni che viviamo conflittualmente sono quelle che alimentano la nostra ombra e sono facilmente identificabili. È infatti sufficiente osservare quelle che non amiamo percepire in noi, mostrare agli altri e osservare nel prossimo. Ricordiamoci però che più le combattiamo, le temiamo e le rifiutiamo, più le potenziamo.

La comprensione della neutralità delle emozioni, secondo gli studi di Gianluigi Giacconi[2], è di basilare importanza, esse sono infatti come energia che si muove dentro al nostro essere, non sono buone o cattive, ma sono utili o inutili, funzionali o disfunzionali. È necessario analizzare quando le usiamo a nostro vantaggio o svantaggio.

A volte, soprattutto da bambini, siamo in balia delle nostre emozioni, come quando ci arrabbiavamo e non riuscivamo a tranquillizzar-

1 Per approfondimenti, Daniel Goleman, "Intelligenza emotiva".

2 Gianluigi Giacconi (Gorizia, 23 luglio 1961) è uno psicologo italiano. Per approfondimenti, "Pan, panico e Peter Pan. All'origine della paura, dell'ansia e degli attacchi di panico" e "Pan, panico e Peter Pan 2. Strategie integrate e naturali di intervento per i disturbi ansioso/depressivi e per gli attacchi di panico".

ci, quando eravamo tristi e piangevamo per pomeriggi interi, quando provavamo ansia ed entravamo in panico, oppure quando avevamo paura e ci paralizzavamo davanti alle sfide della vita. Viviamo fin da piccoli dei sequestri emozionali incentivati dalla pessima educazione emozionale ricevuta dall'ambiente di appartenenza, siamo stati infatti severamente sgridati, giudicati, criticati e derisi per le nostre emozioni. Ognuno di noi ha sviluppato così dei conflitti con alcune di esse, ci è stato insegnato e abbiamo imparato a combatterle, rifiutarle e reprimerle invece che gestirle, accettarle ed amarle. Qualcuno è stato sgridato quando si arrabbiava e gli è stato detto di esser cattivo quando mostrava rabbia. Altri sono stati giudicati quando provavano paura, con crudeli prese in giro di essere codardi o capricciosi, oppure quando sperimentavano tristezza e piangevano, con critiche di essere dei frignoni. Questi sono palesi esempi di ferite che hanno potenziato dei copioni emozionali. Vivevamo una confusione terribile dettata dall'essere dominati da un'emozione che non riuscivamo a gestire, nessuno ci insegnava come affrontarla ed entravamo così in conflitto con essa, poiché ci veniva suggerito che non era opportuno provarla. Ci sono persone che hanno bisogno di imparare ad aprirsi ad alcune emozioni e chi viceversa è troppo emotivo. Siamo stati programmati a giudicare positivamente o negativamente alcune di esse, ma nessuna di per sé è bella o brutta in senso assoluto.

L'ansia quindi è un'emozione positiva o negativa? Nessuna delle due, si può discutere in base alle situazioni invece se sia funzionale o disfunzionale. Mettiamo caso che domani abbiamo un colloquio di lavoro e già oggi attiviamo uno stato d'ansia elevato perché abbiamo paura che sarà un fallimento e perderemo questa opportunità che cercavamo da tempo. In questo caso sarebbe inutile e disfunzionale poiché ci porterebbe magari ad avere un sonno disturbato e un livello di tensione enorme. Ma se banalmente stessimo passeggiando a New York ed entrassimo erroneamente nel Bronx, l'ansia e la paura sarebbero il campanello d'allarme che ci suggerirebbe di tornare da dove siamo venuti. La paura ci salva la vita in molte situazioni, senza di essa la nostra specie si sarebbe estinta.

La rabbia è una emozione positiva o negativa? È neutra, se arrabbiandoci diventiamo violenti e aggressivi, fisicamente e verbalmente, è disfunzionale e distruttiva. Ma se invece ci permette di manifestare con energia le nostre ragioni o di raggiungere i nostri obiettivi, può rivelarsi molto utile.

Ricard racconta, «Di norma, finiamo per identificarci completamente con le emozioni di cui siamo preda. Quando ci lasciamo andare a un eccesso di collera, la nostra mente e la collera sono un'unica cosa: la collera invade il nostro cuore, è dappertutto, e non lascia alcuno spazio ad altre emozioni come la pace interiore e la pazienza, né ci consente di esaminare le ragioni che ci hanno fatto irritare, per poi calmarci. Eppure, se in momenti del genere riusciamo a ritrovare un minimo di presenza mentale - capacità che possiamo sviluppare allenandoci - smetteremo di identificarci con la collera»[1]. La meditazione, l'attenzione ai nostri processi interiori e il respiro consapevole sono potenti strumenti per una gestione emozionale funzionale. Ricard spiega, «La prima tappa consiste nell'identificare il modo in cui le emozioni si originano basandosi su un'attenzione vigile all'alternarsi delle attività mentali, accompagnata da una presa di coscienza che permetta di distinguere le emozioni distruttive da quelle che portano alla felicità. Quest'analisi, ripetuta più volte, è il presupposto per la trasformazione di uno stato mentale perturbato. Per tale scopo il buddismo raccomanda un addestramento introspettivo prolungato e rigoroso, un processo che comporta la stabilizzazione dell'attenzione e l'accrescimento della lucidità mentale»[2].

In conclusione, è palese che non sappiamo gestire in maniera armonica le nostre emozioni perché nessuno ci ha insegnato a farlo e come diretta conseguenza non siamo in grado di alimentare quelle

1 Matthieu Ricard, "I Segreti della Mente Calma", pag 150.
2 Matthieu Ricard, "Il gusto di essere felici", pag 111.

che ci guidano verso la felicità piuttosto che verso la sofferenza. È chiaro inoltre che la quasi totalità di coloro i quali detengono poteri decisionali nella nostra società, non siano attentamente educati in ciò e che questa peste emozionale si proietti inevitabilmente in scelte alquanto discutibili, frutto di copioni e sequestri emozionali inconsapevoli. È quindi veramente necessario, per un corretto funzionamento del centro emozionale, un percorso con un professionista nell'ambito della relazione d'aiuto che faciliti lo scioglimento di vecchi copioni disfunzionali e l'apprendimento di strategie utili ad una gestione corretta che faciliti la manifestazione del nostro lato luce, anche nei contesti educativi accademici dove si formano i leader di domani. È imprescindibile inoltre diventare responsabili delle proprie emozioni, uscendo dall'illusione che gli altri o la vita siano la causa di quelle che ci intossicano.

L'aspetto emozionale, così come quello psichico ed organico, è uno dei fulcri per un buon funzionamento della nostra struttura caratteriale. L'ego infatti ci spinge spesso nell'arco della vita alla ricerca di soddisfare quei bisogni che sono stati frustrati durante l'infanzia. L'analisi di un nutrimento sano di questi bisogni è una delle chiavi del percorso psicoterapeutico, poiché molte nostre scelte e credenze sono il frutto di bisogni non sfamati adeguatamente.

IL COCCHIERE

Lo studio della psiche[1] è un mondo incredibilmente vasto, quindi in questo capitolo cercheremo di mettere in luce uno dei pilastri di questa ricerca, ovvero il perché dovremmo metterci molto più in discussione come singoli e come specie, analizzando inoltre alcuni meccanismi con cui creiamo sofferenza autogena.

La separazione cartesiana tra mente e corpo ha avuto conseguenze tragiche, elogiando la prima a discapito della seconda, e ha impedito fino a pochi decenni fa a medici e psicologi di comprendere l'interrelazione sottile tra centro psichico ed organico. Una terapia integrata deve sempre coinvolgere entrambi questi due piani, in relazione con l'ambiente, se vuole avere un'efficacia per l'individuo. Le discipline umanistiche sono state allontanate dalle scienze naturali, inducendo così una visione della realtà riduzionista. Come anticipato, Cartesio basò il suo approccio di studio della natura e della realtà sulla scissione tra mente (*res cogitans*) e materia (*res extensa*), tra anima e corpo, probabilmente ignaro che questa dicotomia avrebbe regnato nelle scienze e filosofie occidentali per i secoli a venire. I medici hanno così sbadatamente trascurato la dimensione psichica, gli psicologi quella corporea.

1 In questo libro i termini *psiche, mente* e *centro psichico* vengono utilizzati come sinonimi.

Se il piano organico e quello emozionale hanno un impatto così profondo sull'intero sistema uomo e di conseguenza sul nostro benessere, anche il piano psichico gioca un ruolo centrale. L'idea di avere così tanto potere di libera scelta nella vita è dettata dal fatto che siamo ignari dei meccanismi automatici psico-emozionali inconsci che agiscono in noi, i quali guidano i nostri comportamenti, la nostra esistenza e visione del mondo. Non riusciamo a mettere in atto grandi cambiamenti di noi stessi e quindi anche della realtà che ci circonda.

Non solo quindi le nostre idee e credenze sono condizionate profondamente da esperienze passate che modificano il nostro cervello[1] e fissano dei copioni emozionali, ma sono soggette costantemente anche a limiti e filtri cognitivi che caratterizzano il funzionamento di mente e corpo. Non siamo una specie così intelligente come ci autodefiniamo, questo è un dato oggettivo comprensibile semplicemente osservando il folle sistema patriarcale che abbiamo creato, così nevrotico da scordare ciò che realmente conta, ovvero il nostro sviluppo psico-spirituale e la felicità.

Lo studio dell'attenzione, percezione, memoria e ragionamento sono alcuni processi cognitivi[2] che cercheremo di affrontare con semplicità, sempre con l'intento di illustrare quanto sia importante mettersi profondamente in discussione, in particolar modo per chi detiene forme di potere decisionale sulla collettività.

I limiti del nostro funzionamento

Oltre ai vari elementi di disturbo ambientali esterni, i limiti di cui parlo si riferiscono soprattutto al piano sensoriale, sappiamo infatti bene come alcune tecnologie o specie animali abbiano sensi molto più sviluppati dei nostri. Ciò che captiamo della realtà è solo una mi-

1 Per approfondimenti, rimando ai molti studi sulla neuroplasticità, ovvero la capacità del cervello di modificare la propria struttura e le proprie funzionalità in risposta a vari fattori intrinseci ed estrinseci, come l'esperienza.

2 Per approfondimenti, Roberto Nicoletti e Rino Rumiati, "I processi cognitivi".

nuscola fetta della stessa, quindi è opportuno non incentivare certezze percettive che possono essere frutto di terribili distorsioni sensoriali. Per comprendere invece cosa intenderemo con il termine *filtri*, partiamo dal presupposto che i segnali che possiamo cogliere fuori o dentro di noi, il rumore e la vista di un fulmine o la sensazione di un crampo allo stomaco per esempio, vengono elaborati a seconda dei nostri programmi psichici ed emozionali, acquisendo così significato. C'è chi quindi si spaventerà davanti alla vista di un temporale in arrivo e chi invece si godrà la meraviglia dei lampi e della pioggia che dipingono il cielo. Il segnale iniziale, che è oggettivo e neutro, diventa soggettivo.

Ribadisco che questi programmi sono comunque estremamente utili in diversi casi, ma molto spesso plasmano gli occhiali con cui osserviamo la realtà, definendo ciò che crediamo vero e condizionano le nostre idee, emozioni, decisioni e comportamenti a livello inconscio. Noi non agiamo, spesso siamo mossi da automatismi e reazioni inconsapevoli, fissando così limiti inesistenti alle nostre infinite possibilità di credere, sentire ed agire. Funzioniamo con il pilota automatico almeno che il passeggero (la coscienza) non sia sufficientemente sveglio da indicare al cocchiere (la mente), e quindi alla carrozza e ai cavalli (corpo ed emozioni), che direzione prendere.

L'attenzione è anche selettiva[1], decide infatti quali informazioni raccogliere, le quali vengono filtrate non solo dai limiti dei nostri sensi, ma anche seguendo dei criteri di congruenza e ordine, semplificando e generalizzando l'informazione complessa iniziale, deformandola. Percepiamo quindi dei segnali che giungono al cervello, il quale li elabora facendoli rientrare all'interno di alcuni modelli cognitivi ed emozionali, attivando comportamenti non necessariamente coerenti

1 I meccanismi attentivi consentono al sistema di filtrare e selezionare l'informazione da elaborare. L'attenzione include alcuni componenti: arousal (prontezza psicofisiologica nel ricevere stimolazioni interne o esterne), attenzione selettiva (è in rapporto con l'arousal, livelli troppo bassi di arousal non consentono di "filtrare" le informazioni, livelli troppo alti ridurranno eccessivamente le informazioni in entrata), attenzione divisa (capacità che tutti abbiamo di prestare attenzione a più cose contemporaneamente) e attenzione sostenuta (capacità di mantenere un certo livello attenzionale per un periodo protratto nel tempo).

con la realtà, ma piuttosto a questi modelli. Quest'ultimi non sono del tutto nostri, sono il frutto di ciò che abbiamo potuto apprendere nell'ambiente in cui siamo cresciuti, la famiglia, la comunità, la cultura e la società nel suo insieme. I limiti e filtri che stiamo analizzando sono vere e proprie trappole cognitive, emozionali e sensoriali, ampiamente studiati anche in psicologia da molti anni e alcuni rientrano nella categoria dei centinaia di bias[1] illustrati con innumerevoli esperimenti.

Molto prima della psicologia moderna, ovviamente gli esseri umani si sono interrogati riguardo il modo con cui percepiamo e deformiamo la realtà. Ricard spiega, «Il buddismo è essenzialmente un percorso di trasformazione che conduce dalla sofferenza alla liberazione, dalla confusione e dall'ignoranza alla conoscenza. È un cammino, quindi ovviamente se funzioniamo nel modo sbagliato, tutte le soluzioni che troveremo non saranno adatte alla realtà, perché c'è un divario tra le nostre percezioni e la realtà. Quindi uno degli obiettivi della filosofia e della spiritualità buddista è quello di colmare il divario tra la realtà e le nostre percezioni, per avere una visione corretta della realtà, per capire anche come funziona la nostra mente»[2].

La realtà come profezia che si autoavvera

Le esperienze che viviamo costantemente nella realtà necessitano di trovare coerenza con ciò che è già scritto in noi, con i nostri valori e bisogni, con le nostre credenze, emozioni ed esperienze pregresse. Possiamo affermare che la percezione della realtà è auto-convalidante, vediamo solo ciò per cui siamo programmati di vedere, rafforzando giorno dopo giorno rigide idee, di cui i pregiudizi ne sono un

1 Il bias cognitivo in psicologia è uno schema di deviazione del giudizio che si verifica in presenza di certi presupposti, una tendenza a creare la propria realtà soggettiva, non per forza corrispondente all'evidenza, sviluppata sulla base dell'interpretazione o distorsione delle informazioni.
2 Estratto dall'intervista per il film Viananda.

esempio. Ci affezioniamo ad alcune credenze che ci incatenano, poiché non ci permettono di cogliere liberamente nuovi punti di vista. La mente cerca inoltre costantemente spiegazioni basate sul concetto di causa ed effetto, giungendo alle più assurde interpretazioni. Plasmiamo la realtà in ogni istante e le nuove scoperte della fisica quantistica aprono ulteriori nuovi spiragli di conoscenza anche in ambito psicologico impensabili tempo fa[1].

I limiti del nostro funzionamento e l'inconsapevolezza di come agiscono sono sempre stati uno strumento per ciò che Riane Eisler definisce come *sistemi di dominio*, i quali ci suggeriscono cosa sia corretto pensare, credere e perseguire. A tal proposito asserisce, «Amo davvero il mio lavoro e questa passione è ben radicata nelle esperienze della mia infanzia, io e i miei genitori eravamo rifugiati dell'Europa nazista. Così, da un giorno all'altro, il mio mondo intero è stato completamente stravolto, è stata un'esperienza davvero traumatica e ciò mi ha portato a chiedermi, come penso sia successo a molti di noi ad un certo punto, se fosse proprio così che doveva andare. Deve esserci davvero così tanta insensibilità? Tanta crudeltà e violenza? E se non dovesse essere così, qual è l'alternativa? Ed è stato solo molti anni dopo che, grazie ai miei studi, ho trovato la risposta, che chiaramente è: sì! Esiste un'alternativa ma per vederla è necessario abbandonare vecchie abitudini e sicurezze. Bisogna smetterla di guardare il mondo attraverso le lenti appartenenti alle categorie sociali tradizionali, intendo dire destra-sinistra, religioso-laico, oriente-occidente, settentrionale-meridionale, capitalismo-socialismo, perché hanno caratterizzato società opprimenti, repressive e violente. Ad esempio la Germania nazista, l'Unione Sovietica di Stalin, i movimenti di estremismo religioso come l'Isis, ma soprattutto nessuna di queste categorie guarda la società nel suo intero. Ed è proprio questo ciò che ho iniziato a fare io perché, se ben ci pensate, tutte queste categorie hanno escluso o ignorato completamente la maggioranza dell'umanità,

1 Per approfondimenti Fritjof Capra, "Il punto di svolta. Scienza, società e cultura emergente".

donne e bambini»[1]. Affronteremo nella seconda parte del libro come gli interpreti della nostra educazione, economia, politica e dei mezzi di comunicazione influenzino drammaticamente in negativo l'espressione massima di ciò che possiamo diventare, ovvero esseri umani migliori, incentivando in svariati modi la nostra ombra.

Abbiamo accennato come l'attenzione sia pure selettiva, un fenomeno cognitivo fondamentale che ci permette di selezionare solo alcune tra le molte informazioni realmente presenti. Ci induce inoltre a trovare nella realtà conferma dei nostri programmi cognitivi ed emozionali e a recuperare nella memoria soprattutto i ricordi che ne attestano la veridicità. Se ciò che percepiamo del presente non è la conseguenza di una lettura così oggettiva e neutra, altrettanto avviene con ciò che abbiamo sperimentato in passato. La mente seleziona dai ricordi solo ciò che non la mette eccessivamente in discussione, soltanto ciò che conferma le nostre credenze pregresse.

Le neuroscienze hanno ampiamente dimostrato come non dovremmo fare così affidamento sui nostri ricordi. In psicologia dei processi mnestici[2] è ben noto come già solo il recupero di un ricordo ne induce un'importante distorsione, tant'è che spesso aggiungiamo dettagli inesistenti o ne eliminiamo d'importanti. Secondo diversi ricercatori il ricordo subisce una doppia ricostruzione, nel momento in cui lo archiviamo e quando lo recuperiamo. Tutti gli spazi vuoti dell'informazione che scegliamo di riesumare vengono colmati da inferenze inconsapevoli, le quali sono integrate al ricordo iniziale per dargli senso. Capita così di rievocare elementi mai accaduti di alcuni eventi, la memoria infatti è creativa e arricchisce i ricordi di informazioni immaginate. I limiti e i filtri del nostro funzionamento causano una

1 Estratto dall'intervista per il film Viananda.

2 Il processo mnestico si configura come un percorso dinamico di ricostruzione e connessione di rappresentazioni, piuttosto che come un semplice "immagazzinamento" di dati in uno spazio mentale statico. Per approfondimenti rispetto agli spunti dati in questo paragrafo riguardo le fasi di acquisizione/codifica, mantenimento/ritenzione e recupero/richiamo, Alan Baddeley, Michael W. Eysenck e Michael C. Anderson, "La memoria", Bob Garrett, "Cervello e Comportamento" e Costanza Papagno, "Neuropsicologia della memoria".

lunga serie di bias cognitivi[1], tutto ciò sottolinea per quale motivo dovremmo metterci estremamente in discussione, dai leader politici a ciascuno di noi nel nostro piccolo.

L'interpretazione distorta

Siamo creature dualistiche, costituiti da due forze contrapposte, luce e ombra, impariamo che cosa sia la felicità sperimentando la tristezza o cosa sia il coraggio vivendo la paura. L'oscurità, la quale incentiva meccanismi di separazione dove in realtà c'è solo unità, è secondo alcuni una creazione dell'essere umano come diretta conseguenza del nostro libero arbitrio. Possiamo scegliere ogni giorno se andare in direzione di ciò che crea gioia o sofferenza nella nostra vita, è una possibilità più o meno consapevole.

Come giudici ignoranti, giudichiamo con tanto ardore ciò che è giusto o sbagliato, non solo per noi, ma anche per la collettività. Nel suo funzionamento ordinario, condizionato dalla struttura del carattere, l'essere umano vive l'illusione di dover frammentare la realtà: bene e male, bianco e nero. Possiamo però solcare una terza via: quel difficile punto d'incontro tra queste due spinte, diretta conseguenza di una visione della vita più equilibrata e di un pensiero sistemico. Così facendo, il conflitto inevitabile della dualità perde potere e scompare. Ciò non significa non essere in grado di discernere quello che rafforza la positività o la negatività in noi e su questo pianeta, piuttosto possiamo riequilibrare le nostre credenze e percezioni imparando a cambiare e a creare contesti funzionali e positivi ai vari aspetti oggettivi della realtà. Ricard afferma come ci siano molti ostacoli nel percorso di trasformazione, una delle difficoltà è che «Immagino che qualcosa sia 100% attraente o 100% ripugnante, mentre nulla lo è in senso assoluto. Dunque c'è un oggetto e poi una proiezione della

1 Per approfondimenti, tra i vari libri di cui i dettagli in bibliografia, Daniel Kahneman, "Pensieri lenti e veloci".

nostra mente. [...] Pensiamo che essere bello, piacevole, desiderabile o meno, appartiene alla *cosa*, mentre è il frutto di un'interazione con la nostra mente. Ora, se guardiamo dentro di noi, allo stesso modo, la nostra coscienza è un flusso dinamico costantemente in trasformazione, come un fiume. [...] Il flusso della nostra coscienza è la successione delle esperienze vissute»[1].

Esiste solo una realtà neutra, come una tela bianca viene dipinta dal nostro mondo soggettivo, ovvero l'insieme dei nostri programmi psico-emozionali, comportamentali, giudizi, interpretazioni e contesti che associamo alla realtà, rendendola positiva o negativa. Dopo aver lasciato andare la sofferenza, possiamo allenare l'abilità di creare consapevolmente contesti positivi per la nostra felicità, la mente va rieducata in questo processo ed un percorso psicoterapeutico può essere risolutorio per diverse forme di disagio interiore. Altrimenti l'inconscio[2], uno spazio molto più vasto del conscio, dà una direzione alla nostra vita. Per svelarne alcuni suoi ingranaggi è richiesta un'osservazione che si allontana ampiamente dalle tecniche quantitative di indagine della scienza meccanicistica, ma che presenta invece un approccio che definirei artistico. L'inconscio non è quindi decodificabile con un'osservazione pragmatica, necessita invece di una sensibilità artistica e simbolica che comunque presenta una sua raffinata logica.

Riconoscere il lato luce di ogni nostra emozione, caratteristica od esperienza passata e presente, invece che soffermarci solo su ciò che abbiamo sempre etichettato come totalmente negativo, può dimostrarsi uno strumento di trasformazione. Non sto affermando che sia utile dipingere la vita di rosa quando invece affrontiamo eventi di dolore oggettivo, come un lutto, ma piuttosto di non scordare che ogni

1 Estratto dall'intervista per il film Viananda.

2 Carl Gustav Jung nei suoi studi ha distinto l'inconscio personale, formato dalle esperienze e dai vissuti personali del singolo individuo (pensieri, emozioni e pulsioni) accumulati durante la sua crescita in uno spazio non consapevole, dall'inconscio collettivo, formato invece da costrutti e contenuti innati, che ogni individuo cioè possiede al suo interno sin dalla nascita. Con questo termine egli indica l'insieme dei contenuti psichici universali, propriamente gli archetipi, preesistenti all'individuo e legati al complessivo patrimonio della civiltà. In esso consiste la struttura della psiche dell'intera umanità. Le sue teorie poi sono evolute con diverse altre ricerche.

esperienza umana nasconde sempre un possibile dono, che va colto ed integrato per evolvere, come ci illustra saggiamente il Tao. Altrimenti rischieremo di ripetere alcune lezioni fintato ché non ne apprendiamo l'insegnamento. Ricard spiega, «Dedichiamo enormi sforzi a migliorare le condizioni esteriori della nostra esistenza, ma alla fin fine è sempre la nostra mente a sperimentare il mondo e a tradurlo in benessere o sofferenza. Se riuscissimo a percepire le cose in maniera differente anche la qualità della nostra esistenza cambierebbe. Ebbene, tale cambiamento è il risultato di un addestramento mentale che chiamiamo *meditazione*»[1].

Ricard ricorda, «La felicità è prima di ogni altra cosa il gusto di vivere»[2]. La felicità è una questione di equilibrio, tra la luce e l'ombra che vive in noi, di accettazione incondizionata di ciò che c'è, di lavoro su quelli che verranno identificati come *veleni mentali* e di sviluppo di alcune abilità, non ha nulla a che fare quindi con quel pensiero positivo su cui molti approcci poco funzionali oggi si fondano. Descrivendo cosa sia il buddismo, Ricard illustra come «Questa via di trasformazione mira anche a liberare la mente da tutti quei veleni che sono la causa delle nostre sofferenze: animosità, avidità, ossessione, mancanza di discernimento (ovvero non conoscere le leggi di causa ed effetto, cosa alimenta la sofferenza e cosa conduce alla vera felicità), [...] l'orgoglio, la gelosia... Quindi la spiritualità dal punto di vista del buddismo vuol dire anche sbarazzarsi di tutte quelle tossine mentali che avvelenano la nostra mente e anche la vita degli altri, perché se siete guidati da odio, avidità, orgoglio e gelosia, necessariamente danneggerete anche gli altri oltre che voi stessi»[3].

Di conseguenza delinea alcune qualità umane di base (che definiremo anche con il termine *valori* o *virtù*) essenziali per un funzionamento migliore dell'essere umano, «Dunque il buddismo può essere considerato come una scienza della psiche, un addestramento della

1 Matthieu Ricard, "I segreti della mente calma", pag 13.
2 Matthieu Ricard, "Il gusto di essere felici", pag 11.
3 Estratto dall'intervista per il film Viananda.

mente per sviluppare le qualità umane di base, che sono l'amore altruistico, la compassione, la gentilezza, l'umiltà, la libertà interiore, la resilienza e la pace interiore, così che possano dissolvere (non sopprimere) l'animosità, la gelosia, l'orgoglio, etc. È un percorso di trasformazione spirituale per trasformare il modo in cui la nostra psiche funziona. Abbiamo a che fare con la nostra mente dalla mattina alla sera, può essere la nostra migliore amica così come la nostra peggior nemica, può farci commettere un genocidio come può trasformarci in un benefattore per l'umanità. La specie umana ha il potere immenso di fare molto bene o molto male, e ciò è grazie alla nostra mente. Quindi trasformare la nostra psiche vuol dire trasformare noi stessi per migliorare il mondo. Questa è la spiritualità per me, e a cosa serve? Per affrontare le crisi del mondo moderno»[1].

Un importante lavoro su di sé e lo studio del proprio funzionamento diventano un'altra volta la chiave di volta per umani migliori. Come psicologo non intendo affermare che questo percorso implichi solo l'utilizzo dei mezzi propri della psicoterapia tradizionale o dei molteplici approcci utilizzati dagli operatori nell'ambito della relazione d'aiuto. Anche gli strumenti dei vari percorsi spirituali, delle arti e di quelle discipline che permettono un saggio coinvolgimento dei nostri sistemi, tutto ciò che può alimentare positività reale per ognuno dei centri analizzati. Si rivela comunque imprescindibile una conoscenza olistica dell'uomo, per sostenere ed aiutare le persone nel processo alchemico di trasformazione di sé.

Il mondo virtuale della psiche

L'evoluzione del corpo e del cervello, attraverso una meravigliosa spinta integrativa (se pur spesso conflittuale) di una enorme serie di funzioni tra cui in particolare il linguaggio, ci ha portati a inserire nel

1 Estratto dall'intervista per il film Viananda.

vocabolo *mente* quel pensare che tanto ci affascina e fa altrettanto soffrire. Non solo ciò di cui abbiamo fatto esperienza in passato e nel presente sottintende grossi limiti percettivi ed è soggetto ad inevitabili filtri, interpretazioni e distorsioni, ma dobbiamo anche considerare che quello spazio che chiamiamo psiche è colmo di veleni mentali e pensieri negativi che causano sofferenza autogena, quindi autoinflitta. Ci puniamo quotidianamente con il nostro dialogo interiore deleterio, uno storytelling che percepiamo quasi incontrollabile.

Come mi è stato insegnato da Giacconi, i pensieri che si attivano automaticamente e quindi non deliberatamente in noi riguardano spesso il nostro passato. A volte possono essere anche dei bei ricordi, ma la maggior parte sono velenosi, come rancori, sensi di colpa, rimpianti, rimorsi, risentimenti, vergogne, lutti non elaborati e nostalgie. Sono solo ricordi, parte della nostra immaginazione poiché sono virtuali, ma il problema risiede nel fatto che generano emozioni reali e modificano la fisiologia e la chimica del nostro corpo. «La mente non distingue una esperienza reale da una fortemente immaginata»[1], quando vivo un ricordo del passato, questo attiva delle emozioni reali e per la mia mente è come se fosse vero. Facciamo un esempio per semplificare, immaginiamo che ieri abbiamo litigato animatamente con un amico ed oggi decidiamo di andare al mare per rilassarci. Siamo distesi sul bagnasciuga, in una dimensione meravigliosa grazie al suono dell'acqua, al sole, alle risate dei bambini. Ad un certo punto però la mente incomincia a proiettare il ricordo del giorno precedente, riviviamo interiormente le immagini del litigio e in pochi istanti riproviamo nuovamente rancore e rabbia. Percepiamo quindi qualcosa che non esiste più nella realtà, ma sembra altrettanto vero.

Sperimentiamo anche dei pensieri collegati al futuro, che hanno una buona funzione di creare progetti ed obiettivi, ma spesso sono pericolosi. La preoccupazione e il pessimismo per esempio sono una

1 Gianluigi Giacconi, "Pan, panico e Peter Pan 2. Strategie integrative e naturali di intervento per i disurbi ansioso-depressivi e per gli attacchi di panico", pag 140.

proiezione di pensieri colmi di paura e negatività riguardo a quello che potrebbe accadere. Anche in questo caso siamo in una dimensione virtuale, dato che ciò che immaginiamo preoccupandoci quasi mai accade veramente, tuttavia creiamo così ansia reale e mettiamo in tensione il sistema nervoso, prosciugando la nostra energia e caricandoci inutilmente di negatività ed emozioni parassite.

Buona parte della sofferenza degli esseri umani non è causata dalla realtà, ma dai pensieri sul passato e sul futuro presenti nella nostra mente. Non viviamo nel presente quindi, ma siamo quasi sempre nel ieri o nel domani, viviamo la maggior parte della giornata in una dimensione immaginaria, favorendo continuamente stress, ansie e paure inutili dentro di noi. Vivere con presenza, nel qui ed ora, totalmente immersi in ciò che accade, è la chiave fondamentale per eliminare gran parte della sofferenza che tutti noi umani sperimentiamo. Come può quindi il cocchiere prestare maggiore attenzione al passeggero per poter guidare diversamente cavalli e carrozza? I nostri sensi, la capacità di spostare l'attenzione al corpo e la respirazione consapevole sono il primo passo, ciò che ci permette innanzitutto di capire se siamo presenti o se siamo coinvolti in processi psico-emozionali deleteri. Come psicologo, sono perfettamente d'accordo con Ricard quando afferma che «Se vogliamo osservare i meccanismi più sottili del funzionamento del nostro pensiero e intervenire su essi, dobbiamo senz'altro perfezionare la capacità introspettiva, esercitando l'attenzione fino a rendere la nostra mente perfettamente acuta, stabile e limpida»[1]. Approfondiremo l'argomento della meditazione come meraviglioso strumento per il nostro risveglio nei prossimi capitoli.

La programmazione che subiamo

Desidero sottolineare ancora una volta che siamo il frutto di una

1 Matthieu Ricard, "I segreti della mente calma", pag 24.

programmazione familiare, culturale e sociale, la quale fissa in noi credenze, stereotipi, pregiudizi, memorie emozionali e cognitive che ci inducono ad interpretare in un film veri e propri copioni di vita. Tutto ciò purtroppo avviene in una fase dove non solo le nostre capacità critiche sono ancora immature, ma ancor prima che il nostro cervello abbia raggiunto il suo completo sviluppo. Come diretta conseguenza, semplificando, accettiamo alcuni contenuti di verità difficilmente poi mutabili, passati dai genitori e dalla famiglia, dagli insegnati, dalle varie figure di riferimento, dall'ambiente in cui siamo inseriti e dai media. Non siamo per nulla incentivati a mettere in atto un lavoro di profonda crescita personale, per essere un modello funzionale di come approcciarsi alla vita e alle leggi che governano la nostra dimensione.

Luisi e Capra illustrano come «La rete sociale produce anche un corpo di conoscenze condiviso - che include informazioni, idee e abilità personali - che dà forma a un determinato modo di vita oltre che ai valori e alle credenze di tale società. Inoltre, i valori e le credenze culturali influenzano a loro volta tale corpo di conoscenze. Sono parte delle lenti attraverso cui vediamo il mondo e ci aiutano a interpretare le nostre esperienze e a decidere quale tipo di conoscenza abbia valore. Tale conoscenza pregna di significato, che è costantemente modificata dalla rete delle comunicazioni, viene trasmessa di generazione in generazione insieme ai valori, alle credenze e alle norme di comportamenti di quella cultura»[1]. Questi valori, credenze e norme di comportamento strutturano l'identità e rinforzano il bisogno di appartenenza degli individui, inducendoli ad un agire non poi così deliberato.

Se alla nascita siamo quasi privi di programmi, con gli anni ne apprendiamo sempre di più, alcuni funzionali ed altri disfunzionali, e tendiamo a non metterli più in discussione. Per una vita intera strutturiamo punti di vista per filtrare la realtà, ma è fondamentale perdere il nostro punto di vista per riuscire a vedere veramente. Questo condi-

1 Fritjof Capra e Pier Luigi Luisi, "Vita e natura. Una visione sistemica", pag 489.

zionamento avviene per ripetizione, osservazione[1] e imitazione, come ben approfondito anche dalla teoria dei neuroni specchio[2]. Ciò dovrebbe farci riflettere sull'importanza di avere dei modelli funzionali per una espressione umana migliore, non solo nell'ambiente in cui siamo inseriti, ma anche attraverso i media che troppo spesso denunciano il male senza insegnare e mostrare cosa sia il bene.

Molto di ciò che crediamo sia bello o brutto, desiderabile o meno, giusto o sbagliato è la conseguenza dell'influenza del sistema familiare e della società. Non solo, gli stereotipi inoltre su culture differenti creano inevitabilmente separazione, poiché siamo portati a paragonare altri contesti al nostro d'appartenenza. Come ci vestiamo, cosa mangiamo, gli interessi e le relazioni che abbiamo, il concetto di bellezza, di famiglia, di lavoro, di politica, di successo, sono quindi realmente una nostra scelta? Facciamo in modo che questo discernimento non sia imposto dall'esterno, cerchiamo piuttosto di sentire dentro di noi cosa accogliere, cerchiamo di connetterci a quell'intelligenza innata che ci anima e che ci mostra e soprattutto guida nelle scelte della nostra vita, coerenti con quelle virtù e qualità umane che analizzeremo prossimamente. Per mettere in atto questo processo, è necessario creare lo spazio e il silenzio sufficiente per ascoltarci.

I nostri inconsapevoli limiti cognitivi sono soggetti purtroppo ad orribili manipolazioni. L'utilizzo spropositato di dispositivi elettronici, in particolare degli smartphone, e dei social media, oltre ad implicazioni gravissime sul cervello in età di sviluppo[3] e a pericolose forme di dipendenza, permette una programmazione ancora più costante e mirata delle menti addormentate di giovani ed adulti. Con informa-

---

1 La teoria dell'apprendimento sociale fu sviluppata principalmente da Albert Bandura (Alberta, 4 dicembre 1925), psicologo americano specializzato in psicologia dello sviluppo e psicologia dell'educazione. Evidenziò come l'apprendimento non implicasse esclusivamente il contatto diretto con gli oggetti, ma avvenisse anche attraverso esperienze indirette, sviluppate attraverso l'osservazione di altre persone.

2 I neuroni specchio sono una classe di neuroni motori che si attivano involontariamente sia quando un individuo esegue un'azione finalizzata, sia quando lo stesso individuo osserva la medesima azione finalizzata compiuta da un altro soggetto qualunque.

3 Rimando agli studi Daniela Lucangeli riguardo alla dipendenza da smartphone e gli effetti deleteri in età di sviluppo.

zioni sempre più superficiali, crediamo vere e condividiamo notizie inesistenti senza mai verificarne le fonti. Nessuno ci ha insegnato a farlo, ma sarà basilare educare i giovani ad un utilizzo saggio di questi strumenti, soprattutto in un'era dove siamo bombardati da costanti notizie contraddittorie che ci impediscono di strutturare un pensiero critico[1] ed indipendente, come ben illustrato negli studi di Chomsky[2].

Gli algoritmi che stanno alla base dei social media e motori di ricerca, propongono notizie troppo spesso coerenti con le nostre ricerche d'interesse e troviamo così solo riscontri di ciò che crediamo corretto, inconsciamente felici di non mettere in discussione il nostro punto di vista. Come spesso accade, abbiamo sviluppato tecnologie che emulano il funzionamento del nostro cervello. A seguito di tutte le conferme che troviamo, rafforziamo l'idea che ciò che pensiamo sia veritiero ed inevitabilmente crediamo fermamente che chi propone un punto di vista diverso dal nostro sia in errore. Semplicemente però non entriamo in contatto con le stesse informazioni e non verifichiamo le fonti di ciò che leggiamo. Un ulteriore delirio cognitivo incentivato questa volta dall'intelligenza artificiale, la quale riduce drasticamente la possibilità di scoperta e di messa in discussione e incentiva pericolosi fenomeni di polarizzazione[3].

Poniamo attenzione a ciò che diciamo e condividiamo anche nel mondo virtuale che abbiamo creato, altrimenti promuoviamo la mala-informazione o peggio abbocchiamo ai promotori delle fake news che, se pur vengono smascherate dopo la loro divulgazione, hanno lo scopo di modificare l'opinione pubblica. Si stima che le fake news siano condivise molto più velocemente rispetto alle notizie reali[4], pur-

1 Per approfondimenti, tra i vari libri di cui i dettagli in bibliografia, Noam Chomsky, "Dis-Educazione. Perché la scuola ha bisogno del pensiero critico".

2 Avram Noam Chomsky (Filadelfia, 7 dicembre 1928) è un linguista, filosofo, teorico della comunicazione e scienziato cognitivista statunitense.

3 Il pensiero polarizzato è un tipo di distorsione cognitiva, dove la persona vive una tragica semplificazione della realtà. Ogni aspetto della stessa viene giudicato solo prendendo in considerazione visioni estreme, bianco o nero, giusto o sbagliato, buono o cattivo, non riuscendo ad avere così una visione d'insieme e quindi un pensiero più equilibrato.

4 La rivista scientifica Science ha pubblicato a riguardo un articolo il 9 marzo 2018 dal titolo "The spread of true

troppo impediscono alle persone di farsi un'opinione equilibrata.

Nell'industria tecnologica, così come in generale nel paradigma economico attuale, l'etica sicuramente non è uno dei pilastri delle politiche aziendali dei vari social media. Se un tempo il profitto era connesso al vendere prodotti di consumo, ora sono gli utenti stessi ad essere diventati un prodotto per queste piattaforme. Gli inserzionisti sono i loro clienti e noi siamo spettatori inconsapevoli in vendita, con strategie che alimentano il sonno collettivo. L'obiettivo di queste aziende è tenerci letteralmente incollati allo schermo, rubare il più possibile l'attenzione e il tempo per bombardarci di pubblicità. I nostri pensieri, le nostre emozioni e il nostro agire vengono profondamente influenzati attraverso algoritmi sempre più sofisticati. Per trovare possibili acquirenti in linea con ciò che viene proposto, vengono raccolti continuamente dati e informazioni degli utilizzatori, per comprenderne interessi e comportamenti con il fine di influenzarli con desideri illusori che incentivano l'acquisto.

La manipolazione e seduzione è sempre stata una strategia centrale in quasi tutte le campagne pubblicitarie e propagandistiche, tant'è che sfruttare le fragilità e i bisogni umani per condizionare gli individui viene considerato oramai inspiegabilmente normale. Se all'inizio del secolo scorso questo processo ha preso forma con i giornali e la televisione, e le modalità di questi mezzi sono oramai delineate e chiare, oggi possiamo osservare nuove incredibili strategie di condizionamento che non sono mai state prima applicate nella storia umana. Lo sviluppo tecnologico è così esponenziale che risulta difficile immaginare la dimensione futura che prenderà questa nuova ed enorme forma di potere, a cui lo sviluppo e l'adattamento del nostro cervello non potrà mai forse essere di pari passo.

La mente e il comportamento umano sono profondamente manipolabili e, di anno in anno, vengono sviluppati strumenti per condizionamenti sempre più profondi. Basti pensare a come le nostre abitudini

and false news online" di Soroush Vosoughi, Deb Roy, Sinan Aral. Vol. 359, Issue 6380, pp. 1146-1151.

sono palesemente cambiate con l'utilizzo degli smartphone in pochi anni, se tutto ciò non verrà accuratamente monitorato e ridimensionato con specifiche tutele, non oso immaginare quanto la mia generazione e quelle future saranno programmate e indottrinate con mezzi ancora più sofisticati e subdoli. Inoltre la dipendenza che abbiamo sviluppato verso questi dispositivi deve essere destrutturata quanto prima con programmi mirati anche negli ambienti scolastici.

Nonostante il bisogno di socializzazione e approvazione è sempre stato alla base dell'essere umano, questi livelli di intensità surreali stanno sviluppando picchi di ansia, frustrazione, fragilità e depressione allarmanti. Statisticamente queste problematiche sembrano crescere progressivamente da quando i social media sono subentrati nelle nostre vite, in particolare nella fascia in età di sviluppo[1]. Gli standard illusori che vengono proposti sono difficilmente raggiungibili e proprio per questo creano inevitabilmente disistima e impediscono quel processo che amo definire come *innamorarsi di sé*, distogliendo la nostra attenzione da quelle che sono le reali strategie e abilità per essere felici nella vita. I dispositivi elettronici e i social media sono un vero e proprio incantesimo che ci induce a sconnetterci e non sentire in particolare ciò che crea disagio nella nostra vita, scordandoci che è proprio questa frizione inevitabile dell'esistenza che ci spinge ad evolvere come creature. La sottile differenza tra virtuale e reale è oramai così sottile e vaga, che sicuramente siamo di fronte a ciò che rischia di diventare un dramma collettivo.

Lavoro di reale crescita

Qualsiasi sia la nostra visione della realtà, a seguito delle conside-

1 Sono veramente molti gli studi su come l'utilizzo inconsapevole dei social media incentivino ansia e depressione, soprattutto tra i giovani. Per approfondimenti, l'American Psychological Association ha pubblicato nel 2021 un articolo di C. A Forchuk, R. A. Plouffe e D. H. Saklofske, "Do you like me? The roles of Facebook reassurance seeking and attachment style on depression", Psychology of Popular Media, 10(2), 223–229.

razioni appena esposte, dovremmo fare ognuno di noi quello che metaforicamente è un importante passo indietro. Cerchiamo di metterci in discussione anche dopo decenni di ricerca e studio, consapevoli che nel momento in cui sentiamo un senso di compiacimento verso le nostre teorie e ci diamo eccessivamente ragione durante gran parte della giornata, c'è buona possibilità che siamo totalmente coinvolti in ciò che abbiamo scelto di credere o che ci hanno indotto a credere. Nessuno escluso. Tutto ciò delinea una rigidità del centro psichico che, condizionato dalla propria struttura caratteriale, si manifesta con una mancanza di flessibilità di pensiero. La capacità di mettersi profondamente in discussione sarà una delle qualità fondamentali degli uomini e leader di domani, per creare una società più saggia e risvegliata.

Se, come chi oggi gestisce le sottili trame del potere, crediamo di avere verità assolute confermate quotidianamente dagli occhiali con cui osserviamo la realtà e da ricordi e informazioni distorte passate, non riusciremo mai a cambiare, poiché come illustrato siamo guidati da una tendenza inconscia a credere che i fatti siano proprio come vorremmo che fossero. Fortunatamente, per quanto la nostra mente abbia dei limiti di funzionamento importanti, con le dovute tecniche e modalità possiamo tutti cambiare beneficiando del dubbio, come conferma la teoria della neuroplasticità[1]. Apriamoci al confronto e al dialogo, affezioniamoci meno alle nostre idee e al desiderio di avere ragione, elogiamo l'incertezza.

Abbiamo analizzato come i primi tre centri, carrozza, cavalli e cocchiere, debbano essere allineati e posti nelle condizioni corrette per esprime un potenziale già presente in noi di miglior funzionamento, tramite un'osservazione ed uno studio attento di sé che prevede un lavoro di risveglio della coscienza, il quale può dare nuovi risvolti alla nostra esperienza di vita. L'aiuto di preparati operatori nell'am-

1 Questa teoria mette in luce la possibilità del cervello di essere malleabile e programmabile. Ogni nuova esperienza che facciamo, forma un nuovo circuito neurale e più ripetiamo questa esperienza, più questo circuito si rafforza facendo diventare l'esperienza o quel comportamento una vera e propria abitudine.

bito dello studio dell'essere umano e del benessere con una visione sistemica ed olistica, per un corretto funzionamento di corpo, emozioni e psiche in relazione con l'ambiente di appartenenza, si rivela fondamentale.

La persona deve essere sostenuta in un profondo processo di modellamento della propria struttura caratteriale e di allenamento a quelle che definiremo *virtù* essenziali. Così da risvegliare le proprie abilità per prevenire, ottenere e mantenere uno stato di armonia e di equilibrio. Tutto ciò grazie ad una più ampia comprensione di sé, per facilitare il superamento di disagi specifici personali. Essi sono dettati spesso da esperienze traumatiche passate, da difficoltà nella relazione con sé stessi, il proprio sistema familiare e gli altri, da problemi nella gestione di pensieri ed emozioni, da difficoltà nel prendere decisioni e nel formulare obiettivi. Un malessere che può essere integrato anche grazie ad uno sviluppo o risveglio delle proprie capacità creative, potenzialità, abilità e talenti. Tutti lavori di crescita personale che suggerisco d'intraprendere, in un percorso di comprensione, miglioramento e risveglio di sé lungo una vita intera. Altrimenti possiamo continuare a dormire, ma in tal caso non credo avremo un gran futuro come specie.

IL PASSEGGERO E LA VERA RIVOLUZIONE

Secondo la metafora iniziale di Gurdjieff, cercherò di illustrare ora chi sia il *passeggero*, il sé o la coscienza, colui il quale dovrebbe suggerire al cocchiere dove portare la sua carrozza e i cavalli. Abbiamo approfondito come, nonostante negli ultimi anni ci siano molte nuove interessanti teorie, il nostro cervello possa essere suddiviso idealmente e funzionalmente in tre parti, che corrispondo alle nostre tre persone interiori. Il bambino è connesso al cervello istintivo o rettiliano, al piano organico e comportamentale, quindi alla carrozza. La madre al cervello limbico, al centro emozionale e ai cavalli, mentre il padre alla neocorteccia, al piano psichico e al cocchiere. Naranjo ci ricorda come la mente patriarcale alimenta una tirannia di una delle nostre tre persone interiori rispetto alle altre due e di come dovremmo ambire ad un'unità interna. Il nostro agire, sentire e pensare non è armonioso e questo conflitto intrinseco viene proiettato poi nel mondo.

Gurdjieff mise in luce come il mal funzionamento dell'essere umano, dovuto dall'incapacità di integrare i suoi centri, potesse essere guarito da un quarto elemento estraneo agli altri tre, che definiva come *vero Io*. L'integrazione del nostro cervello rettiliano, limbico e della neocorteccia cerebrale potrebbe dipendere, secondo Naranjo, dalla corteccia prefrontale, un "quarto cervello" connesso all'attenzione e alla consapevolezza.

Il testimone silenzioso

Il grande dramma della nostra esistenza è che il passeggero è assopito e, come conseguenza di questo sonno, viviamo la vita con un pilota automatico. Abbiamo infatti già analizzato come i pensieri, le credenze, le emozioni, le pulsioni, i nostri comportamenti e limiti di funzionamento, non siano sapientemente orchestrati dalla nostra coscienza, ma piuttosto sono la diretta conseguenza di automatismi e azioni inconsapevoli. Tant'è che se dovessimo identificare la prima chiave per un cambiamento collettivo, Naranjo afferma, «Tradurrei la domanda sul "che cosa fare?" in "come risvegliare un'umanità dormiente?"»[1].

Si rende necessario mettere i primi tre centri nelle condizioni migliori, per connetterci e radicarci più profondamente con il passeggero, processo facilitato da un corpo sano, da un accurato lavoro di sviluppo dell'intelligenza emotiva e da un'interpretazione integrata ed equilibrata della realtà, agendo attentamente sui veleni mentali e i meccanismi dell'immaginazione perversa che inconsciamente alimentiamo, con un attento studio e modellamento della propria struttura del carattere. Ma qualcosa in noi si deve svegliare sempre più per fare un reale salto di qualità. Se possiamo essere coscienti delle sensazioni del corpo, dei comportamenti, delle emozioni e dei pensieri, deve esistere un Io cosciente che va oltre questi tre centri. Tuttavia se quest'ultimo dorme ne consegue che raramente (anzi quasi mai) i nostri comportamenti, le nostre emozioni e i nostri pensieri sono consapevoli e deliberati. Secondo Sassone, «Coscienza per me è uno

1 Claudio Naranjo, "L'ego patriarcale. Trasformare l'educazione per costruire una società sana", pag 84.

stato di presenza senza alcun contenuto»[1], e nel momento in cui essa volge la propria attenzione verso qualcosa, si trasforma in consapevolezza. Esiste una fase di sonno ed una di veglia, in quest'ultima raramente siamo realmente svegli, non siamo quasi mai noi a guidare noi stessi. Gurdjieff affermava che non portiamo il passeggero a cui eravamo destinati, il risveglio del sé dovrebbe essere un punto focale di qualsiasi percorso psicoterapeutico, è infatti argomento di grande studio sia in tradizioni antiche che in approcci scientifici moderni.

È presente in noi un testimone silenzioso, il quale può attivare un osservatore attento a ciò che accade dentro e fuori di noi, e nel caso in cui questi processi vengano innescati nello stesso istante, come definito nello Zen[2], parliamo di attenzione divisa. Possiamo scegliere di dirigere la consapevolezza intenzionalmente su ognuno dei piani che ci costituiscono, modificandone il funzionamento. Non è un processo semplice e spontaneo, richiede pratica, ma si rivela fondamentale per eliminare buona parte della sofferenza autogena. Posso essere consapevole del mio corpo e percepirmi, per produrre delle azioni e dei comportamenti deliberati. Posso essere consapevole delle mie emozioni, osservarle, accoglierle e trasformarle, quindi gestirle ed integrarle. Posso essere consapevole della mia mente, dei veleni mentali e dei pensieri che si attivano indipendentemente dalla mia volontà ma che alimento istante per istante, ed iniziare a selezionarli e modificarli nel caso in cui siano invalidanti. Possiamo così incominciare a scegliere veramente. Sassone fa questa distinzione, «L'osservatore è lo sguardo della mente che osserva, il testimone è lo sguardo immutabile dell'essenza»[3]. Attivare l'osservatore permette di disidentificarsi dal nostro Io egoico e dalle sue distorsioni psico-emozionali, e di avvicinarci passo dopo passo al testimone e allo sguardo della coscienza.

L'unica via per un mondo nuovo è un cambio di coscienza collettivo, un salto di ottava che inevitabilmente sarà il frutto della somma

1 Roberto Maria Sassone, "Wilhelm Reich: dall'energia vitale alla spiritualità naturale", pag 81.
2 Il termine *Zen* si riferisce a un insieme di scuole buddhiste di origine giapponese.
3 Roberto Maria Sassone, "Educazione alla Ricerca Interiore. Senza Corpo non c'è Spirito", pag 89.

di un cambio di coscienza di molti individui. Se in ognuno di noi vive un piccolo pezzo di coscienza, possiamo immaginare quella collettiva come una sfera in continua espansione, come l'universo. Tornare a casa nostra e svegliarci, questa è la vera ed unica rivoluzione possibile. Ma cosa significa cambiamento di coscienza? Secondo Sassone, «È quello stato in cui si è in grado di non essere totalmente identificati e catturati da tutte le strutture che condizionano la nostra personalità. Quindi la capacità di sviluppare una percezione reale e autentica, profonda, di un nucleo essenziale, e sentire che questo nucleo è la nostra identità»[1]. Non filtriamo così la realtà con la mente che separa e distorce, condizionata da tutti quei programmi che ci sono stati imposti, ma vediamo attraverso una consapevolezza che è «Lo sguardo della coscienza»[2].

Tutto ciò si collega al termine *Viananda*. Definire una *Via* che conduce ad *Ananda* può apparire ingannevole, se per via intendiamo un percorso da percorrere al di fuori della nostra realtà interiore. Il buddismo e molte altre antiche tradizioni di profonda ricerca e studio dell'essere umano e delle leggi che ci governano, sono allineate nel credere che questo stato di beatitudine sia intrinseco in noi, poiché è parte integrante della natura della coscienza stessa.

Rian Eisler suggerisce, «Credo che oggi si senta molto parlare della necessità di una rivoluzione di coscienza, per me si tratta di un risveglio dalla "trance di dominio", e credo che sia così un po' per tutti. Nelle prime società c'era uguaglianza di genere, erano società caratterizzate e guidate principalmente da valori femminili. D'altra parte, gli stereotipi rigidi dei sistemi di dominio hanno davvero privato le due facce dell'umanità della loro piena umanità, non solo le donne»[3]. Poi continua «Dunque, parlando di rivoluzione di coscienza, direi che si tratta della consapevolezza delle nostre abilità umane, dato che, come ho detto, l'uomo è predisposto alle attività di condivisione e

1 Estratto dall'intervista per il film Viananda.
2 Ibidem.
3 Ibidem.

cura e non alla violenza e all'insensibilità. Tuttavia, affinché questo potenziale si realizzi, dobbiamo occuparci dei quattro elementi fondamentali: l'infanzia, le questioni di genere, l'economia ben oltre la sua comune concezione, la lingua e il nostro modo di raccontarci. Non si tratterà di certo di una società perfetta, ma di uno stile di vita molto più appagante, umano e sostenibile»[1]. Tutte tematiche che affronteremo nella seconda parte del libro.

Come vegliare

Abbiamo compreso che sperimentiamo un sonno indotto che sbadatamente chiamiamo *vita*, ma come poterlo esaminare empiricamente? Studiando nel quotidiano ciò che abbiamo approfondito con alcuni spunti nei capitoli precedenti, osservando come i nostri comportamenti, emozioni e pensieri non siano la conseguenza di una scelta ed incominciando ad essere più vigili svegliandoci. Peter Ouspensky[2] aggiunse che «Tutte le assurdità e le contraddizioni degli uomini e della vita umana in generale trovano spiegazione se comprendiamo che gli umani vivono nel sonno, agiscono del sonno e non sanno di dormire»[3].

Come possiamo uscire da questo terribile sonno? Con uno scrupoloso allenamento alla presenza e alla capacità di vivere nel qui ed ora, grazie ad alcuni approcci tipici della meditazione e avvalendosi del potere del respiro consapevole. Riassumendo, con un termine ora molto in voga, *Mindfulness*. Già verso gli anni Settanta, Jon Kabat-Zinn[4] fece una grande scoperta, avvalorata successivamente

1 Estratto dall'intervista per il film Viananda.

2 Peter D. Ouspensky (Mosca, 5 marzo 1878 - Lyne Place, 2 ottobre 1947) è stato un filosofo russo allievo di Gurdjieff.

3 Peter D. Ouspensky, "L'evoluzione interiore dell'uomo", pag 47.

4 Jon Kabat-Zinn (New York, 5 giugno 1944) è un biologo e scrittore statunitense. Per approfondimenti, tra i vari libri di cui i dettagli in bibliografia, "Vivere momento per momento. Sconfiggere lo stress, il dolore, l'ansia e la malattia con la Mindfulness", "La scienza della meditazione. Perché la mindfulness è così importante".

da migliaia di studi scientifici, la quale ora è alla base di uno degli approcci di maggiore sviluppo nell'ambito medico e psicologico. Comprese che l'allenamento alla presenza mentale, grazie ad antiche tecniche di respirazione consapevole provenienti dalla tradizione Vipassana[1], è estremamente efficace per l'essere umano nella sua globalità, per riequilibrare ogni piano e per mantenere il passeggero più sveglio e abile di suggerire alla mente come guidare il centro emozionale ed organico.

In tempi più moderni, tra i molti ricercatori, lo psichiatra statunitense Daniel J. Siegel[2] spiega dettagliatamente come «Il modo in cui prestiamo attenzione al momento presente possa influenzare in modo diretto e benefico il funzionamento del corpo e del cervello, della vita mentale soggettiva, con i suoi sentimenti e pensieri, e delle relazioni interpersonali»[3]. Ricard delinea come da decenni ci siano dei programmi di collaborazione tra meditatori buddisti e di altre tradizioni con scienziati, neuroscienziati e psicologi. «Nello stesso momento in cui iniziarono questi studi, il concetto di neuroplasticità divenne molto importante»[4], un tempo si credeva che il cervello raggiungesse la sua massima maturazione poco dopo l'età di vent'anni e che non potesse poi mutare molto, «Ora sappiamo che possiamo cambiare fino alla morte»[5], infatti essendo il cervello plastico, in relazione a nuovi stimoli evolve. «Sappiamo che se vi allenate a coltivare l'attenzione, la presenza, cambierà una parte del cervello. Se coltivate l'amore altruistico muterà un'altra area, se coltivate l'equilibrio emozionale ne cambierà un'altra ancora. Ogni tipo di allenamento ha una firma specifica nel cervello e questo è stato ben dimostrato. Ho trascorso come cavia e collaboratore più di cento ore in risonanza magnetica ed effettivamente abbiamo dimostrato che l'allenamento a lungo termi-

1 La Vipassana è una delle più antiche tecniche di meditazione appartenente alla tradizione Theravada del buddismo, utilizza come strumento di presenza il respiro consapevole.

2 Daniel J. Siegel (17 luglio 1957) è uno psichiatra statunitense.

3 Daniel J. Siegel, "Mindfulness e cervello", pag 11.

4 Estratto dall'intervista per il film Viananda.

5 Ibidem.

ne, cambia il cervello funzionalmente e strutturalmente. Ma questa è una buona notizia per chiunque sia interessato a ciò, anche per qualcuno che inizia, un principiante, per soli venti minuti al giorno. Dopo un mese si vedono già cambiamenti strutturali, il numero di neuroni cresce, la densità della materia grigia e i volumi di alcune aree aumentano. È già rilevabile dopo un mese. Anche funzionalmente e nel comportamento ci sono variazioni. Dunque l'allenamento della mente può rapidamente indurre cambiamenti e più si persevera in questo allenamento, più stabili questi cambiamenti saranno»[1].

Nel momento in cui iniziamo a connetterci con il nostro nucleo profondo, la parte più autentica di noi stessi, la mente diventa al servizio non dei condizionamenti e dell'idea illusoria di ciò che siamo, ma della nostra coscienza. Una pratica che non riguarda solo quegli istanti in cui siamo ad occhi chiusi nel silenzio della nostra casa, ma piuttosto uno strumento per un diverso modo di funzionare da allenare per tutto l'arco della giornata. La meditazione potrebbe essere uno stato naturale dell'essere umano, dove viviamo e siamo totalmente a contatto e consapevoli di ciò che sperimentiamo istante dopo istante, senza essere quindi costantemente in balia del cocchiere, dei cavalli o della carrozza. In questo stato, Sassone afferma che la persona vive ed «È pienamente consapevole dell'esperienza della propria vita, momento per momento, ovvero non è assorbito dai propri personaggi, dalle recite, dai valori fasulli. Sa di esserci, vedo e sto vedendo, parlo e sto parlando, sento e sto sentendo, che può sembrare una stupidaggine ed è invece una meraviglia quando comincia ad accadere questa esperienza di semplicità estrema. Ti guardo negli occhi, so che ci sono e so che ci sei e in quel momento realmente c'è un incontro al di là delle parole. Quindi le pratiche di meditazione nelle tradizioni non sono al servizio per realizzare stati speciali, ma per ritrovare quella che dovrebbe essere la nostra autentica umanità»[2]. Questa pratica non

1 Estratto dall'intervista per il film Viananda.
2 Ibidem.

deve ambire solo al rilassamento e al silenzio interiore, ma ad una profonda trasformazione della consapevolezza individuale ed espansione della coscienza.

Ricard chiarisce che «La parola *meditazione* è un termine occidentale. [...] La meditazione come allenamento della mente è la traduzione di alcuni termini che vengono dall'oriente. La parola sanscrita *Bhavana* significa coltivare qualità come l'attenzione o l'amore altruistico. La parola tibetana *Gom*, che traduciamo con meditazione, significa familiarizzare con qualcosa. È un po' la stessa cosa, ma non del tutto. Dunque possiamo familiarizzare con l'altruismo, praticandolo ancora e ancora, ma può essere così anche con l'attenzione. Pratichiamo l'attenzione focalizzata, osserviamo il respiro, la calma mentale, una mente più stabile, chiara e tranquilla. Tutto ciò si può coltivare»[1]. Poi prosegue, «Ma è anche prendere familiarità con ciò che è la nostra mente, ciò che è la natura della nostra psiche, come funzionano i pensieri, come nascono le emozioni, come possiamo usare antidoti per le emozioni negative e distruttive. Dunque, spesso non sappiamo davvero cosa accade in noi, non siamo attenti a ciò che sta succedendo nella nostra mente. Ci sono infatti moltissimi pensieri, simili a scimmie che vagano, ma non abbiamo alcuna confidenza con tutto ciò. Quindi è opportuno familiarizzare con il funzionamento della nostra mente, familiarizzare con quella qualità primaria della coscienza che riguarda il conoscere la pura coscienza senza contenuti, senza costrutti mentali. [...] Per l'oriente meditazione significa familiarizzare, coltivare, e forse la frase che meglio riassumono il tutto è *allenamento mentale*»[2].

Uno degli aspetti centrali della forma di meditazione che stiamo approfondendo è quindi l'attenzione al respiro (il quale diventa così consapevole e non automatico), al corpo e ai processi psico-emozionali, vigili a tutto quello che possiamo sperimentare dentro e fuori

1 Estratto dall'intervista per il film Viananda.
2 Ibidem.

di noi. Attenti a ciò che possiamo cogliere istante dopo istante, allineando così i centri di cui siamo costituiti. In particolare, per molti approcci focalizzare lo sguardo della consapevolezza al centro del petto presenta una serie di enormi vantaggi. Non c'è assolutamente nulla di pateticamente romantico nel parlare di attenzione all'altezza del cuore, dovremmo forse più precisamente definirlo come un centro di grande intelligenza organica che siamo chiamati ad ambire per evolvere come creature.

Secondo Sassone viviamo in un'era dov'è richiesto un salto di qualità ad un quarto livello di coscienza, oltre il mentale che ha causato terribili disastri strutturando il sistema patriarcale attuale. Un livello dove l'esperienza non viene vissuta solo con il filtro della mente, che per sua natura separa, giudica e crea conflitto, ma piuttosto con una radicata presenza nel cuore, che può svilupparsi in noi giorno dopo giorno. Lo stesso racconta, «Immaginiamo l'esperienza in cui c'è una piena sensazione di sé, senza nessun movimento. Il puro esserci, come un lago quieto in cui ognuno di noi percepisce profondamente la potenza dell'essere vivo. E poi da questo lago poter determinare delle piccole onde, dei movimenti, che sono i movimenti poi della nostra azione in tutti i sensi, parlare, camminare, pensare, ma che hanno alla base questo stato di piena consapevolezza di sé. A questo punto anche la mente, che è uno strumento importantissimo perché comunque ci permette di dare forma alle cose, diventa strumento non al servizio del personaggio che noi siamo o che ci inventiamo di essere, ma è al servizio della nostra coscienza»[1]. Poi prosegue «Se volessimo usare un vecchio modo di parlare, io anima prendo forma in questa struttura, e quindi la mia forma che è *Roberto* è il modo in cui quest'anima si manifesta. Quindi è la tavolozza dei colori per cui ogni pittore, con la sua qualità, dà una forma diversa, fa un quadro diverso. Ma alla base c'è questa coscienza che dà questa forma. Io lo trovo non un discorso mistico, metafisico, anzi trovo che questo discorso sia molto concre-

1 Estratto dall'intervista per il film Viananda.

to»[1]. Luisi e Capra aggiungono che «La parola "anima" in sanscrito (*atman*), in greco (*psyche*) e in latino (*anima*) significa respiro. La stessa cosa è vera per il termine "spirito", in latino (*spiritus*), in greco (*pneuma*) e in ebraico (*ruah*). Anche questi termini significano "respiro". L'idea antica che accomuna tutte queste parole è che l'anima, o lo spirito, siano il respiro della vita»[2]

Sassone afferma che «Vegliare è il fulcro di ogni ricerca, di ogni trasformazione, di ogni cammino interiore»[3]. Osservarsi e attivare il testimone che ci abita è comunque un punto di inizio, non di arrivo, può comunque essere estremamente complicato se non sostenuto da guide che possano fornire indicazioni e strumenti pratici per mettere in atto questo processo. È necessario inoltre un intento inflessibile per allenare la presenza nel quotidiano, altrimenti la teoria non troverà mai applicazione e reale senso nella pratica. Ciò non significa che non sia lecito sbagliare, cadere o abbattersi, ma piuttosto indica la necessità di coltivare quella forza che ci permette di rialzarci sempre e riprendere ognuno il proprio cammino, nonostante le prove e le sfide che siamo chiamati a vivere.

Io sono ai primi passi di questo lungo percorso, è importante mantenere un approccio sufficientemente umile e benevolo con noi stessi durante il tragitto, poiché rischiamo altrimenti deliri di superbia o inutili conflitti di svalutazione. Questa possibile evoluzione del nostro modo di funzionare richiede quindi prima grande sete, ecco spiegate le grandi "siccità" e manifestazioni di attuale mostruosità umana, dove il disordine servirà a creare un nuovo ordine, un giorno. Non tutti gli uomini però possono fare grandi salti di qualità, perché fondamentalmente non lo desiderano, ma più esseri solcheranno la via della ricerca interiore e più si creeranno le condizioni per facilitare gli altri ad intraprenderla. Con amore.

Dovrebbe essere oramai chiaro come tutto ciò che viviamo nel no-

1 Estratto dall'intervista per il film Viananda.
2 Fritjof Capra e Pier Luigi Luisi, "Vita e natura. Una visione sistemica", pag 400.
3 Roberto Maria Sassone, "Wilhelm Reich: dall'energia vitale alla spiritualità naturale", pag 62.

stro mondo interiore, si rifletta poi in quello esteriore. Sosteniamo uno stato quotidiano di lotta, costantemente in guerra con i nostri pensieri, emozioni e comportamenti. Il sistema folle che abbiamo sviluppato sopravvive perché basato su questo conflitto interiore. La meditazione è una pratica che permette di aumentare la pace interiore, con risvolti psicologici ed organici veramente interessanti. Per Ricard, «La trasformazione interiore, attraverso l'addestramento della mente, costituisce la più appassionante delle avventure. È questo il vero significato della meditazione»[1]. Nel momento in cui sempre più umani incominceranno a praticarla, con un lavoro che incentivi un corretto funzionamento dei nostri tre centri, di modellamento del nostro carattere e di allenamento di alcune virtù e importanti qualità, tutto ciò si rifletterà all'esterno e permetterà di creare più pace e giustizia nel mondo.

La resa ai nostri processi automatici psichici, emozionali e comportamentali, si rivela basilare per lo sviluppo delle proprie capacità meditative. Paradossalmente la meditazione ci chiede di non fare per fare. Quindi lottare con l'ombra che vive in noi non è d'aiuto per alimentare la luce. Alla resa ne consegue lo sviluppo del distacco, del non attaccamento e dell'iniziale disidentificazione dai tre centri (psiche, emozioni, corpo), che troppo spesso crediamo siano ciò che definiamo *Io*.

Viviamo sempre più freneticamente a contatto con troppi stimoli ed informazioni, in un eccesso di utilizzo di smartphone, social network e televisione, siamo oltremodo soggetti a stress, paure, ansie, rabbie, tensioni, preoccupazioni. In questo "troppo" che alimenta il sonno collettivo, la sconnessione da noi stessi e la nostra stessa ombra, la meditazione, la preghiera e il pensiero contemplativo sono potenti strumenti per nutrire la luce che c'è in noi. Secondo Sassone, «Ogni attimo di presenza produce un'energia speciale che va a nutrire il nostro centro interiore, la nostra essenza. Più aumentano i periodi di pre-

1 Matthieu Ricard, "I segreti della mente calma", pag 2.

senza, maggiore è l'energia che viene messa a disposizione dell'essenza, secondo una proprietà cumulativa»[1].

Coscienza e consapevolezza

Il termine *coscienza* ha avuto in diversi ambiti dei significati completamente differenti e ciò spiega la grande confusione che spesso sorge dal suo utilizzo. Anche i protagonisti del film Viananda lo hanno usato a volte con sfumature differenti. All'interno di questo libro, tra i vari studi sulla coscienza[2], questa espressione fa riferimento a quell'idea che secondo Luisi e Capra «ipotizza una forma elementare di coscienza, non intesa come emergente dell'attività neurale complessa, ma come realtà primaria. [...] Questa idea è molto diffusa nelle tradizioni spirituali, molte delle quali insegnano che il mondo materiale è emerso da tale coscienza pura»[3]. Tutto ciò che concerne per esempio i processi di percezione e attenzione verranno considerati come funzioni della consapevolezza, mentre la vera sorgente che permette all'essere umano di fare una esperienza consapevole sarà definita come *coscienza*. La prima è strettamente connessa ad alcune funzioni cerebrali ed organiche, la seconda invece è l'essenza stessa del sistema uomo. Michel Bitbol[4] asserisce che «Nessuno può negare che le caratteristiche complesse della coscienza, come riflessività (la consapevolezza che c'è consapevolezza di qualcosa), o l'autocoscienza (la consapevolezza della propria identità) sono risultati tardivi di

1 Roberto Maria Sassone, "Educazione alla Ricerca Interiore. Senza Corpo non c'è Spirito", pag 91.

2 Fritjof Capra e Pier Luigi Luisi nei loro studi hanno evidenziato come negli ultimi decenni si sia sviluppato un campo di ricerca scientifico della coscienza, che si avvicina per alcuni aspetti alle considerazioni fatte in questo capitolo. Avendo compreso come la dimensione soggettiva sia intrinseca nella pratica scientifica, i due scrivono: «In una scienza della coscienza, al contrario, alcuni dei dati che devono essere analizzati sono esperienze interiori soggettive. Raccogliere e analizzare sistematicamente tali dati richiede un esame attento delle esperienze soggettive "in prima persona". Solo quando una tale indagine diventerà parte integrante dello studio della coscienza si meriterà l'appellativo di "scienza della coscienza"», specificando come ciò non voglia assolutamente alludere alla perdita di rigore scientifico. "Vita e natura. Una visione sistemica", pag 409.

3 Fritjof Capra e Pier Luigi Luisi, "Vita e natura. Una visione sistemica", pag 414.

4 Michel Bitbol (12 marzo 1954) è un filosofo della scienza francese.

un più generale processo biologico adottivo. Ma cosa dire della pura esperienza non-riflessiva? E cosa dire riguardo la mera "sensazione" di sentire e di essere, senza considerare un altro livello di consapevolezza di tale sentire? Ci sono ottime ragioni per pensare che la pura esperienza, o coscienza elementare, o coscienza fenomenica, non sia una caratteristica secondaria di un oggetto obiettivo, ma semplicemente, primaria nel più forte significato del termine»[1].

Ricard illustra che «C'è tutta una discussione fra le prospettive riduzioniste della coscienza. Alcuni la riducono al funzionamento dell'encefalo, altri dicono che è un fenomeno emergente collocato nel cervello. [...] La coscienza è inscritta nel corpo e in tutto il mondo che ci circonda, quindi non può essere solo legata all'encefalo, poiché dipende dal nostro ambiente. Il buddismo spiega che il continuum della coscienza è un fatto primario, come la materia è un fatto primario. [...] Allo stesso tempo, se andiamo in fondo alla coscienza, giungiamo alla coscienza pura. [...] È chiaro che, indipendentemente dalla decisione sulla natura ultima della coscienza, essa sia inscritta in un corpo e nel mondo, è la nostra realtà, quindi si deve naturalmente tenere conto di tutti questi fattori insieme».

Ma dove dimora quindi la coscienza nell'essere umano? Quando incontrai per l'intervista Sassone, terminate le riprese, gli posi questa domanda la cui risposta verrà riportata qui di seguito. Asserì che «La coscienza non è una cosa, non occupa uno spazio, potremmo affermare semplificando che la coscienza è l'intelligenza del sistema. In realtà non abbiamo totale percezione di cosa sia, ma è una esperienza che può essere vissuta ed in questo modo possiamo avere un assaggio di ciò che è. Come poterla vivere? Per vivere l'esperienza della coscienza è necessario che il piano psichico ed emozionale si acquietino, per raggiungere quel silenzio che ci dona una sensazione di pienezza. Inizialmente è vissuta come vuoto, perché manca ciò che

1 Guest Essay "Sulla natura primaria della coscienza" di Michel Bitbol, Fritjof Capra e Pier Luigi Luisi, "Vita e natura. Una visione sistemica", pag 416.

solitamente riempie in eccesso il nostro spazio, ovvero i pensieri e le emozioni, ma è un pieno di presenza. Una densità dell'essere che è ciò che siamo realmente, ovvero coscienza stessa. La qualità della coscienza è uno stato di puro essere, dal quale attraverso un intento (che potremmo identificarlo come la forza della coscienza), da questo stato di quiete che è me, pongo l'attenzione su qualcosa. Un tentacolo di consapevolezza di questo stato e di ciò che accade dentro o fuori di me, di qualsiasi cosa su cui la nostra attenzione si poggia, un prolungamento della coscienza che diventa consapevolezza. Possiamo riassorbire questo tentacolino e ci sono, e sto. In questo movimento c'è l'intensità della relazione con la vita. Una cosa è: vivo un'esperienza e sono assorbito dall'esperienza, e quindi non ci sono. Un'altra è: vivo un'esperienza e creo una frattura tra me e l'esperienza, mi dissocio stando nella mente e vivo l'esperienza creando una separazione, dove coscienza e consapevolezza non ci sono. Una terza possibilità è: vivo l'esperienza perché ho coscienza di esserci, e avendo coscienza di esserci posso realmente assaporare l'esperienza stessa, poiché il testimone che abita in noi partecipa. C'è una grande differenza tra vivere la vita totalmente identificati con tutti i movimenti interni ed esterni della vita stessa, e cominciare invece a vivere la vita avendo un centro di gravità permanente che ti permette di esserci comunque nella pienezza dell'esperienza. Tutto ciò vuol dire risvegliarsi, poiché il risvegliato è colui il quale esce dall'ipnosi della sua struttura e comincia ad esistere, ad avere la percezione di esserci. Un punto di partenza per poter veramente trasformare un individuo. Il corpo diventa lo strumento. Il fulcro della Mindfulness, dello Zen e della Vipassana diventa così il respiro, quindi la funzione più corporea del corpo, della vita per eccellenza, un processo che ci fa sentire di esserci nel corpo, l'aggancio per esserci. Quindi una spiritualità senza corpo è una fuga dalla realtà, e un corpo senza spiritualità è rimanere intrappolati in un recinto senza possibilità di uscita»[1]. L'allenamento alla presenza in-

1 Estratto dall'intervista per il film Viananda.

centiva lo sviluppo dell'abilità di essere connessi alla vita e di leggerne i segnali, non come conseguenza di distorsioni psico-emozionali, vedendo solo ciò che scelgo di vedere, ma piuttosto di una capacità di ascolto radicata nel nostro sapere intuitivo.

A seguito della mia piccola applicazione individuale e dell'osservazione di vari gruppi, credo che la meditazione sia una pratica che va affrontata con tre importanti qualità proprie dei bambini, l'innocenza, la curiosità e la perseveranza. Da adulti siamo chiamati spesso a riattivare dentro di noi qualità innate ma smarrite durante la fase di sviluppo e addomesticamento, per utilizzare un termine caro a Naranjo.

L'innocenza è fondamentale nell'approccio alla pratica, il non aspettarsi nulla di particolare e tantomeno esperienze astrali o altre fantasie che spesso distolgono l'attenzione dalla vera meta del lavoro di risveglio di sé e ricerca interiore, che è vivere lo stato meditativo e di presenza durante buona parte della giornata. Ciò è da ritenersi comunque, se pur fondamentale, un punto di partenza.

La curiosità invece non solo permette al meditante di addentrarsi nella pratica con leggerezza ed entusiasmo, ma facilità anche il processo di osservazione ed accoglienza di ciò che c'è, silenziando alcuni condizionamenti che ci porterebbero ad abbassare il volume del sentire.

Infine la perseveranza, se pur alcuni ritengono che non sia una proprietà tipica dei bambini, ricordo che quando essi imparano a camminare solcando i primi passi, pur cadendo costantemente, si rialzano sempre mostrando grande determinazione. La costanza permette di affinare barlumi sempre più ampi di presenza e facilita poi la messa in pratica della meditazione durante la giornata, il quale è il passo successivo di approccio alla pratica. Tutto ciò può nascere solo da un desiderio profondo e autentico di svegliarsi, una spinta che è comunque anche il frutto dei risultati che solo la perseveranza in questo allenamento può dare.

Con ciò che scrivo non desidero solo riportare piccole briciole della mia breve esperienza, ma soprattutto l'esperienza di quegli uomini che ispirano il mio cammino e che spero, con impegno e fatica, possano condurmi verso la stessa direzione, umilmente. Alcuni di essi sono stati talvolta giudicati d'incoerenza, quando in realtà dietro a questo velo si celava una grande saggezza nell'applicazione dello scioglimento di quei condizionamenti che caratterizzano il mal funzionamento degli esseri umani. Il film e libro Viananda non sono altro che un processo d'integrazione in ottica olistica della visione di grandi ricercatori che mostrano alcune linee guida su come sia possibile manifestarci nella nostra massima espressione di bellezza, tema che anima profondamente la mia esistenza.

Spiritualità e religione

Non parlo nel dettaglio di spiritualità poiché non è materia di mia competenza, il tempo mi permetterà forse di sperimentare, piuttosto che capire, qualcosa in più di questo mondo dal quale sono da sempre estremamente affascinato. Suggerisco di fare lo stesso, ovvero non inquiniamoci il cuore e la mente con parole di mezzi guru pseudo-spirituali, che solo avendo scritto qualche libro o fatto qualche conferenza sui temi della spiritualità credono di avere chissà quali verità da proclamare, professando idee di grandi uomini di cui si fanno spesso detentori. Non è più tempo di associare la spiritualità alle varie menzogne e idee new age, altrimenti incentiveremo il costante allontanamento sociale da questo grande campo di profonda evoluzione personale. Rimango inoltre estremamente allibito da quelle figure che si autodefiniscono guide spirituali, quando forse i veri maestri difficilmente scrivono libri di propria penna. Non vorrei dare al lettore quindi l'idea di avere chissà che grande sapere esperienziale di questi temi, mi sento e sono veramente un infante che sta solcando i primi passi lungo la strada della vita. Per quello che riguarda il mio studio sull'essere umano e la mia professione, è comunque palese come ci sia dentro ogni individuo una spinta che lo guida in questa direzione. Uno stimolo naturale che se non viene ascoltato e accolto, si trasforma in malessere e sofferenza. Una fiamma che chiede solo di essere alimentata, dal momento che grazie ad una trasformazione profonda di noi su un piano verticale, sarà possibile un cambiamento tangibile della nostra realtà su un piano orizzontale.

Purtroppo i condizionamenti che abbiamo approfondito precedentemente, le grandi contraddizioni della chiesa per noi occidentali e la confusione tra spiritualità e religione, ci hanno allontanato da questa dimensione. Focalizzati sul progresso tecnologico e scientifico, dove tutt'oggi ci identifichiamo e sovrastimiamo per alcuni presunti successi, ci siamo scordati del progresso psico-spirituale, il quale non è attualmente un ambito su cui l'educazione si focalizza.

Luisi afferma che «La religione è sì spiritualità quando è ben fatta, ma è anche soprattutto una serie di dogmi scritti, e guai a te se non li rispetti! Nel concetto di peccato, che è così importante nella religione cristiana, tu sei un peccatore e l'unico modo per essere poi liberati dal peccato è Dio, per cui lo devi pregare. Ecco questa è religione che a mio parere non appartiene alla spiritualità, oppure può esserlo, ma insomma non è quella spiritualità che è insita nella natura umana. Come dice il termine *religio*, ti obbliga a seguire delle regole altrimenti cadi nel peccato»[1].

Le mille trappole dell'ego ci possono costantemente ingannare. Non solo nell'ambito della crescita personale, come analizzeremo nel prossimo capitolo, ma anche nella spiritualità. In questo ambito di ricerca, l'ego ci conduce a solcare un cammino poco autentico, per il semplice fine di sentirci speciali quando non lo siamo affatto. Ci addentriamo così in discipline e approcci che si possono dimostrare inutili, poiché non contemplano quel profondo lavoro di risveglio di sé e di modellamento della propria struttura del carattere, tema che af-

1 Estratto dall'intervista per il film Viananda.

fronteremo a breve. E così percorsi che promettono visioni particolari, viaggi interstellari, interpretazioni astruse che vanno oltre ad ogni nostra minima reale esperienza diretta, possono palesarsi alquanto fallimentari in particolar modo se il mal funzionamento dell'individuo persiste.

A tal proposito Sassone spiega come «Il problema è che persino nell'ambito della spiritualità, visto che c'è un bisogno in alcuni che cresce sempre di più di autenticità, di verità, proprio anche in questo ambito c'è la speculazione. Cioè il sistema si è impadronito di questa richiesta per farla diventare un offerta commercializzabile in maniera a volte spudorata, vergognosa»[1]. Delinea come vengano così camuffate delle tradizioni millenarie che hanno una grande intensità e vastità, poiché portatrici di valori incredibili, e siano spesso banalizzate come se «Fosse possibile prendere alcuni pezzettini di queste tradizioni antiche e farli diventare anch'essi una specie di stratagemma per recuperare una felicità, una pace, un'idea d'illuminazione molto astratta. E quindi poi alla fine portando ancora di più a perdersi, a confondersi»[2]. Continua chiarendo che «Molte persone, sentendo proprio che manca il terreno sotto i piedi, hanno un'esigenza profonda di cercare, d'incontrare qualcosa di vero. Ed è su questa esigenza profonda che c'è la speculazione, sono persone che spesso, come ogni neofita, non sanno a che cosa vanno incontro. Quindi facilmente nel momento in cui incontrano figure pseudocarismatiche vengono intrappolate in una situazione del genere. Questo crea un danno ancora maggiore perché vengono sfruttate delle esigenze reali e trasformate e distorte a tal punto da far perdere anche la fiducia in queste persone che sono partite con una buona fede. E poi magari si trovano disilluse a dover ricostruire tutto da capo, a dover ricredersi, e questa secondo me è la cosa più pericolosa per quanto riguarda l'aspetto della spiritualità

1 Estratto dall'intervista per il film Viananda.
2 Ibidem.

oggigiorno»[1].

Krishnamurti[2] asseriva che il peggio che possiamo ricavare da un sentiero spirituale è che soddisfi le nostre aspettative, poiché invece di condurci verso la verità, quella via sarebbe maldestramente solcata dal nostro ego per idealizzarne ancor più la sua stessa immagine. In alcuni contesti, le persone amano condividere i propri presunti successi spirituali, senza considerare che spesso questo impulso sia la testimonianza di una mera esperienza egoica, quindi distorta dalla propria struttura del carattere, piuttosto che un reale passo in avanti nel burrascoso cammino di ricerca interiore. Le vere esperienze rivelatorie rimangono perlopiù intime, poiché solo condividendole sentiamo di banalizzarle.

Sassone sottolinea più volte come «Un'autentica e seria ricerca spirituale non possa prescindere dalla ricerca psicologica, ovvero dalla conoscenza dei meccanismi dell'ego e dal loro scioglimento»[3]. È opportuno quindi comprendere come la nostra struttura del carattere influenzi i pensieri, i desideri, le emozioni, le pulsioni, le scelte e i comportamenti nella nostra vita. Aggiunge inoltre che «Il maestro interiore è spesso una parte dell'ego che, con raffinata abilità, si spaccia per la voce dell'essenza»[4]. Continue distorsioni psico-emozionali vengono quindi scambiate per suggerimenti del sé, della parte più autentica che ci anima, tant'è che poi rimarca come «La ricerca spirituale è un processo talmente concreto da non poter essere disgiunto dalla ricerca psicologica»[5].

Il cammino spirituale non è più da associarsi solo alle varie religioni conosciute, necessitiamo forse di discostarci sempre più dai vari paradigmi religiosi che ne hanno oscurato il fine ultimo. Concordo con Naranjo quando afferma come l'indottrinamento a qual si voglia

1 Estratto dall'intervista per il film Viananda.
2 Jiddu Krishnamurti (Madanapalle, 11 maggio 1895 - Ojai, 18 febbraio 1986) è stato un filosofo indiano.
3 Roberto Maria Sassone, "Educazione alla Ricerca Interiore. Senza Corpo non c'è Spirito", pag 22.
4 Ibidem, pag 79.
5 Ibidem, pag 109.

religione, incentivi «Una discriminazione che non è pertinente alla grande ricerca»[1], e sia forse in alcuni casi una perdita di tempo. Le religioni purtroppo hanno più volte inculcato una sorta di fede che invece di donare ali per una più ampia visione e comprensione dell'e-sistenza, ha imposto terribili catene. Luisi e Capra aggiungono, «La spiritualità è un modo di essere radicati in una particolare esperienza della realtà che è indipendente dal contesto culturale e storico. La religione è un tentativo strutturato di capire l'esperienza spirituale, di interpretarla con parole e concetti e di usare questa interpretazione come sorgente di precetti morali per la comunità religiosa»[2]. Analizzando il motivo per cui i rituali religiosi si siano così profondamente inseriti all'interno delle comunità umane, asseriscono che «Si può sostenere, inoltre, che rituali di questo tipo possano aver avuto un impatto sulla selezione naturale, dal momento che i gruppi o le tribù che li compivano avrebbero avuto una maggiore forza e coesione interna, che avrebbe aiutato la loro sopravvivenza»[3].

Le parole *Dio* o *Spirito*, come ogni vocabolo, non sono prive dall'attivazione di rappresentazioni connesse a copioni psico-emozionali condizionati dalle varie forme di programmazione culturale che subiamo, come è ben noto ai linguisti. Questi termini possono diventare spesso quindi causa di grande resistenza, ma possiamo sostituirli e parafrasarli con alcuni sinonimi, sciogliendo così questi concetti da vecchie etichette e immagini inutili. Dio può essere così definito come *vita*, *natura*, *tutto*, *intelligenza*.

Naranjo suggeriva di andare oltre alle religioni conosciute, «Sembra arrogante dire che c'è una spiritualità al di là delle religioni, ma le religioni non sono solo la spiritualità, ma sono l'impronta della spiritualità nella cultura»[4]. Conoscenze autentiche sono state inevitabil-

---

1 Lectio magistralis di Claudio Naranjo presso l'università di Gorizia dal titolo "Dalle religioni patriarcali ad una spiritualità sana", 15 dicembre 2016.

2 Fritjof Capra e Pier Luigi Luisi, "Vita e natura. Una visione sistemica", pag 438.

3 Ibidem, pag 387.

4 Lectio magistralis di Claudio Naranjo presso l'università di Gorizia dal titolo "Dalle religioni patriarcali ad una spiritualità sana", 15 dicembre 2016.

mente plasmate dai vari sistemi patriarcali in cui erano inserite, il ché spiegherebbe anche le grandi lotte tra religioni, il ruolo della donna e delle qualità femminili all'interno di alcune di esse e, in senso più ampio, diversi precetti su cui si basano. Alcune religioni possono difficilmente aiutarci ad integrare l'ombra che vive in noi, poiché troppo spesso la rinforzano con inutili paure, sensi di colpa e vergogne di un Dio punitivo e violento. Naranjo afferma che «Se la nostra mente comprende una psiche tripersonale all'interno di uno spazio transpersonale, che è il campo della sua integrazione, una spiritualità integrale dovrebbe corrispondere a questa struttura (di padre-madre-figlio e spirito)»[1]. Quindi dovrebbe essere coerente con le considerazioni precedenti sull'integrazione della nostra famiglia interiore e dei centri che ci costituiscono.

Scienza e spiritualità

La visione meccanicistica della natura e dei suoi vari fenomeni ha indotto ad un approccio rigorosamente deterministico della vita come macchina governata da meccanismi causali descrivibile obiettivamente, senza prendere in considerazione il ruolo dell'osservatore, tema centrale invece della fisica moderna[2]. Questo approccio, che è

1 Claudio Naranjo, "L'ego patriarcale. Trasformare l'educazione per costruire una società sana", pag 156.

2 Fritjof Capra, nel suo libro "Il punto di svolta. Scienza, società e cultura emergente", pag 310, fa questa interessante considerazione: «Può esistere una scienza che non si fondi esclusivamente sulla misurazione? Una comprensione della realtà che includa qualità ed esperienza e possa nondimeno essere definita scientifica? Io credo che una tale comprensione sia, in effetti, possibile. La scienza, a mio giudizio, non dev'essere ristretta necessariamente a misurazioni ed analisi quantitative. Io sono prono a considerare scientifico ogni approccio a una conoscenza scientifica che soddisfi due condizioni: che la conoscenza sia fondata per intero su osservazioni sistematiche, e che sia espressa in funzione di modelli coerenti ma limitati ed approssimativi. Queste richieste - la base empirica e il processo della creazione di modelli - rappresentano per me i due elementi essenziali del metodo scientifico. Altri aspetti, come la quantificazione o l'uso della matematica, sono spesso desiderabili ma non cruciali. Il processo della creazione di modelli consiste nella formulazione di una rete logicamente coerente di concetti per interconnettere fra loro i dati osservati. Nella scienza classica i dati erano quantità, ottenute attraverso la misurazione, e i modelli concettuali espressi, ogni volta che se ne offriva la possibilità, in linguaggio matematico. Il fine della quantificazione era duplice: guadagnare in precisione, e garantire l'obiettività scientifica eliminando ogni riferimento all'osservatore. La teoria quantistica ha modificato in misura considerevole la concezione classica della scienza, rivelando il ruolo cruciale della coscienza dell'osservatore nel processo di osservazione e invalidando in tal modo

stato poi utilizzato nei vari campi di studio, sommato al dogmatismo della religione, ha indotto una netta separazione tra scienza e spiritualità. È sicuramente riscontrabile oggi giorno, nella cultura odierna e nell'ambito accademico scientifico, una allarmante mancanza di riconoscimento della vita come aspetto sacro dell'esistenza.

Sappiamo oggi come la fisica moderna sia giunta alla conclusione che tutte le teorie scientifiche sono solo approssimative alla vera natura delle realtà, ogni teoria è quindi valida soltanto nel momento in cui osserviamo un certo insieme di fenomeni. Al di fuori di quest'ambito, non fornisce più una descrizione esauriente della realtà e dobbiamo così trovare nuove teorie che sostituiscano la precedente o che ne migliorino l'approssimazione. Abbiamo inoltre potuto osservare, soprattutto in questo periodo storico, come i ricercatori possano arrivare a risultati apparentemente inconciliabili partendo dagli stessi dati. Nell'ottica quindi che non può esistere una conoscenza esatta, le idee della scienza moderna sono estremamente allineate con alcune consapevolezze e modelli raffinati di tradizioni filosofiche e spirituali antiche e di alcuni rami della psicologia. Questi campi di studio sono stati però sottovalutati negli ultimi secoli, poiché risultavano incomprensibili nel momento in cui venivano inseriti all'interno del paradigma cartesiano.

La confusione che in molti regna tra religione e spiritualità ha condotto alla dicotomia tra quest'ultima e la scienza, senza considerare che la spinta che guida molti ricercatori scientifici è la medesima di vari ricercatori spirituali. Albert Einstein[1] parlando dello scienziato asserì, «Il suo sentimento religioso prende la forma di uno stupore rapito davanti all'armonia della legge naturale, che rivela un'intelligenza di tale superiorità che, al confronto, tutto il pensiero e l'agire sistematici degli esseri umani sono un riflesso assolutamente insignificante. [...] Questo sentimento è indubbiamente molto vicino a quello

l'idea di una descrizione obiettiva della natura».

1 Albert Einstein (Ulma, 14 marzo 1879 - Princeton, 18 aprile 1955) è stato un fisico di origini ebree.

che hanno posseduto gli spiriti religiosi di tutti i tempi»[1]. Capra sostiene nei suoi libri che gli approcci dei fisici e dei mistici hanno in comune diverse caratteristiche, a partire da un metodo empirico dove l'osservazione è la via alla conoscenza che ha portato spesso a uomini provenienti da differenti campi di studio alle stesse considerazioni. Il mistico rivolge la propria attenzione alla coscienza, alla mente e a ciò che possiamo definire come *mondo interiore*, il fisico inizia la sua ricerca dal mondo materiale esteriore[2]. Entrambi giungono alla consapevolezza di una unità del tutto.

Luisi e Capra aggiungono che «Dal nostro punto di vista, la dicotomia apparente si risolve quando ci spostiamo da forme organizzate di religione verso il dominio più ampio della spiritualità, e riconosciamo che tanto l'esperienza spirituale quanto il mistero che percepiamo al limite di ogni teoria scientifica sono cose che trascendono tutte le parole e tutti i concetti»[3]. Integrare questi due mondi può solo che giovare alla vera ricerca, anche perché, considerando che mistici e scienziati sono diverse volte giunti alle medesime conclusioni, sarebbe opportuno compararle per una crescita reciproca, affinando così anche i principi e i metodi di osservazione.

Luisi racconta, «Quello della spiritualità e della scienza è un tema che mi tocca particolarmente dovuto a tutta una serie di esperienze personali. [...] Io ho deciso quando ero giovanissimo professore al politecnico Zurigo, di adottare come tema di studio "what is life?", cos'è la vita. Perché la domanda "cos'è la vita?" ti permette di mettere insieme tre cose diverse. La scienza (la genetica, l'evoluzione, le sostanze prebiotiche) con tuttavia la filosofia [...] e la spiritualità»[4]. Poi prosegue delineando come la «Parola *mistero*, secondo me, per la scienza è importante. C'è tutta una serie di cose alle quali la scienza deve ancora rispondere "non lo so". Uno è il mio campo di lavoro,

1 Albert Einstein, "Il mondo come io lo vedo", pag 37.
2 Per approfondimenti, Fritjof Capra, "Il Tao della fisica".
3 Fritjof Capra e Pier Luigi Luisi, "Vita e natura. Una visione sistemica", pag 447.
4 Estratto dall'intervista per il film Viananda.

che è quello dell'origine della vita. Se chiedi ad uno scienziato onesto "come è nata la vita sulla Terra?", deve risponderti "non lo so". [...] Siamo circondati da misteri. È straordinario come la nostra mente umana, che è una cosina piccina, sia capace di affrontare problemi così complessi, parliamo di infinito, di galassie, della velocità della luce, di costanti, senza esser capaci di comprenderle e tantomeno rivelarne la risposta. La scienza deve vivere con tutta una serie di domande importanti che hanno come risposta *mistero*»[1]. Poi mette in luce che «Spiritualità, come dice anche il Dalai Lama, è un sentimento innato nell'uomo. Quello di elevarsi verso problemi e domande del mistero, il desiderio di andare al di là della comprensione delle cose semplici. Quello di sentire l'eroismo di studiare il mistero. [...] Questo confrontarsi con i misteri è un elemento della spiritualità proprio di molti scienziati tra i migliori»[2] e «Secondo me questo concetto di spiritualità ha non solo questa componente ascendente, verso l'alto, verso i misteri. [...] Ma anche una dimensione orizzontale, che è quella di toccare il tuo vicino, di avere rispetto per lui e naturalmente dimenticare che lui ha un colore di pelle diverso e così via. Quindi queste due componenti, verso l'alto e verso il prossimo, formano secondo me l'ossatura vera della spiritualità»[3].

Sassone illustra come «Dovrebbe nascere la scienza della coscienza»[4], dove con questa definizione non intende uno studio sistematico della sola coscienza, ma un approccio totale e multidisciplinare di studio dell'essere umano. Secondo lo stesso, ci sono dei segnali attraverso le neuroscienze e lo studio delle trasformazioni delle pratiche meditative sulla struttura che ci costituisce. «Il nucleo più avanzato della scienza comincia un po' a dialogare con l'autentica spiritualità. Ma forse quella che noi chiamiamo *spiritualità*, in realtà, non è qualcosa che sta oltre, non è qualcosa di trascendente. Forse dovremmo smet-

1 Estratto dall'intervista per il film Viananda.
2 Ibidem.
3 Ibidem.
4 Ibidem.

terla di chiamarla *spiritualità*. Dovremmo cominciare a pensare che la spiritualità è un modo di funzionare dell'essere umano, è una qualità naturale della parte più vera dell'essere umano. E che tutti i grandi maestri che sono esistiti, in realtà hanno sperimentato in maniera più vasta questa dimensione umana, hanno gettano uno sguardo ancora più lontano su qualcosa che non sta in un regno dei cieli, ma che è la potenzialità di quello che un uomo può diventare»[1]. E poi chiarisce, «Quell'uomo nuovo che è l'unica risposta, attraverso la sua coscienza più autentica, alla soluzione di quello che può essere un disastro reale, che è quello verso il quale sta andando la nostra umanità»[2].

Una suddivisione netta tra psicologia, medicina, scienza e spiritualità è estremamente limitante nel momento in cui osserviamo il sistema uomo nella sua totalità. Non scordiamoci che in vari approcci spirituali e tradizioni antiche, possiamo trovare grandi informazioni sul nostro funzionamento, ben più approfondite spesso di discipline più giovani come la psicologia. L'inizio dello sviluppo di quest'ultima viene convenzionalmente fissato alla seconda metà dell'Ottocento, quando l'indagine psicologica si aprì ai metodi delle scienze naturali. Un'indagine che tuttavia nasce molto prima, dalla spiritualità e dalla filosofia, tant'è che etimologicamente il termine psicologia deriva dal greco *psyché*, ovvero spirito o anima, e da *logos*, discorso o studio. Letteralmente la psicologia è quindi lo studio dello spirito o dell'anima. Sassone a riguardo spiega, «Se per spiritualità intendiamo una via di consapevolezza dell'essere umano e alla psicologia restituiamo anche il suo senso etimologico, in realtà non sono due reami, stiamo parlando dell'uomo in tutta la sua complessità. L'uomo nei suoi meccanismi mentali, emotivi, pulsionali, nel suo modo di funzionare fisico, l'uomo a contatto con la consapevolezza che si può permettere. Quindi sarebbe veramente una psicologia integrale, ma a quel punto nemmeno più psicologia, ecco perché la chiamerei la *scienza della*

1 Estratto dall'intervista per il film Viananda.
2 Ibidem.

coscienza, perché finalmente ci sarebbe la possibilità di approcciare l'individuo in maniera totale permettendogli di sviluppare tutte le sue funzioni»[1].

L'esperienza spirituale consente di trascendere qual si voglia separazione, è intrinsecamente integrativa non di meno per il fatto di sentirci parte di un tutt'uno, frutto di un percorso non intellettuale ma esperienziale. Un senso profondo di unità che oramai fa parte del sapere scientifico nella visione sistemica della vita. Luisi e Capra asseriscono che «Il destino e il benessere della civiltà moderna verranno definiti in modo significativo dell'equilibrio (o dalla mancanza di equilibrio) fra i due opposti sviluppi del progresso tecnologico e della saggezza spirituale. È chiaro che una scienza "senz'anima" porterebbe al disastro: di converso, non possiamo gestire le complessità del mondo moderno con un approccio puramente spirituale»[2].

Una spiritualità laica, attraverso anche l'ecologia e i valori che rappresenta, dovrà tornare al centro di tutti gli ambiti a noi conosciuti, sociali, educativi, lavorativi, economici e politici. Osservando la nostra condizione attuale, ne abbiamo veramente bisogno.

Ecologia

Con il termine *ecologia* verrà inteso una serie di valori e una percezione della natura e di noi esseri umani come un tutt'uno inseparabile, una rete caratterizzata dalla costante interazione e relazione tra tutti i sistemi. Con Bacone, la scienza è diventata anche uno strumento per dominare e controllare la natura, ciò trova facile riscontro oggi poiché insieme alla tecnologia sono utilizzate spesso per fini ben poco ecologici per gli individui e il pianeta. Chiaramente ciò è dovuto soprattutto al mal funzionamento degli essere umani, non alle conoscenze

1 Estratto dall'intervista per il film Viananda.
2 Fritjof Capra e Pier Luigi Luisi, "Vita e natura. Una visione sistemica", pag 432.

scientifiche in sé.

Per Luisi «L'ecologia è una forma attiva di spiritualità, [...] l'elemento umano si eleva a qualcosa che ha rispetto per tutti gli altri elementi della natura»[1]. Viene così riconosciuto il valore di ciascun essere vivente, l'uomo non è altro che uno degli innumerevoli elementi nella rete della vita. Luisi e Capra spiegano come «La visione sistemica della vita ha un approccio ecologico che, in ultima istanza, affonda le proprie radici nella dimensione spirituale. Connessione, relazione e comunità sono concetti fondamentali dell'ecologia; e connessione, relazione e appartenenza sono l'essenza dell'esperienza spirituale. Non sorprende dunque che il paradigma sistemico ed ecologico che sta emergendo sia in armonia con molte idee delle tradizioni spirituali»[2]. Solo facendo esperienza di essere parte di questo tutto possiamo alimentare quella spinta intrinseca che ci guida nel prenderci cura della natura e del pianeta Terra. La spiritualità, così come viene intesa in questo libro, quindi al di fuori di qualsiasi dogma o religione, è una via che potrebbe essere integrata in tutti i contesti.

L'ecologia ha svolto un ruolo chiave nello sviluppo dell'approccio sistemico introducendo l'idea di comunità e di rete interconnessa di relazioni, dove ogni cambiamento di ciascuna parte può influenzare l'intero sistema. Luisi e Capra affermano che «Quando osserviamo il mondo che ci circonda, scopriamo che non siamo gettati nel caos e nella casualità, ma che siamo parte di un grande ordine, una grande sinfonia della vita»[3]. Poi aggiungono, «Condividiamo con il resto del mondo vivente non solo le molecole della vita, ma anche i suoi principi fondamentali di organizzazione. E poiché anche la nostra mente è incarnata, i nostri concetti e le nostre metafore sono incarnati nella rete della vita insieme con i nostri corpi e i nostri cervelli. Certamente, apparteniamo all'universo, e questa esperienza di appartenenza

1 Estratto dall'intervista per il film Vianandа.
2 Fritjof Capra e Pier Luigi Luisi, "Vita e natura. Una visione sistemica", pag 117.
3 Ibidem, pag 456.

può rendere la nostra vita profondamente significativa»[1].

Sempre più persone dovranno concretamente occuparsi di questioni ecologiche, consapevoli di essere parte di un tutto che reclama il nostro riconoscimento e rispetto. Osservando l'attuale impatto distruttivo dell'essere umano sul pianeta e il conseguente dramma del cambiamento climatico, un'educazione ecologica in tutti i contesti scolastici e accademici per i leader ed adulti di domani, è chiaramente fondamentale.

Sete metafisica

«Oggi mi sembra che ciò che più ostacola il nostro progresso spirituale, il nostro progresso verso ciò che denota la parola *Ananda* (che significa più dell'essere contenti, è più dell'essere soddisfatti in senso mondano, qualcosa di più significativo, un livello di godimento che non è propriamente quello della soddisfazione dei bisogni ordinari) è il mondo in cui viviamo. Non possiamo pensare di essere tanto indipendenti dal mondo che limita enormemente la maggior parte delle persone nella loro capacità di dedicarsi alla vocazione più intima di ricerca. Tutti abbiamo in noi una vocazione di ricerca. Tutti abbiamo una sete metafisica, però molta gente non riesce a scoprirlo, perché è troppo impegnata a sopravvivere»[2]. Naranjo illustra come il sistema che abbiamo costruito, suddito alle leggi dell'economia attuale, limiti profondamente la spinta di ricerca interiore. Il nostro mal funzionamento e le condizioni deleterie del sistema di dominio patriarcale in cui quasi tutti noi siamo inseriti, incentivano il nostro sonno, che può diventare consapevole ovviamente solo svegliandoci per alcuni istanti. Un lavoro di risveglio e di allineamento e di corretto funzionamento dei nostri centri, è l'unica via per facilitare un contatto più

1 Fritjof Capra e Pier Luigi Luisi, "Vita e natura. Una visione sistemica", pag 457.
2 Estratto dall'intervista per il film Viananda.

autentico con sé e quindi con gli altri, la Terra e la vita stessa. Il male oggettivo dell'umanità può essere sanato curando i nostri problemi personali attraverso percorsi di profonda crescita, riconoscendoli, accettandoli e trasformandoli da limiti a possibilità.

Sassone ribadisce spesso che «Il Divino interiore è quello spazio di coscienza individualizzata, coperta dall'ego, che nella tradizione cristiana, e non solo, è conosciuta come anima. È un centro di coscienza e di saggezza che esprime la vera natura di ogni essere umano e, per usare un linguaggio estremamente infantile e per questo efficace, è una particella del Divino»[1]. Definisce tutto ciò come *essenza*, solo nel momento in cui entriamo per alcuni istanti in contatto con essa possiamo iniziare a disidentificarci dall'ego che distorce ogni nostra percezione e consapevolezza. «Il contatto con l'essenza avviene tramite l'apertura di cuore»[2], prosegue asserendo «Obiettivo di ogni percorso interiore, sia psicologico sia spirituale, deve quindi essere quello di consentire all'individuo il recupero del contatto con il cuore, ovvero con la percezione di esistere, di esserci e di avere valore»[3]. Aggiunge poi «Il centro del cuore ha due strati: più in superficie il livello emozionale e più in profondità il centro di tutto il nostro essere. Nella psicoterapia, finché non si libera il cuore dal dolore, dalla pena e dall'angoscia, non possono emergere i più autentici e caldi sentimenti d'amore e di commozione, che sono il preludio all'intenso contatto col centro più intimo della nostra identità, l'identità dell'essenza. L'uomo comincia a esistere veramente quando il primo strato del cuore si apre, e diventa completo quando si schiude anche il secondo»[4].

Nel mondo di oggi crediamo spesso che per poter solcare un cammino spirituale sia necessario magari rinchiudersi in un monastero in cima all'Himalaya o aderire a scelte estreme. Ma forse possiamo anche concederci e abbracciare i piaceri della carne e tutti quei pensieri

1 Roberto Maria Sassone, "Educazione alla Ricerca Interiore. Senza Corpo non c'è Spirito", pag 22.
2 Ibidem, pag 62.
3 Ibidem, pag 63.
4 Ibidem, pag 64.

ed emozioni conflittuali, possiamo rimanere durante questo percorso i più umani tra gli umani. È ovvio che ognuno di noi debba trovare poi un equilibrio tanto difficile dei nostri centri, ogni eccesso ci conduce inevitabilmente verso il sonno che siamo abituati a sperimentare. Ma è anche vero che il cammino di risveglio diventa così percorribile senza inutili frustrazioni e condizionamenti di idee, approcci e vie troppo inattuali da essere tutt'oggi perseguite.

Desidero concludere questo capitolo affermando come nessun individuo dovrebbe avere ruoli educativi o governativi senza che lo stesso abbia profondamente messo in atto un profondo lavoro di trasformazione interiore, che comprende i passi analizzati fino a qui e quelli del prossimo capitolo. Nessun umano dovrebbe detenere una qual si voglia forma di potere senza che si sia prima addentrato in discipline che incentivano una effettiva comprensione di sé. Si rende così imprescindibile un'integrazione profonda della propria ombra e un potenziamento degli aspetti illuminati, poiché invece di fare la guerra al buio, sarebbe forse più saggio accendere la luce. La vita e le esperienze che ci propone possono risultare come una scuola severa agli occhi del bambino che dimora in ognuno di noi, prima ci impartisce le lezioni e solo poi ci concede il tempo per comprenderle. Eludendo questi insegnamenti, non facciamo solo un torno alla parte più autentica di noi stessi, ma alla vita stessa.

Nessun salto di qualità collettivo sarà possibile finché non inizieremo a svegliarci, desiderando così di essere degli umani migliori. È necessario innamorarsi di sé, amarsi profondamente come nessuno ci ha mai amato e probabilmente mai ci amerà, eliminando sofferenza e negatività inutile. Spesso il problema è che non abbiamo le competenze per farlo, non ci è stato insegnato. Per questo sono fondamentali altre due abilità, avere l'umiltà di mettersi in discussione e chiedere il sostegno di bravi operatori nell'ambito della relazione d'aiuto o conoscitori vari del funzionamento umano. Esistono diverse opportunità, infatti ci sono già realtà che mettono più o meno in pratica i temi di cui tratta Viananda. Realtà però che troveranno e incontreranno solo coloro i quali realmente sentono e percepiscono questa intenzione, ovvero l'ambizione profonda di portare maggiore positività nella propria vita e nel mondo. Coltivare la felicità è come imparare uno strumento musicale e non esistono sinfonie che si possano apprendere con due o tre corsi. Cerchiamo di non nutrire la presunzione di aver raggiunto chissà quali mete, frutto di qualche piccola esperienza e lettura, perseveriamo invece nel cammino di ricerca interiore, riscoprendoci giorno per giorno, per tutta l'esistenza.

LAVORO SUL CARATTERE E LE VIRTÚ

Solo comprendendo l'illusorietà di ciò che definiamo *Io*, che chiameremo invece *Io egoico* o *ego*, possiamo avvicinarci al nostro nucleo più autentico. Non è semplice e immediato, ma passo dopo passo, umilmente, si può fare. La creazione delle condizioni di un corpo sano e lo scioglimento di copioni psichici, emozionali e comportamentali poco funzionali, come approfondito, deve essere accompagnato da un lavoro di risveglio di sé e di ricerca interiore.

Ricard racconta, «C'è un continuum, che non è lo stesso per me o per voi, che chiamiamo *persona*. Sono lo stesso che era il piccolo Matthieu da bambino, ora sono un monaco di 75 anni. So che tutto è cambiato, il mio corpo, i miei pensieri e la mia vita, tuttavia penso ci sia qualcosa che ha viaggiato nel tempo che sono io, *Matthieu*, e mi attacco a questo, voglio proteggerlo e soddisfarlo. E quindi attrazione e repulsione si mescolano con animosità, ossessione, orgoglio, gelosia, mancanza di discernimento... [...] Può l'ego essere sospeso tra un passato che è finito, un futuro che non è ancora nato e un momento presente che è inafferrabile? Quindi c'è un Io, un ego, che è una comoda illusione utile e funzionale nell'esistenza. Ho un nome e una storia, ma è un concetto che è semplicemente un'etichetta, attaccata a questo continuum. E se pensiamo che è solo un'etichetta, una comoda illusione pratica, tutto ciò va bene, ma quando cominciamo a reificare l'ego, iniziano tutti i nostri problemi e si finisce col soffrire. Dunque l'ego è un concetto connesso ad un insieme di cose che cambiano continuamente, [...] ma quando immaginiamo che sia separato, autonomo e permanente, tutte le difficoltà cominciano»[1].

Vegliare è il fulcro di ogni percorso psicoterapeutico e spirituale, un allenamento al ricordo di sé. Tutto ciò si può integrare con il lavoro imprescindibile e congiunto sulla personalità e sull'essenza. Sassone afferma, «L'essenza è il fulcro che ci consente di far crescere una struttura interna che gradualmente prenderà il posto dell'ego. Senza l'energia della presenza si può meditare una vita intera e avere esperienze meravigliose, ma la nostra natura umana non cambierà, ovvero resteremo nel quotidiano collerici, invidiosi, depressi, avidi e presuntuosi»[2].

Per il professionista che opera nella relazione d'aiuto non occorre sempre conoscere eccessivamente nel dettaglio come vecchi copioni psico-emozionali si siano strutturati in passato. In alcuni casi il rischio è di cadere in interpretazioni che non solo confondono il paziente, ma sono dettate dai propri modelli terapeutici, dalla formazione professionale e dalla nostra esperienza di vita. La mente del terapeuta è abile nel credere di sapere o aver compreso e guarito chissà cosa, attribuendo eccessivamente i salti di qualità del paziente al suo intervento. Scorda così che l'unico ruolo che gli spetta è in realtà di facilitatore nella creazione di condizioni più funzionali su tutti i piani. Possiamo ricercare strategie e analizzare gli schemi disfunzionali dell'individuo nel qui ed ora, aiutandolo a reagire diversamente in ciò che osserviamo oggettivamente oggi, piuttosto che in ciò che interpretiamo soggettivamente di ieri. A volte quindi il rischio è di incentivare una mera masturbazione intellettuale ed emozionale, durante quello che erroneamente crediamo sia un percorso di crescita

1 Estratto dall'intervista per il film Viananda.
2 Roberto Maria Sassone, "Educazione alla Ricerca Interiore. Senza Corpo non c'è Spirito", pag 91.

reale, con una ampia comprensione cognitiva del problema a cui non consegue un cambiamento concreto nel quotidiano.

La trappola

Parlando del fallimento della politica e della economia attuale, Sassone delinea che «L'interesse è quello di mantenere l'uomo nella trappola, usando un linguaggio che usava Reich. Il problema è che la trappola, nel momento in cui comincia a diventare un nostro modo di funzionare, quando è un condizionamento, non è percepita»[1]. Quando siamo quindi indotti a funzionare in una determinata maniera, ci illudiamo che questa sia la nostra vera identità. Illustra inoltre come persino i metodi, gli strumenti e le filosofie che si prefiggono di far uscire l'uomo dalla trappola, rientrano nella maggior parte dei casi nella logica della trappola stessa e sono al suo servizio. Spesso la vita ci dona delle grandi scosse per renderci consapevoli della nostra prigione, primo vero passo per poterne uscire. Reich a tal proposito asserì, «È possibile uscire dalla trappola. Tuttavia per evadere da una prigione bisogna prima ammettere di essere in prigione»[2].

Anche quando abbiamo la consapevolezza di essere in trappola, pur percependo il desiderio di uscirne fuori, siamo in balia della paura dell'ignoto e dell'amore per il conosciuto, tant'è che Sassone afferma, «È come aprire la gabbia ad un uccellino, che è sempre rimasto in gabbia, e anche se vede che la porta è aperta, non riesce a decidere di volare»[3], poi aggiunge, «In realtà per uscire dalla trappola, [...] ovvero la propria struttura condizionata del carattere che riflette la struttura sociale, bisogna avere un grande coraggio. Spesso uso questo termine perché è un archetipo importante, bisogna essere dei guerrieri. Ma per essere guerrieri è necessaria un'aspirazione profonda, un'intensità,

1 Estratto dall'intervista per il film Viananda.
2 Wilhelm Reich, "L'assassinio di Cristo", pag 16.
3 Estratto dall'intervista per il film Vianandа.

scoprire che si è innamorati della vita»[1]. Quasi tutti noi desideriamo vivere più in armonia con noi stessi e gli altri, ma raramente siamo disposti realmente a cambiare per questo nobile fine.

Reich disse che «L'uscita è chiaramente visibile a tutti quelli che sono imprigionati nella trappola, eppure sembra che nessuno la veda. Tutti sanno dov'è l'uscita e tuttavia nessuno sembra fare un movimento verso di essa. Anzi, chiunque si diriga verso l'uscita o chiunque la indichi è dichiarato pazzo o criminale o peccatore da bruciare nel fuoco dell'inferno»[2]. Se riflettiamo sulla vita di molti grandi uomini del passato, ciò trova facile conferma. Sempre secondo Reich, «La prigione è la struttura emozionale dell'uomo, la sua struttura caratteriale»[3], mentre possiamo definire l'*essenza* la nostra identità più vera.

La visione meccanicistica ha avuto un impatto incredibile in tutti i nostri campi di conoscenza, l'idea per esempio che l'essenza intrinseca ad ogni essere umano sia ricollegabile al suo centro psichico, emozionale o istintuale, quindi alla personalità, è così errata che può essere smascherata solo attraverso un accurato percorso di ricerca interiore. Sviluppiamo durante la crescita una struttura caratteriale come strategia di difesa ed adattamento all'ambiente in cui siamo inseriti. Ricard spiega, «Chiunque abbia una forte immagine di se stesso cercherà di assicurarsi che sia riconosciuta e accettata da tutti. Non c'è niente di più angosciante che vederla contestata»[4]. Possiamo immaginarla come una corazza, costituita dall'insieme dei condizionamenti del contesto in cui siamo cresciuti e da blocchi e contrazioni frutto di materiale psico-emozionale e pulsioni rimosse, che ci porta a reagire alla vita piuttosto che ad agire consapevolmente. Percepiamo un dualismo tra essenza e personalità, dove per personalità ricordo che intendo la struttura del nostro carattere. L'Io illusorio ed egoico è necessario per sopravvivere durante la fase di sviluppo, è un sottile meccanismo

1 Estratto dall'intervista per il film Viananda.
2 Wilhelm Reich, "L'assassinio di Cristo", pag 17.
3 Ibidem, pag 16.
4 Matthieu Ricard, "Il gusto di essere felici", pag 97.

di difesa utile per proteggerci dal mondo. L'Io autentico, che come anticipato possiamo immaginarlo come la parte più profonda di noi stessi, è stato quindi anno dopo anno soffocato nella necessità di vivere immersi in un sistema creato dagli uomini, ma non per gli uomini.

L'ego su un piano orizzontale ha una sua funzione. Ciò significa che il processo di risveglio non implica un annientamento totale della nostra personalità, poiché essendo parte del sistema uomo deve avere assolutamente un'utilità per lo stesso. Se non altro, serve a creare una costante frizione sempre più insostenibile che guida alcuni di noi nel sentiero di ricerca interiore. Possiamo in parte modellare l'ego curandone i suoi aspetti disfunzionali, grazie ad un profondo lavoro sul proprio carattere, lasciando lo spazio sufficiente per riconoscere e radicarci sempre più nell'essenza, così da non essere manipolati e costantemente identificati con la personalità. Per un profondo lavoro su di sé non è auspicabile quindi che l'Io egoico scompaia totalmente, ammesso sia realmente possibile. Il processo prevede invece un attento processo di disidentificazione, poiché non siamo l'immagine mentale che crediamo di essere o ciò che gli altri, parenti, amici e conoscenti, credono che noi siamo. Ricard sottolinea che «Se vogliamo liberarci dalla sofferenza, comprendere la natura dell'Io e il suo funzionamento è di importanza vitale. Il proposito di liberarci dall'influenza dell'ego potrà lasciarci perplessi, soprattutto perché riguarda ciò che consideriamo la nostra identità fondamentale»[1]. L'idea di dissolvere l'ego è paradossale per alcuni aspetti, se ne comprendiamo la sua natura illusoria.

La struttura caratteriale è un sistema complesso frutto dei sottosistemi che ci costituiscono (ovvero il centro organico, emozionale e psichico) e dell'interazione con l'ambiente. Allo stesso tempo influenza i nostri pensieri, desideri, aspirazioni, emozioni, pulsioni, scelte e comportamenti attraverso una costante distorsione della realtà. Approfondendo il funzionamento delle diverse personalità, risulta

1 Matthieu Ricard, "I segreti della mente calma", pag 156.

chiaro che la rivoluzione che molti di noi stanno aspettando non possa palesarsi solo attraverso cambiamenti del sistema in cui siamo inseriti, ma piuttosto attraverso un cambiamento di coscienza dei singoli. È necessario che ognuno di noi si assuma la responsabilità del disastro attuale che l'umanità ha creato e sta affrontando. Ognuno di noi, attraverso le piccole scelte che facciamo quotidianamente, può e deve fare la differenza. Scelte di cuore che ci permetteranno di evolvere come specie.

Plasmare la struttura caratteriale

L'etimologia greca della parola *carattere* significa scolpire[1], Naranjo illustra che «Carattere si riferisce a ciò che rimane costante nella persona, perché le si è scolpito dentro, e quindi ai condizionamenti comportamentali, emotivi e cognitivi»[2]. Il lavoro sulla struttura caratteriale, secondo vari modelli tra cui l'enneagramma[3] utilizzato in chiave psicoterapeutica da Naranjo, dovrebbe essere rivolto al riequilibrio dei nostri tre centri (istintuale, emozionale e psichico) e di conseguenza della nostra famiglia interiore (il bambino, la madre e il padre che dimorano in noi), riconoscendo e dando il giusto spazio a ciascuno con le proprie qualità e funzioni. Plasmare nei limiti del possibile la propria personalità, attraverso un percorso psicoterapeutico che coinvolga mente e corpo, permette di non nutrire l'ombra che dimora in noi. Se l'oscurità è l'ovvia conseguenza dell'assenza di luce, alcuni strumenti di cambiamento che facilitano l'integrazione della famiglia interiore e l'osservazione attenta e consapevole di sé, sono potenti fonti luminose che alimentano positività reale.

1 L'etimologia della parola *carattere* deriva dal greco *charasso*, verbo che significa scolpire, forgiare, incidere. Sempre da questa voce verbale il termine *character*, cioè impronta.

2 Claudio Naranjo, "Carattere e nevrosi. L'enneagramma dei tipi psicologici", pag 31.

3 Per approfondimenti, tra i vari libri di cui i dettagli in bibliografia, Claudio Naranjo, "Carattere e nevrosi. L'enneagramma dei tipi psicologici", "Esperienze di trasformazione con l'enneagramma. Un'analisi dei sottotipi" e "Gli enneatipi in psicoterapia. I tipi dell'enneagramma nella vita, nella letteratura e nella pratica clinica".

Naranjo, con il modello dell'enneagramma, mette in relazione un aspetto emozionale e cognitivo dominante, che definisce rispettivamente come *passione* e *fissazione*, le quali determinano l'appartenenza ad uno dei nove tipi caratteriali, ovvero all'enneatipo. Questo meraviglioso modello mette in luce «Un'interferenza della passione con l'istinto, alimentata dall'influenza di una tendenza cognitiva deformante»[1], poi continua, «Potremmo dire che abbiamo messo a tacere un vecchio senso di vuoto esistenziale, troppo doloroso, e che lo abbiamo sostituito con un falso senso dell'essere, che vive sostenuto dalle diverse illusioni proprie di ciascun carattere»[2]. La grande menzogna dimora qui, nel credere di essere la propria personalità.

Quando eravamo delle giovani e fragili creature, il nostro senso dell'Io non era ancora strutturato ed è stato plasmato dall'ambiente in cui eravamo inseriti. Inoltre, abbiamo inevitabilmente spesso mal interpretato rimproveri od elogi riguardo alcuni nostri comportamenti o aspetti vari di sé, incentivando o censurando così alcune sfumature del proprio carattere che si stava strutturando. Tutto ciò ha profondamente alterato la percezione che abbiamo di noi stessi, degli altri e della vita, e per sopravvivere psicologicamente ed emotivamente al contesto di appartenenza, ci siamo sempre più allontanati dalla libera espressione di ciò che siamo realmente e dalla connessione con il nostro sé autentico, per essere il più desiderabili ed accettati possibile. Già in età adolescenziale ci siamo poi identificati del tutto con il personaggio che ci sembrava più meritevole d'attenzione ed amore, una personalità estremamente rigida che può essere smascherata solo diventando consapevoli di come agisce. Percepiamo una corazza ingombrante, una prigione che limita tremendamente la nostra massima espressione di bellezza. Riconoscere la parte più autentica di noi stessi quindi, ci permette di non identificarci con quegli aspetti caratteriali che tanto apprezziamo o neghiamo.

1 Claudio Naranjo, "Carattere e nevrosi. L'enneagramma dei tipi psicologici", pag 31.
2 Ibidem, pag 31.

Se il lavoro sul carattere dovrebbe avvalersi di un processo d'integrazione dei piani che ci costituiscono, carrozza, cavalli e cocchiere, senza addentrarci in modelli terapeutici sull'analisi delle varie personalità, come possiamo comprendere nel quotidiano quali aspetti di noi necessitano di essere riequilibrati? Come riconoscere alcuni dei propri lati disfunzionali su un piano comportamentale, emozionale e psichico senza il confronto che nasce da un percorso psicoterapeutico? Il modo in cui proiettiamo il nostro mondo interiore all'esterno, è un tema che ritroviamo in tempi antichi nella filosofia e poi nella psicologia già alla fine dell'Ottocento con l'idea di transfert[1].

Carl Gustav Jung[2] affermava come l'ombra ci spinge ad ignorare i nostri lati oscuri e a riconoscerli invece negli altri. Questa strategia di autodifesa del nostro ego ci rende veri maestri della proiezione, evitiamo così l'angoscia e la paura di osservarci dentro in profondità. Ciò che giudichiamo severamente negli altri è spesso lo specchio di aspetti non riconosciuti ed integrati di noi stessi. Per semplificare, se condanniamo animatamente e frequentemente una particolare caratteristica che attribuiamo ad altre persone, alimentiamo un conflitto con la stessa in noi. Se costantemente e sentitamente giudichiamo qualcuno per le sue manifestazioni di stupidità, le quali attivano dentro di noi molteplici ed intense reazioni psico-emozionali, non notiamo e di conseguenza coltiviamo la stupidità non integrata dentro di noi e il processo è il medesimo per tutte le peculiarità umane che ci contraddistinguono, nel male e nel bene. Se usiamo infatti parole gentili nei confronti del prossimo, riconoscendone gli aspetti luce, coltiveremo le stesse caratteristiche positive in noi.

Nel lavoro di modellamento del carattere e di sincera trasformazione interiore, è opportuno anche incentivare un'accettazione incondi-

1 In psicoanalisi, si definisce *transfert* quel processo di trasposizione inconsapevole per il quale l'individuo tende a spostare schemi di sentimenti, emozioni e pensieri da una relazione significante passata a una persona coinvolta in una relazione interpersonale attuale.

2 Carl Gustav Jung (Kesswil, 26 luglio 1875 - Küsnacht, 6 giugno 1961) è stato uno psichiatra, psicoanalista, antropologo e filosofo svizzero.

zionata di ciò che siamo, riuscendo così ad apprezzare noi stessi e gli altri non solo per i propri pregi, ma anche per i difetti, ammesso che lo siano realmente. Innamorarsi profondamente di sé e riscoprirsi giorno dopo giorno, ci rende meno fragili ai giudizi del mondo, poiché diventiamo consapevoli che ogni critica che attiva in noi una risposta poco funzionale, sta inevitabilmente risuonando con una credenza che abbiamo coltivato intimamente. Le persone fanno da specchio sia alla nostra oscurità negata che alla nostra luce, anche se è più semplice per molti vedere negli altri ciò che di noi desideriamo velare ai nostri stessi occhi. È così possibile riconoscere la propria ombra nei severi giudizi che dispensiamo, come per esempio ai genitori, ai figli, agli amici e ai diversi personaggi pubblici. Ci intossichiamo condannando i comportamenti altrui, indignandoci e scandalizzandoci di aspetti che vivono anche in noi e che vengono nutriti soprattutto da questi meccanismi inconsci. Solo un lavoro di presenza e di accorto studio del proprio carattere può permetterci di comprendere realmente quanto il processo di proiezione sia sottile. Ed è per ciò che leggere questo libro osservando e notando solo negli altri ciò che abbiamo illustrato nei capitoli precedenti, e non innanzitutto in noi stessi, è piuttosto inutile.

Se viviamo un conflitto con la nostra rabbia, saremo particolarmente infastiditi da tutte le persone estremamente arrabbiate o da quegli individui che pensiamo la reprimano eccessivamente. Questa rabbia potrà manifestarsi in noi diversamente da chi critichiamo, ma comunque è il medesimo aspetto che riusciamo a vedere solo nel prossimo. Se infatti bramiamo di essere e agire in determinati modi solo per non assomigliare a ciò che rifiutiamo, siamo comunque in trappola. Di conseguenza, ad ogni processo di proiezione disfunzionale possiamo abbinare un antidoto, una qualità, una virtù, in modo estremamente semplice: se notiamo poco amore in chi ci circonda e sogniamo di essere amati, amiamoci e amiamo di più. Se desideriamo essere ascoltati con attenzione, ascoltiamoci e ascoltiamo di più. Se vogliamo essere rispettati, rispettiamoci e rispettiamo di più. Tutto ciò ci porta ad una importante considerazione, il mondo non muta solo cambiando i leader e gli uomini di potere che lo governano e tanto aspramente giudichiamo, ma trasformando la parte di noi che corrisponde a quegli individui.

Abbracciare la nostra ombra ci permette di coglierne i doni intrinsechi, così facendo non ci ergeremo più da severi giudici o misere vittime nei confronti di chi ci circonda o del nostro passato, poiché incominceremo a vedere più luce dove prima c'era solo oscurità. Se il mondo ci fa da specchio, è più utile mettere in atto un lavoro accorto di trasformazione interiore e di modellamento della propria struttura caratteriale, piuttosto che cercare o aspettare che cambi chi ci circonda. Non solo perché combattere l'ombra altrui è spesso più ingenuo di affrontare la propria, ma perché aumentare la nostra luce aiuta gli altri a perseguire il medesimo intento.

A seguito di queste riflessioni, è palese che criticare solo alcuni individui del nostro malessere collettivo, ritenendoli gli unici responsabili, sarebbe sprovveduto. Molto di ciò che possiamo osservare nel mondo ed attiva in noi risposte psichiche, emozionali e comportamentali tossiche, fa parte di noi ed è lì che è opportuno andare ad intervenire. Nell'inconscio collettivo dimora l'ombra dell'intera umanità e chiunque può nutrirla semplicemente con la propria inconsapevolezza.

In ogni caso, un modello di analisi delle varie personalità come l'enneagramma, è un'importante mappa per un accurato studio del personaggio che interpretiamo costantemente, quindi del nostro carattere. È necessario però il desiderio profondo di essere umani migliori e il voler mettersi profondamente in discussione, avvalendosi del sostegno di veri conoscitori del funzionamento umano.

Approcci che addormentano

Abbiamo già anticipato come molti approcci siano drammaticamente fallimentari se il mal funzionamento dell'individuo non viene modificato attraverso un orientamento olistico. Sassone afferma che spesso molte metodologie non forniscono strumenti per uscire dalla trappola, ma piuttosto per abbellirla con «Strategie di sopravvivenza migliori»[1]. I percorsi di crescita personale hanno così a volte il fine di creare uomini addormentati, dove diverse conoscenze superficiali vengono insegnate ed apprese per sentirsi così migliori manipolatori di sé stessi e degli altri.

Lungo il mio cammino incontro sia individui convinti di avere chissà che profonde conoscenze, che uomini veramente saggi, i quali paradossalmente affermano di sapere in realtà così poco. Si attiva spesso in noi un bias cognitivo che ci fa credere di conoscere molto più di quanto sappiamo[2]. Questo spiega perché in molti casi chi possiede un sapere superficiale di alcune materie si illude di padroneggiarle pienamente, utilizzandole come argomento di confronto o ancor peggio di insegnamento, sovrastimando le proprie abilità. Viceversa, colui il quale approfondisce con accuratezza gli stessi temi, sente di avere una conoscenza veramente limitata rispetto alla vastità della stessa. Una distorsione cognitiva che purtroppo colpisce in molti casi anche i professionisti nell'ambito della relazione d'aiuto e molti leader e uomini di potere del sistema in cui siamo inseriti, privandoci di un umile confronto, ascolto e apprendimento.

Vorrei allontanare questa ricerca da quelle discipline che desiderano creare super uomini invece che uomini integrati, alimentando l'ego degli individui nell'illusione di fare un reale percorso di crescita. Sassone illustra come nella pseudopsicologia «C'è comunque il desiderio di raggiungere i risultati, che può sembrare una cosa molto

1 Estratto dall'intervista per il film Viananda.

2 Questa distorsione cognitiva viene definita come *effetto Dunning-Kruger*. Per approfondimenti Daniel Kahneman, "Pensieri lenti e veloci".

umana e naturale, ma è anche ciò che impedisce di vedere il tragitto. Nel momento in cui tutta la nostra attenzione è volta al raggiungimento di un risultato, tutto quello che intercorre nel cammino per raggiungerlo perde la vera importanza. Mentre invece è ciò che intercorre che dà la sensazione profonda, l'intensità e la conoscenza del processo, e inevitabilmente porterà ad una trasformazione, se però è vissuto come momento totale e reale di assunzione di responsabilità, istante per istante. Questo è molto difficile però da realizzare e non c'è l'interesse da parte anche di alcuni operatori del settore [...] di togliere questi veli, perché ancora una volta l'interesse è quello di mantenere un'ignoranza camuffata da verità, che è una cosa ancora più pericolosa»[1].

L'ombra va integrata, non repressa da un Io fittizio che ci costringe comunque in prigione, convinti però di avere ali per volare chissà dove. Abbracciamo le nostre meravigliose debolezze e fragilità invece di illuderci di essere dei super eroi, perché i veri eroi sono coloro i quali mettono in atto questo difficile ma necessario processo, rimanendo ben radicati alla loro umanità. Quasi un secolo fa Ouspensky illustrò come le dottrine psicologiche possono essere divise in due grandi categorie[2]. La prima riguarda le metodologie che studiano l'essere umano come credono che sia nella sua condizione attuale. La seconda invece riguarda le dottrine che studiano l'uomo per ciò che può diventare, dal punto di vista quindi della sua possibile evoluzione, con la ferma consapevolezza che sia attualmente un essere incompiuto. Solamente quest'ultime possono far comprendere l'origine dimenticata della psicologia, che affonda le sue radici in altri campi molto più antichi.

Non solo quindi possiamo trovare molti percorsi che incentivano un superficiale lavoro egoico, ma addirittura approcci che facilitano il sonno della coscienza. Aldous Huxley[3] anticipò in parte i tempi affer-

1 Estratto dall'intervista per il film Viananda.

2 Per approfondimenti, Peter D. Ouspensky, "L'evoluzione interiore dell'uomo".

3 Aldous Leonard Huxley (Godalming, 26 luglio 1894 - Los Angeles, 22 novembre 1963) è stato uno scrittore britannico.

mando, «Ci sarà in una delle prossime generazioni un metodo farmacologico per far amare alle persone la loro condizione di servi e quindi produrre dittature, come dire, senza lacrime; una sorta di campo di concentramento indolore per intere società in cui le persone saranno private di fatto delle loro libertà, ma ne saranno piuttosto felici»[1].

Non voglio assolutamente svalutare la psicofarmacologia, ma desidero sottolineare l'odierno oggettivo utilizzo ingiustificato di psicofarmaci, che imprigionano troppo spesso le persone in ciò che è stata definita come una "camicia di forza chimica". Il problema non sono di per sé i farmaci o chi li studia, ma piuttosto l'idea che il solo anestetizzare il disagio possa in qualche modo aiutare ad integrarlo realmente, scordandoci che ogni disturbo nasconde sempre un messaggio ed un dono che richiede solo di essere ascoltato ed accolto. Possiamo osservare invece come le strategie di marketing dei produttori del farmaco ne incentivino un allarmante abuso. È chiaro che in alcuni particolari casi un sostegno psicofarmacologico sia fondamentale, ma strutturare un intervento solo su esso credendo possa in qualche modo guarire gli individui, è un'illusione smascherata da oramai molto tempo, poiché addormentare nell'intento di risvegliare può solo essere una ovvia strategia fallimentare. Gli effetti collaterali e i rischi di dipendenza sono spesso deleteri in quest'era di eccesso senza logica, diventano una facile via per anestetizzare il problema e di certo non per superarlo. Il percorso terapeutico dovrebbe permettere alla persona di incontrarsi profondamente per un accurato cambiamento del proprio funzionamento, ed è da ritenersi sempre imprescindibile in particolare dove c'è un utilizzo di psicofarmaci.

Ancor più grave è la sempre più costante somministrazione a bambini ed adolescenti, nel tentativo di risolvere i loro disturbi comportamentali. Il meccanicismo che regna oramai anche nell'ambito della salute, suggerisce l'idea che trattare le persone come macchine possa essere utile e vantaggioso economicamente per il nostro sistema sa-

1 Discorso tenuto nel 1961 alla California Medical School di San Francisco.

nitario, dove si enfatizza solo la dimensione biologica a discapito di quella psicologica. Non considerare il disagio come la somma di una disfunzione dei nostri tre centri in relazione al contesto di appartenenza, analizzando anche i vissuti e le esperienza pregresse, non ha veramente più alcun senso, a maggior ragione considerando i molti interventi psicoterapeutici efficaci che disponiamo, anche in termini costo-beneficio. Il sistema sanitario ha l'obbligo di difendere le persone dagli interessi delle grandi compagnie farmaceutiche, proponendo informazioni scientificamente valide[1].

Comprendere la malattia mentale attraverso solo il modello biomedico, come troppi psichiatri o psicoterapeuti con formazione accademica in medicina classica ancora oggi fanno, ha portato a focalizzarci eccessivamente sulle disfunzioni dei meccanismi organici. Il psicofarmaco è diventato così il mezzo per intervenire sul disturbo mentale, controllandolo e non curandolo. La malattia è invece il tentativo del sistema uomo di guarirsi trovando un nuovo equilibrio, ed è solo con un approccio integrato che ciò può essere facilitato. Nel percorso psicoterapeutico, oltre alle competenze e all'esperienza, è basilare la fede che nel momento in cui terapeuta e paziente lavorano per ripristinare la suddetta omeostasi, frutto di interconnessioni e interdipendenze dinamiche e funzionali di tutti i centri con l'ambiente, la persona nel suo insieme di corpo-emozioni-mente-coscienza attiverà naturalmente quella spinta verso la guarigione e lo stato di salute.

Precedentemente abbiamo sottolineato come sia essenziale che vengano inseriti i concetti della medicina integrata nella formazione dei medici. Tuttavia, anche quella degli psicologi è stata influenzata dalla scienza meccanicistica e necessita una radicale rivoluzione, come è stato sottolineato recentemente dall'ordine degli psicologi italiano stesso. L'influenza del centro organico sullo sviluppo della patologia

1 Per comprendere come le considerazioni che stiamo facendo (sulla salute pubblica, sul sistema sanitario, sull'approccio biomedico, sull'importanza della professione psicologica, sui psicofarmaci etc) siano fortunatamente convalidate da molti e siano consapevolezze sempre più comuni, consiglio di andare a leggere l'intervista del 2021 del presidente dell'ordine nazionale italiano degli psicologi David Lazzari per "Giù le mani dai bambini".

viene trascurato e i cinque anni universitari, salvo alcune rare realtà, non preparano accuratamente i giovani alla professione[1]. Eccessivamente focalizzati sulla teoria, le università trascurano la pratica che non può essere in alcun modo delegata al solo tirocinio, ma abbisogna di laboratori di reale crescita personale che tengano in considerazione anche l'apprendimento di strumenti qualitativi utili da utilizzare prima su di sé e un domani sul paziente, oltre alle tecniche quantitative diagnostiche che già vengono insegnate. Secondo un approccio integrato, i manuali diagnostici[2] possono essere funzionali nell'inquadrare il disturbo mentale, ma diventano uno strumento poco adeguato nel momento in cui non viene preso in considerazione l'intero sistema uomo nel suo contesto di appartenenza e non si possiedono tecniche utili al cambiamento. Uscendo da un approccio riduzionistico, che comunque si avvale di strumenti diagnostici di discutibile oggettività, è opportuno prendere anche in considerazione i condizionamenti del paradigma concettuale utilizzato dal professionista, nonché la sua personalità, le sue attese e tutti quegli aspetti prettamente soggettivi.

Il servizio sanitario garantisce gratuitamente ai cittadini un'assistenza psicologica pubblica, sia per gravi disturbi ma anche per disagi più lievi. Eppure il Ministero della Salute italiano in realtà non si occupa attentamente della salute psichica, poiché gli psicologi pubblici sono veramente pochi[3]. In Italia la domanda psicologica passa attraverso i professionisti privati, per chi può permetterselo finan-

1 A seguito di questo paradosso, negli ultimi decenni abbiamo osservato in Italia due elementi importanti. Da un lato la necessità per gli psicologi di imparare strumenti pratici (imprescindibili alla professione stessa) dopo i cinque anni universitari attraverso scuole di psicoterapia o altri percorsi formativi alternativi (in diversi altri stati d'Europa invece le università propongono percorsi formativi di cinque anni nell'ambito psicologico molto più validi sul piano pratico-esperenziale). Dall'altro lo sviluppo di scuole che offrono iter alternativi a quello universitario, inquadrati all'interno del counseling, coaching e altre metodologie simili. Pur essendo sorte da una esigenza effettiva e nonostante molte di esse propongano un'istruzione veramente interessante, i percorsi formativi non sono adeguatamente controllati (presentando così per esempio approcci multidisciplinari discutibili e approssimativi) e i relativi diplomati non devono rispondere spesso ad un livello formativo adeguato.

2 Il manuale diagnostico e statistico più noto dei disturbi mentali è conosciuto con la sigla DSM, acronimo derivante dall'originario titolo dell'edizione statunitense Diagnostic and Statistical Manual of Mental Disorders.

3 In Italia abbiamo uno psicologo pubblico ogni 12.000 abitanti e siamo ampiamente distanti dalla media europea. Ciò è ancora più assurdo se consideriamo che oggi abbiamo più psicologi di qualsiasi altro paese al mondo in rapporto alla popolazione e oltre il 40% degli iscritti all'Ordine non risulta esercitare la professione.

ziariamente, escludendo così inevitabilmente i più fragili e deboli e impedendo programmi di prevenzione e promozione della salute mentale dei cittadini. Ciò che frena questo necessario salto di qualità non è di natura economica, infatti ci sono evidenze importanti su come la psicologia aiuti a prevenire il disagio, a potenziare le risorse delle persone e a sviluppare resilienza individuale e collettiva, quindi l'investimento utile ad offrire un buon supporto psicologico pubblico permetterebbe di sovraccaricare meno il sistema sanitario. Il problema è culturale e politico, abbiamo una visione arretrata della salute.

Il percorso psicoterapeutico, ricordando che con questo vocabolo intendo ogni via che abbia un effetto terapeutico sull'intero sistema uomo e non come approccio e competenza esclusiva dei soli psicoterapeuti, è di grande utilità in particolare nel periodo storico che stiamo vivendo. Lavorando su un miglioramento del funzionamento e della qualità umana in relazione all'ambiente d'appartenenza, con un modello multidisciplinare, potremmo aiutare la collettività a superare le sfide e le crisi attuali, per una umanità più consapevole. Abbiamo bisogno di un sistema che si occupi davvero della salute nel suo senso più ampio, facendo perno sul territorio attraverso i concetti di rete e comunità.

Sassone afferma, «La consapevolezza non può essere disgiunta da un profondo lavoro di trasformazione della struttura del nostro carattere, che condizionando ci porta a ripetere e ripetere vecchi schemi che ci mantengono intrappolati nell'ignoranza. Ecco perché quella che fino a poco tempo fa era una suddivisione tra psicoterapie, psicologie e spiritualità non dovrebbe sussistere più»[1]. La drastica divisione di Cartesio tra corpo e mente spinse gli studiosi della psiche a focalizzarsi sugli aspetti mentali, emozionali e sociali, trascurando l'organismo. Secondo una visione sistemica, è ovvio che concentrarsi solo sugli aspetti psico-emozionali, sorvolando su quelli fisiologici, sia estremamente riduttivo, il corpo ha infatti un ruolo fondamentale

1 Estratto dall'intervista per il film Viananda.

nel processo di malattia e guarigione. Se da un lato abbiamo bisogno di una medicina integrata, dall'altro necessitiamo anche di una psicologia integrata. Nell'ottica di uno studio del sistema uomo nella sua totalità e delle relazioni tra i sottosistemi che lo costituiscono con l'esterno, questo paradigma deve essere inserito attentamente all'interno dei percorsi di studi universitari, cercando un linguaggio comune che può essere la diretta conseguenza solo di un dialogo e di una collaborazione attenta tra i vari esponenti delle scuole psicologiche. Laboratori di crescita personale e di ricerca interiore, secondo le molteplici considerazione fatte, devono essere proposti anche durante i cinque anni di psicologia e medicina, e non delegati solo ai quattro anni di psicoterapia o ad altri percorsi alternativi. Ciò permetterebbe di implementare le qualità e capacità professionali di medici e psicologi che, a seguito di un chiaro mal contento generale dell'utenza, attualmente sembrano essere ampiamente migliorabili.

Personalmente credo che la psicologia, assieme alla fisica e alla biologia moderna, possa e debba facilitare l'integrazione del paradigma olistico all'interno della nostra società e cultura.

Apprendimento quotidiano

In un ottica di risveglio dal sonno che viviamo e di lavoro sulla struttura caratteriale, possiamo imparare così tanto da chi ci circonda che dovremmo essere educati a smettere quanto prima di credere di sapere e di desiderare di insegnare chissà cosa, concentrandoci piuttosto sull'apprendimento. Il punto di partenza per un cambiamento tangibile è nuovamente dentro di noi e le mura di casa. Cercare di riconoscere ciò che c'è di bello ed illuminato in chi mi circonda, è sempre stato per me un punto cardine della mia crescita.

Tra genitori e figli si instaura negli anni un rapporto di reciproco insegnamento. I figli da neonati perdono lentamente coscienza della loro divinità intrinseca, ma comunque nei primissimi anni di vita ricordano ai genitori di non cercarla altrove. Fungono durante la crescita inevitabilmente da specchio agli adulti del loro sistema familiare, aiutandoli ad osservare così sia gli aspetti sani che nevrotici di sé e di ciò che perpetuano di generazione in generazione, nella speranza che abbiano sufficiente consapevolezza per desiderare di trasformare i secondi. I genitori invece potrebbero suggerire amorevolmente ai figli come stare nel mondo, trasmettendo anche alcune nozioni base sul nostro funzionamento e suoi centri che ci costituiscono, che rischiano altrimenti di diventare sempre più incomprensibili e conflittuali. Tutto ciò senza cadere nel desiderio inconscio di voler plasmare i propri figli, da un lato per diventare ciò che non sono riusciti ad essere, dall'altro per fare in modo che manifestino aspetti idealizzati di sé. In ogni caso, forse ciò in cui i genitori diventano veri e propri maestri è nell'insegnamento attraverso i loro stessi errori, che come figli siamo chiamati ad integrare.

Un approccio integrato pone al centro l'analisi di come i legami affettivi, sia familiari che di coppia, possano essere degli specchi per un'evoluzione della propria personalità ed essenza. La vita ci mette in relazione con genitori o partner, e in senso più ampio con chiunque compaia durante il nostro percorso, per donarci un importante specchio utile alla nostra crescita. Non incontriamo quindi necessariamente chi ci fa stare meglio, ma chi facilita una vera maturazione.

La relazione di coppia diventa uno dei laboratori quindi più ardui, poiché ogni stadio dell'amore è estremamente condizionato dalla relazione in età di sviluppo con i nostri genitori. Viviamo una fase iniziale che viene definita come *innamoramento*, un periodo vincolato da una serie di ormoni (dopamina, ossitocina, serotonina, testosterone, estrogeni) fondamentali per la natura e per la riproduzione della specie. Nel primo periodo, proiettiamo ogni nostra aspettativa e desiderio sull'altro, focalizzandoci sugli aspetti luce dell'amato e ignorando quelli ombra. La coppia si struttura in un clima perlopiù armonioso, fino al giungimento di ciò che potremmo chiamare *disillusione*. Iniziamo così a prendere in considerazione l'ombra del partner, che altro non è che una proiezione di noi stessi, per poi passo dopo passo non riuscire più a cogliere quella luce che ci aveva così tanto attratto. Prima o poi non soddisferà l'immagine ideale che abbiamo creato. La disillusione non identifica la fine dell'amore, piuttosto ne è il vero inizio, poiché la forma d'amore sperimentata inizialmente si sviluppa da un'illusione ontica dell'ego, ovvero la credenza di dover ricevere qualcosa dall'altro (attenzioni, affetto, ascolto, una figura paterna o materna, ma anche soldi, regali, beni materiali), una vera e propria pretesa infantile.

La relazione viene così condizionata da copioni psico-emozionali e comportamentali che attivano paura, odio, rabbia e risentimenti nel momento in cui non riceviamo ciò che crediamo sia dovuto. Alimentiamo pertanto due ulteriori terribili veleni: l'ossessione e la possessione, e di conseguenza la gelosia e l'eccessiva interdipendenza. È curioso analizzare come nella nostra società questi due veleni siano spesso confusi come forme d'amore desiderabili e auspicabili. Da qui si possono delineare due possibili vie, l'infelicità di coppia oppure la coevoluzione consapevole, dove l'altro diventa un maestro per la mia crescita. In quest'ultimo caso, è essenziale un intento comune nel sviluppare una visione equilibrata della relazione e nel perseguire un attento studio di sé. Se il bambino che vive in noi è capace di amare quasi solo i dolciumi, ovvero i piaceri, è auspicabile imparare ad amare come un adulto integrato, quindi anche i sapori più amari della vita. Molto spesso è utile un percorso psicoterapeutico per relazioni più nutrienti, il quale non deve essere solcato solo nel momento di eccessivo disagio di coppia, ma fin dalle fasi iniziali.

Finché però non metteremo in discussione le nostre convinzioni ed idee tanto amate, e in generale la nostra visione della realtà, non cambierà nulla. Ciò non può avvenire a seguito della lettura di molti libri e ad uno sviluppo del pensiero perlopiù individuale, ma grazie al confronto diretto e profondo con l'altro. Lasciando da parte arroganza, supponenza e rigidità per dare spazio invece all'apertura, all'umiltà, al rispetto e alla collaborazione.

Nel momento in cui iniziamo a ringraziare per i nostri errori, per quelli dei nostri genitori e del sistema in generale, comprendendone il lato luce, smettiamo di colpevolizzare noi stessi e gli altri. Sono infatti passi imprescindibili per un'evoluzione collettiva, per diventare umani migliori. Quindi senza focalizzarci solo nel trovare i carnefici e le vittime di questo disastro attuale che possiamo oggettivamente osservare, ringraziamo per le grandi lezioni e costruiamo un mondo differente, nell'ottica che imparare dai propri errori è saggio, imparare da quelli altrui lo è ancor di più.

Le virtù essenziali

Perfezionarsi partendo dalla nostra quotidianità è meraviglioso, ma ribadisco come siano necessari dei seminari e percorsi individuali promossi anche dalle istituzioni, in particolar modo per insegnanti, educatori, politici, imprenditori, dipendenti e, come vedremo, soprattutto bambini. Programmi di reale crescita che si discostano assolutamente dalla formazione spiccia che possiamo trovare oramai ovunque. Non alludo al fatto che questi percorsi debbano essere condotti solo da preparati psicologi, ma da tutti quei veri studiosi dell'animo umano in grado di sostenere gli individui nel creare le condizioni corrette dentro sé stessi, attraverso la ricerca della propria massima espressione di bellezza.

Dal punto di vista organico e comportamentale, è opportuno trovare strategie per un corpo sano e in salute, dando spazio al bambino interiore, quindi alla spontaneità e all'istintualità sana. Sul piano emozionale, il salto di qualità avviene attraverso lo sviluppo dell'intelligenza emotiva e lo scioglimento di copioni disfunzionali. Su quello mentale, eliminando schemi cognitivi negativi e le radici psichiche della nostra sofferenza attuale, studiando il funzionamento di qeusto centro e sviluppando antidoti ai vari veleni mentali. A questo allineamento va associato un profondo lavoro di risveglio del sé, permettendo al passeggero di coltivare maggiore consapevolezza e di indicare al cocchiere come guidare la carrozza e i cavalli nella propria esistenza.

Si rende indispensabile inoltre facilitare un lavoro sul proprio carattere e un'applicazione pratica di un sapere saggio, basato su ciò che abbiamo denominato precedentemente come *virtù*, ovvero alcune qualità e valori umani: amore, compassione, gentilezza, fratellanza, collaborazione, rispetto, felicità, pace, gratitudine, entusiasmo, perdono, bellezza, creatività e libertà solo per elencarne alcuni. Considerando che i valori possono cambiare in base al contesto culturale e sociale, definisco quindi *virtù* quelle qualità di carattere universale del nostro lato luce. Come umanità, viviamo costantemente il dramma di milioni di opinioni differenti rispetto ad una personale idea su cosa dovremmo essere, fare ed avere. Sappiamo bene come queste idee siano condizionate dal nostro modo di funzionare, dalla nostra storia personale e dall'ambiente, tuttavia queste virtù sono riconosciute come valori ora più che mai fondamentali.

Ricard afferma, «Tutti sono d'accordo che non siamo nati sapendo leggere, scrivere, andare in bicicletta, giocare a scacchi, a tennis... Impariamo, ci alleniamo, andiamo a scuola per dieci o quindici anni, facciamo formazioni professionali, suoniamo il pianoforte per ore e ore prima di saper suonare bene. Per quale mistero dunque l'altruismo, l'attenzione e l'equilibrio emozionale sarebbero già sviluppati senza fare nulla? Ovviamente, c'è un potenziale dormiente e latente che dobbiamo far fiorire al suo punto ottimale. Ciò è vero allo stesso modo per le qualità umane»[1].

Queste preziose virtù, che dovrebbero essere insegnate fin dalla più tenera età, sono antidoti per affrontare l'ombra che vive dentro e fuori

1 Estratto dall'intervista per il film Vianandа.

di noi, potrebbero essere promosse in tutti i contesti sociali attraverso laboratori esperienziali. È chiaro che buona parte di esse siano qualità intrinseche di due membri della nostra famiglia interiore, la madre e il bambino, che reclamano il loro spazio in un sistema patriarcale che li ha svalutati e repressi per troppo tempo. Viviamo infatti in un mondo dove alcune malsane caratteristiche prettamente maschili come la competizione, l'aggressività, la punizione, la sete di potere e l'elogio dell'intelletto, ci stanno conducendo alla nostra stessa estinzione.

Capra ricorda come le virtù non possano essere estranee neanche alla scienza, «Il carattere cruciale della teoria quantistica è che l'osservatore è necessario non solo per osservare le proprietà di un fenomeno atomico, ma persino per causare queste proprietà. La mia decisione cosciente su come osservare, per esempio, un elettrone, determinerà in qualche misura le proprietà dell'elettrone»[1]. Questi concetti oramai ben noti nell'ambito della fisica quantistica, aprono una lunga serie di considerazioni su un piano filosofico. Poi continua, «Trascendendo la divisione cartesiana, la fisica moderna non solo ha invalidato l'ideale classico di una descrizione obiettiva della natura ma ha anche contestato il mito di una scienza libera da valori. I modelli che gli scienziati osservano in natura sono intimamente connessi con i modelli della loro mente; con i loro concetti, pensieri e valori. Così i risultati scientifici che essi ottengono e le applicazioni tecnologiche che investigano saranno condizionati dai loro schemi mentali»[2].

Il tema delle virtù è di vitale importanza e deve essere ridiscusso nei contesti della scienza, educazione, economia e politica, per società più sane ed illuminate. Non dovrebbe forse essere questo il nostro scopo comune nella vita? A tal proposito Ricard aggiunge, «Nessuno si sveglia la mattina dichiarando di voler soffrire tutto il giorno e possibilmente per tutta la mia vita. Ci sono molte definizioni di *felicità*, ma penso che tutti siano d'accordo che sarebbe meglio se intanto sof-

1 Fritjof Capra, "Il punto di svolta. Scienza, società e cultura emergente", pag 74.
2 Ibidem, pag 74.

frissimo meno. Aristotele[1] disse che la felicità è l'obbiettivo di tutti gli obiettivi. Dovremmo agire per un migliore stato dell'essere, per far sì che le cose siano meglio per noi e per gli altri. La soddisfazione, il sentimento di pienezza, quello che i greci chiamavano *eudaimonìa*[2] è un obiettivo in sé, è il culmine. Ovviamente, se questo è l'obiettivo in sé, è bene sapere in cosa consiste, sapere cos'è una felicità genuina»[3].

Abbiamo già approfondito come siamo condizionati a confondere per bisogni i desideri illusori, i quali possono guidarci solo verso uno stato di felicità molto astratta. Ricard continua, «Questo appagamento, questa sensazione di pienezza che i greci denominavano *eudaimonìa*, i buddisti la chiamano *sukha*[4]. Tendiamo ad affermare che sarebbe bello se vivessimo tutto il tempo sensazioni piacevoli. [...] Ma questo non funziona, la ricerca di una successione ininterrotta di sensazioni piacevoli è una ricetta per l'esaurimento, non per la felicità. Sono cose diverse. È molto bello avere sensazioni piacevoli, fare una buona doccia calda dopo aver camminato sulla neve, ascoltare un buon brano musicale, mangiare qualcosa di delizioso, ma poi cambiano, da piacevoli possono diventare neutre e a volte disgustose. Una torta al cioccolato è molto buona, ma mangiandone dieci si sta male. La bella musica ventiquattro ore al giorno è una tortura. Dunque, la percezione di pienezza e felicità non è data da sensazioni piacevoli, è un modo di essere che si coltiva attraverso l'esperienza e la vita. Non c'è felicità con *F* maiuscola da qualche parte, è un insieme di qualità umane (pace, libertà e forza interiore, resilienza, altruismo, gentilezza, compassione per coloro che soffrono, cura e apertura) che possono essere ottimizzate, imparando così come essere soddisfatti poiché non si può sempre nutrire l'avidità come fosse sete permanente. Tutte queste sono qualità umane che possono essere coltivate e, quando le

1 Aristotele (Stagira, 383 a.c. – Calcide, 322 a.c.) è stato un filosofo e scienziato greco antico.

2 L'eudemonia (dal greco *eudaimonìa*) non è la semplice felicità, ma piuttosto la felicità intesa come scopo della vita.

3 Estratto dall'intervista per il film Viananda.

4 Sukha è una parola sanscrita e significa felicità e gioia.

coltiviamo, diventano un modo di essere che perdura, sono le fondamenta nell'esistenza. [...] Quindi questo modo d'essere è uno stato mentale eccezionalmente sano, ci permette di avere le risorse interiori necessarie per affrontare gli alti e bassi della vita, conservando la nostra benevolenza, la nostra forza, la nostra libertà. Quindi è qualcosa che può essere coltivato»[1].

Ricard afferma, «La distinzione tra piacere e felicità non implica che le esperienze piacevoli vadano evitate. Semplicemente, la vista di un magnifico paesaggio, un sapore delizioso, il profumo di una rosa, la dolcezza di una carezza o un suono melodioso non devono finire per dominarci»[2]. Il piacere non è un nemico, ma se ostacola la libertà interiore causerà inevitabilmente infelicità. Ed è qui che il concetto di non attaccamento tipico della filosofia buddista diventa una chiave, non è da considerarsi come un banale rifiuto, «Ma è una forma di libertà che prende piede quando smettiamo di aggrapparci alle cause stesse della sofferenza»[3].

«Ma la felicità non è nemmeno uno stato di esaltazione da mantenere ad ogni costo. Si tratta piuttosto di eliminare le tossine mentali, come l'odio e gli infiniti assilli che ci avvelenano, acquisendo una conoscenza più profonda del funzionamento della mente e una percezione più equilibrata della realtà»[4]. La felicità necessita di alcune condizioni interne, che riguarda il buon funzionamento dell'essere umano, ed esterne, ovvero la qualità dei contesti familiari, sociali, lavorativi, naturali ed urbani in cui siamo inseriti.

Un approccio simile a quello che i protagonisti del film Viananda hanno delineato, il quale può essere ovviamente approfondito, se applicato sempre più su larga scala, potrebbe facilitare le condizioni basilari per un cambiamento collettivo, mutando le basi del sistema educativo, politico ed economico attuale. Tutto ciò non è solo un bel

1 Estratto dall'intervista per il film Viananda.
2 Matthieu Ricard, "Il gusto di essere felici", pag 34.
3 Ibidem, pag 35.
4 Ibidem, pag 11.

sogno, è un progetto che siamo chiamati a mettere in atto ed è già presente nella sua forma embrionale, diverse realtà infatti su scala mondiale lavorano in questa direzione. Ricard ricorda, «La ricerca della felicità unicamente a proprio beneficio è destinata a sicuro fallimento, poiché l'egocentrismo è la fonte stessa del nostro malessere»[1].

La Via che conduce ad Ananda è un percorso di reale crescita su tutti i piani, di ricerca interiore, un cammino né semplice e neanche rapido. È imprescindibile l'intento inflessibile di veri e propri guerrieri di luce per solcare questa strada che, nonostante le continue fatiche, regala meravigliosi doni.

1 Matthieu Ricard, "I segreti della mente calma", pag 15.

Seconda parte

L'EDUCAZIONE DI DOMANI

È chiaro che i problemi del nostro tempo non possono essere analizzati isolatamente, siamo in grado di delineare alcuni punti di possibile svolta solo grazie ad una visione olistica, con un approccio multidisciplinare che permetta di cogliere l'interconnessione e l'interdipendenza delle crisi odierne. A tal proposito, Luisi e Capra affermano che «Oggi, quando osserviamo lo stato del pianeta, ciò che risulta più evidente è il fatto che i principali problemi della nostra epoca - energia, ambiente, cambiamento climatico, sicurezza alimentare, sicurezza finanziaria - non possono essere compresi separatamente. Sono problemi sistemici, il che significa che sono tutti interconnessi e interdipendenti»[1]. Richiedono quindi scelte sistemiche che abbiano contemporaneamente un impatto su più ambiti e contesti, risolvendo i problemi del paradigma economico e politico attuale, dell'esaurimento delle risorse, del cambiamento climatico, dell'inquinamento, dell'educazione, della salute, della disuguaglianza e così via. Molte delle soluzioni alle emergenze attuali sono strategie ecologiche che necessitano una sensibilità che in troppi ancora non manifestano. Una sensibilità frutto di un sentirsi parte di un tutto che definiamo *vita*.

Dopo un cammino di trasformazione interiore, di cui abbiamo am-

1 Fritjof Capra e Pier Luigi Luisi, "Vita e natura. Una visione sistemica", pag 576.

piamente discusso, dove partire nel concreto al di fuori di noi per cambiare un mondo che pare oggi più che mai complesso? A questa domanda, i vari protagonisti del film Viananda hanno risposto all'unisono dall'educazione. Nel momento in cui ci interesseremo veramente della felicità dei bambini e dei giovani uomini, tutto ciò si rifletterà sulla felicità dell'intera comunità e umanità. Naranjo ha profondamente influenzato la mia visione dell'educazione come strumento per un cambiamento reale e tangibile per un mondo diverso[1]. Lo stesso asserisce, «A me pare che il punto chiave sia l'educazione. Se volessimo un uomo nuovo, una donna nuova, una coscienza nuova, sarebbe più facile lavorare con i bambini, cercare questo nell'infanzia piuttosto che negli adulti, i quali sono cristallizzati nel loro modo di essere»[2].

Le vecchie basi della nostra civiltà sono fondate su un modello patriarcale e repressivo. In passato abbiamo assistito più volte come l'intento di alcuni governi fosse allevare, tramite l'educazione e i mezzi di comunicazione, individui facilmente manipolabili, piuttosto che uomini liberi e incentivati a manifestare la parte più illuminata di sé. Questo si è mostrato chiaramente per esempio durante la propaganda fascista in Italia, dove la scuola fu uno dei mezzi con cui il regime totalitario mutò il modo di essere ed agire del popolo, per uniformarli al folle modello proposto. Ovviamente abbiamo fatto degli enormi passi in avanti oggi, ma come anticipato sarebbe comunque ingenuo credere che ciò che per noi è tuttora abituale, sia poi così normale. Infatti Naranjo delinea come dal suo punto di vista oggi «La maggior parte delle cose che si dicono sull'educazione, sono cose che hanno poca profondità, di poco significato ed interesse»[3].

Secondo Sassone, se volessimo un mondo nuovo la scuola sarebbe

1 Per approfondimenti, tra i vari libri di cui i dettagli in bibliografia, Claudio Naranjo, "La rivoluzione che stavamo aspettando. Ecologia profonda, educazione etica e consapevolezza per vivere la crisi come rinascita", "L'ego patriarcale. Trasformare l'educazione per costruire una società sana" e "La civiltà, un male curabile".

2 Estratto dall'intervista per il film Viananda.

3 Ibidem.

«Il luogo privilegiato in cui attuare questa trasformazione, sarebbe proprio la soluzione secondo me. Ma a questo punto vorrei fare proprio delle considerazioni di base. La figura dell'insegnante è la figura di colui che insegna, mette un segno. In questa parola *insegno*, metto un *segno*, c'è una responsabilità e un privilegio enorme. Perché quale segno metterà? Ed ecco perché la categoria degli insegnanti dovrebbe essere accudita e preparata in maniera speciale, più degli psicologi. Cioè ci dovrebbe essere una scuola per far diventare insegnanti, ma cosa vuol dire diventare insegnanti? Come si può insegnare, soprattutto a dei bambini, se l'insegnante pur avendo una grande cultura e una grande preparazione è pieno di frustrazioni, è pieno di timori, è pieno di conflitti, si porta dentro miserie, è una figura appestata?»[1]. Poi continua, «Come può insegnare chi non ha almeno avuto, attraverso un percorso di trasformazione interiore, un contatto profondo con se stesso. Ecco perché l'insegnante dovrebbe avere quelle qualità che insegna, perché nessuno può realmente insegnare ad un altro ciò che non fa parte della sua esperienza reale di persona. E nessun insegnamento ha la capacità di trasformare veramente, se non passa attraverso la verità dell'esperienza. [...] Un insegnante deve essere un individuo che ha accesso allo spazio del suo cuore, altrimenti non può trasmettere»[2].

Il ruolo degli educatori

Prima ancora quindi di comprendere quali possano essere le basi di un'istruzione rivoluzionaria per gli uomini di domani, è chiaro che il problema si sposti alla formazione degli educatori, dove con questo termine verrà inteso chiunque abbia un ruolo di insegnamento[3]. Il pa-

1 Estratto dall'intervista per il film Viananda.
2 Ibidem.
3 L'educatore è quel professionista che realizza un'azione educativa. In questo libro le parole *educatore* ed *insegnante* verranno intese come sinonimi, non mi riferisco in alcun caso alla figura dell'educatore professionale.

radigma deleterio dell'educazione patriarcale odierna è riconosciuto solo parzialmente dagli addetti al settore, poiché sono loro stessi il frutto di una formazione addomesticante. Sarà quindi necessario riconoscere quanto la scuola contemporanea sia anche estremamente castrante.

Istruiti a passare ai loro giovani allievi una quantità esorbitante di informazioni come fossero un grande vaso da riempire, gli insegnanti scordano di suggerire a bambini e ragazzi come estrapolare da loro stessi quella profonda saggezza intrinseca nell'uomo, dato che non sanno in primis accedere a questa intelligenza. In un approccio quasi totalmente teorico, non solo nelle scuole primarie ma anche a livello universitario, viene a mancare l'esperienza che è la vera madre dell'apprendimento. Abbiamo molte nozioni su come fare, ma non sappiamo fare. Gli educatori necessitano di apprendere e sperimentare modalità educative ed approcci innovativi e, come per ogni essere umano, conoscersi profondamente attraverso lavori di crescita personale. Altrimenti, come già accade, il rischio sarà che proietteranno sui loro allievi la propria ombra, inquinando i bambini di oggi che sono la cosa più preziosa che abbiamo, essendo gli uomini e i leader di domani.

Già il fatto che gli insegnanti attuali non abbiano nessuna importante base di psicologia e comprensione del nostro funzionamento, utile al miglioramento di sé e del prossimo, è angosciante per una professione che vede alla base l'aspetto relazionale. Per di più, le scarse competenze comunicative apprese impediscono spesso di instaurare quel rapporto profondo tra insegnante e allievo, che dovrebbe essere sempre imprescindibile. Se pensiamo inoltre che coloro i quali maggiormente educano i nostri figli, nel sistema piramidale economico che viviamo, hanno in molti paesi come il nostro stipendi miseri e condizioni di lavoro poco sostenibili, pare un quadro veramente poco logico.

Il paradigma educativo attuale si scorda del nostro essere tricerebrati, dotati di mente, emozioni e istinto, tre centri differenti con tre intelligenze da integrare e manifestare in modo ottimale. Invece il pensare viene tutt'oggi lodato rispetto ad un sentire che reclama la sua importanza, come un figlio ed una madre subordinati al potere autoritario del padre. Di conseguenza, anche l'importanza dell'allenamento alle virtù per umani più saggi, non viene realmente contemplata. Naranjo infatti illustra, «Ciò che l'educazione fa, insegnando ad apprendere le cose, è imparare ad avere più pensieri dentro la testa. Non permette uno sviluppo dell'essere umano, non è un'arte nel facilitare lo sviluppo della coscienza. Piuttosto è un'attività che tiene così le persone occupate, le quali non hanno più tempo per vivere, per stare con se stesse, per stare nel loro silenzio o per stare nell'ozio dal quale nascono tante attività creative, grazie al quale ci rendiamo conto che siamo parte integrante della vita»[1]. Questa assenza di prezioso tempo per noi stessi manca quindi fin dalla scuola e viene poi perpetuata nel momento in cui entriamo nel mondo del lavoro.

Non solo quindi gli educatori dovrebbero essere formati appropriatamente ed approfonditamente a tutti gli aspetti che delineano la loro professione, con sistemi educativi che includano un lavoro su di sé e l'utilizzo di modelli d'avanguardia, ma anche i genitori dei bambini necessitano di essere accompagnati in un profondo lavoro di evoluzione personale. Anche se creassimo un ambiente meraviglioso ed illuminato per i più giovani all'interno delle scuole, potrebbe accadere che poi a casa siano comunque inseriti in un contesto particolarmente nevrotico. Si renderà indispensabile aiutare i genitori nell'educazione dei propri figli, tramite le scuole che frequentano oppure realtà che collaborano con esse. Professionisti abilitati potrebbero sostenerli fornendo strumenti di buona educazione, con la consapevolezza che non esistono manuali per essere genitori perfetti, ma piuttosto consigli di psicologia dello sviluppo in età evolutiva integrati ai temi che stiamo affrontando in questo libro. Per di più eviterebbero forse di

1 Estratto dall'intervista per il film Viananda.

coltivare il deleterio desiderio inconsapevole di modellare i figli a loro immagine e somiglianza, credendo che la loro visione della realtà sia poi così corretta e desiderabile. Dalla formazione degli insegnanti e dal sostegno ai genitori, potremmo così cambiare il fallimentare paradigma dell'educazione attuale per un approccio olistico funzionale per gli esseri umani.

Illustrando i più recenti studi delle neuroscienze rispetto alla neuroplasticità, Lucangeli afferma, «Quello che dobbiamo capire è che ciascuno di noi nell'insegnare a qualcun altro influenza concretamente la struttura del suo pensiero, l'organizzazione del suo sentire, la struttura delle sue decisioni»[1]. Se il cervello modifica la sua struttura e funzionalità in base all'esperienza, comprendiamo quanto la scuola giochi un ruolo fondamentale per il solo fatto che i bambini e ragazzi passano la maggior parte del loro tempo in questo luogo. I giovani dovranno essere sempre più ascoltati nei loro bisogni, che ovviamente variano durante la fase di sviluppo e le epoche.

È opportuno inoltre fare un'ulteriore considerazione sul ruolo centrale che attualmente il voto scolastico ha nel sistema educativo, ovvero il giudizio dell'insegnate rispetto alla preparazione dell'allievo. Nel bambino tutto ciò può anche trovare riscontro, poiché in questa fase ciò che pensa il maestro e il proprio ambiente di appartenenza è un fattore determinante. Ma la psicologia ha messo in luce come questa strategia si mostra fallimentare poi nell'adolescenza, poiché per una questione evolutiva il giudizio di un adulto diventa meno rilevante e si tiene maggiormente in considerazione invece il confronto con i propri coetanei. Gli insegnati potrebbero trasformarsi da giudici ad alleati, superando tutte quelle barriere che vogliono invece incentivare un muro tra questi due mondi, che portano spesso dopo alcuni anni scolastici a fraintendimenti, ad un clima ostile e a disinnamorarsi dello studio e della ricerca. Lucangeli aggiunge, «Un maestro, insomma, è tale quando esercita una helping profession, ovvero una professione

1 Daniela Lucangeli, "Cinque lezioni leggere sull'emozione di apprendere", pag 109.

che aiuta, non che ingozza e giudica, somministra e verifica: questo passaggio non rappresenta solo un aspetto filosofico ma ha un impatto concreto dal punto di vista dei processi mentali»[1]. La diretta conseguenza di un'evoluzione nella visione del ruolo dell'insegnante, cambierà la percezione degli studenti di essere all'altezza non solo delle sfide scolastiche, ma anche in senso più ampio di quelle della vita, aumentano la stima di sé e ciò che è stato definito come *autoefficacia*[2].

Sassone racconta, «Io penso che dovrebbe esserci una rivoluzione scolastica, se ne parla poco. [...] Gli insegnanti delle materne e delle elementari dovrebbero essere ancora più illuminati degli insegnanti del liceo o dell'università, perché è lì che si formano questi nuovi esseri. E dovrebbero esserci proprio i corsi di educazione alla ricerca interiore, corsi di educazione all'intelligenza emotiva, corsi di educazione alla capacità di imparare a stare nel silenzio, corsi di educazione alla cooperazione con gli altri. In una classe far diventare fondamentale che se non si è insieme, è inutile proprio fare un progetto. Non può continuare a essere passato il messaggio della lotta contro tutti per cercare di diventare speciali o migliori, non ci si salva individualmente. La condivisione e la cooperazione sono una ricchezza incredibile, perché ognuno ha una qualità che lo rende speciale. E quindi l'insieme di queste qualità crea un campo di forza, un campo di coscienza, è solo questo potrebbe veramente trasformare»[3]. Poi continua, «Quindi bisognerebbe sovvertire tutto, bisognerebbe creare la facoltà degli insegnanti. Questa mi sembrerebbe l'unica soluzione vera per poter cambiare la consapevolezza delle persone, di quelli che un giorno saranno coloro che avranno in eredità la nostra Terra»[4].

1 Daniela Lucangeli, "Cinque lezioni leggere sull'emozione di apprendere", pag 39.
2 L'autoefficacia è un termine utilizzato da Albert Bandura e corrisponde alla consapevolezza di essere capace di dominare specifiche attività, situazioni o aspetti del proprio funzionamento psicologico o sociale.
3 Estratto dall'intervista per il film Viananda.
4 Ibidem.

Modelli antiquati

Considerando la velocità con cui muta la società, è opportuno tenere anche in considerazione la rapidità di cambiamento dello sviluppo dei bambini rispetto alle generazioni precedenti, aggiornando i sistemi educativi e allineandoli alle più attuali ricerche. I giovani d'oggi vivono una quantità esorbitante di stimoli da parte dell'ambiente in cui sono inseriti, è quindi poco credibile che possano trovare interesse in una scuola noiosa, ripetitiva ed ansiogena. Le considerazioni che stiamo facendo in questo capitolo rappresentano chiaramente il modello educativo del nostro paese, ma possono essere proiettate anche alla maggior parte delle altre nazioni.

Attualmente alle elementari viene assimilato passivamente un programma, che viene poi ripetuto e approfondito alle medie e alle superiori. Ma pare che ogni volta gli studenti ricomincino da capo nell'apprendimento delle materie, che non abbiano quindi basi così solide sulle quali approfondire di anno in anno. Una enorme vastità di tempo sprecato per queste giovani creature, che sembrano non riuscire a trattenere tutte queste informazioni. Non discuto l'importanza di avvicinarsi a varie discipline di conoscenza che, attraverso un approccio sistemico che purtroppo manca, potrebbero sviluppare una capacità di pensiero, comparazione, integrazione e analisi tra vari campi di studio. Tuttavia ancora oggi siamo veramente agli antipodi di un nuovo paradigma educativo. Non si spiega inoltre come mai, fin dalla più tenerà età, studiamo senza sapere veramente come farlo. La quasi totalità degli educatori non ha la minima idea di quali siano gli strumenti attuali di comprensione, apprendimento, memorizzazione e recupero delle informazioni efficaci e veloci, che grazie a molte ricerche abbiamo avuto oramai modo di sviluppare e affinare.

Necessitiamo di investimenti importanti per la formazione di insegnanti preparati e per l'applicazione di sistemi educativi innovativi, oggi più che mai. Ogni anno nel mondo vengono investiti quasi due trilioni di dollari in spese militari[1], credere che la guerra possa portare pace è già di per sé un delirio, ma pensare che non ci siano fondi da investire per cambiare l'educazione e guarire i mali odierni, è ancora più assurdo. Il problema non sono i soldi, ma i valori che scegliamo di coltivare negli uomini di oggi e in quelli di domani. I frutti di un cambiamento radicale dell'educazione richiederebbero però diversi anni, mostrando gli effetti benefici inevitabilmente durante i governi successivi. C'è quindi spesso poco interesse ad attuare politiche che non possano accontentare la popolazione nel breve periodo, mancando per l'ennesima volta di visione d'insieme.

In un sistema scolastico competitivo, specchio della società patriarcale in cui siamo inseriti, i ragazzi vivono le prove e gli esami sotto enorme pressione, spaventati dal giudizio e dal voto che ne conseguirà. Naranjo a tal proposito aggiunge, «Sebbene né apprendere in vista di ricompense estrinseche all'apprendimento, né imparare a superare esami favorisca la maturazione. Né tantomeno favorisce la vera conoscenza o la vera comprensione delle cose - che sarebbe l'inizio della saggezza»[2]. Così facendo, in molti si abituano a vivere ogni prova della vita con gli occhi della paura piuttosto che dell'entusiasmo. L'amore, l'apprezzamento e la comprensione aiutano molto di più del castigo, della svalutazione e della paura[3]. La punizione, secondo i mezzi della scuola o delle leggi dei governi, non può essere l'unica soluzione per comportamenti più desiderabili. Il focus dovrebbe spostarsi dalla paura dell'errore al desiderio di un personale sviluppo psico-spirituale, coerente con un'esistenza più illuminata.

L'educazione, così come l'essere umano nella sua condizione at-

1 Il SIPRI (Stockholm International Peace Research Institute), ovvero l'Istituto Internazionale di Ricerche sulla Pace di Stoccolma, ha stimato che la spesa militare annuale nel mondo del 2020 ha raggiunto il picco di quasi 2 trilioni di dollari. Ai primi tre posti con 778 bilioni di dollari gli Stati Uniti (quasi il 40% della spesa totale mondiale), poi con 252 la Cina e 72.9 l'India.

2 Claudio Naranjo, "La rivoluzione che stavamo aspettando. Ecologia profonda, educazione etica e consapevolezza per vivere la crisi come rinascita", pag 17.

3 Gli studi attuali di psicologia dello sviluppo hanno dimostrato come il cervello dell'essere umano vada naturalmente alla ricerca del piacere piuttosto che della sofferenza, confermando come la punizione verbale o fisica non possa rivelarsi come un mezzo efficace per l'apprendimento.

tuale, è totalmente focalizzata su tutto ciò che è al di fuori di noi, tanto da non fornire alcuno strumento di comprensione di sé e dei meccanismi di corpo, emozioni, psiche e coscienza e della nostra struttura caratteriale. Il che ha una lunga serie di gravissime conseguenze nella nostra vita adulta, poiché viviamo nella totale inconsapevolezza, disconnessi dalla parte più autentica che ci anima, non potendo così modificare ovviamente il nostro funzionamento e il sonno che viviamo. Naranjo sottolinea come «L'educazione stessa è un'istituzione piuttosto perversa, un'educazione che utilizza l'idea che aiuta le persone a crescere, ma fa il contrario. Sta derubando la vita ai bambini, ai giovani, riempiendogli la testa di informazioni invece di lasciarli davvero vivere ed imparare in un modo che non è quello dell'istruzione, il quale è un fenomeno puramente intellettuale. [...] Secondo me, dopo anni di battaglia, sento che l'educazione è per idiotizzare, non per risvegliare. È lì per creare un gregge che funga da forza lavoro cieca, è per condizionare, per trasmettere la mente patriarcale attraverso un curriculum in cui oltre i contenuti, conta l'obbedienza. L'educazione è per insegnare l'obbedienza e i governi lavorano attraverso l'obbedienza»[1].

Basiche nozioni di filosofia, biologia e scienze varie possono essere l'inizio di un percorso di conoscenza di sé, ma è necessario integrare tutto ciò con qualcosa di ancora più raffinato, approcci olistici ed esperienziali per avere piccoli barlumi di connessione con la parte più saggia e profonda dell'essere umano. Per esempio, la meditazione potrebbe essere uno strumento incredibile, non solo per potenziare le funzioni cognitive[2] e per abbassare i livelli di stress degli studenti, ma per aiutarli ad indicare più consapevolmente al cocchiere come guidare cavalli e carrozza. Ricard spiega, «Se i meditatori sanno addestrare la loro mente ad assumere il controllo delle emozioni distruttive, si potrebbe usare questa stessa pratica, non religiosa, nell'educazione

1 Estratto dall'intervista per il film Viananda.
2 Per approfondimenti, tra i vari libri di cui i dettagli in bibliografia, Daniel J. Siegel, "Mindfulness e cervello".

dei giovani»[1]. Potremmo così sostenerli nel vivere con maggiore armonia ciò che sperimentano istante dopo istante[2], non quindi in balia degli automatismi e copioni cognitivi, emozionali e comportamentali di cui abbiamo ampiamente parlato. I desideri estrinsechi hanno di gran lunga superato quelli più autentici, tuttavia l'educazione potrebbe anche basarsi sul contatto con quello spazio interiore che dimora in noi che risveglierebbe inevitabilmente quelli intrinsechi, con un modello educativo orientato a tutti i membri della nostra famiglia interiore.

Abbiamo già analizzato come le emozioni siano corrente neuroelettrica e scrivono una traccia nella nostra memoria. Lucangeli aggiunge, «Le emozioni influenzano l'apprendimento anche in modo qualitativo: quelle piacevoli favoriscono un approccio olistico, l'intuizione, la creatività nella soluzione dei problemi e una disposizione ottimistica verso l'impegno che si deve affrontare»[3]. Dovrebbe essere chiaro quindi come una visione sistemica all'interno dell'educazione potrà manifestarsi attraverso una scuola felice. L'insegnate può avvalersi della gentilezza, dell'allegria e dell'entusiasmo per facilitare l'interesse e l'apprendimento nei propri studenti, attraverso *interruttori emozionali* come il contatto fisico, l'abbraccio, la carezza, lo sguardo, il sorriso e la voce. Così facendo si fisserebbero delle tracce psico-emozionali che permetterebbero di accendere il desiderio di conoscenza, quindi la motivazione alla ricerca. Lucangeli asserisce, «Nella scuola che vorrei i bimbi non consumano energia biopsichica sulla base di un'alert costante, anzi, gli insegnanti puntano a ridurre questi stati incoraggiando le emozioni positive che nutrono l'apprendimento, che stimolano l'interesse, la curiosità, il senso di completezza di sé, la percezione di affrontare una sfida commisurata alle proprie possibilità, la consapevolezza, la voglia di impegnarsi... Il tutto non

1 Matthieu Ricard, "Il gusto di essere felici", pag 282.
2 Per approfondimenti, Daniel J. Siegel, "La mente adolescente".
3 Daniela Lucangeli, "Cinque lezioni leggere sull'emozione di apprendere", pag 52.

per una scuola “facile“, ma per una scuola autentica»[1].

Per far ciò bisognerà dare all’errore, allo sbaglio e all’insuccesso il valore che meritano, come importante mezzo di crescita e come strumento di comprensione per l’insegnante del percorso cognitivo dello studente durante la fase di assimilazione, elaborazione e restituzione. Lucangeli delinea che «Le nozioni si fissano nel cervello insieme alle emozioni: se un bambino impara con curiosità e gioia, la lezione si inciderà nella memoria insieme alla curiosità e alla gioia. Se impara con noia, paura, ansia, si attiverà l’alert: la risposta della mente trasmetterà il messaggio *scappa da qui, perché mi fa male*. Avere in memoria la traccia non solo dell’informazione studiata, ma anche dell’emozione di paura associata al momento dell’apprendimento, genera un vero e proprio cortocircuito: il bambino ritrova quello che ha memorizzato a livello di coscienza, ma anche l’emozione che lo invita a starne lontano»[2]. Poi sottolinea, «Dunque un sistema di apprendimento basato sull’avere paura degli errori, dell’insegnante o della verifica produce un cortocircuito. Tutto quello che il bimbo impara con paura, ansia, angoscia, genera delle memorie che lo tengono in costante allerta»[3].

Oltre alla paura, ci sono altre sensazioni ed emozioni di alert che interferiscono con i circuiti dell’apprendimento, come la vergogna, il senso di colpa, l’ansia, la tristezza, la noia e tutte quelle che sono incentivate dall’educazione odierna competitiva e patriarcale. È per questo che lo sviluppo dell’intelligenza emotiva dovrà essere un tema centrale per educatori e studenti.

Educazione per uomini che verranno

Gli allievi di oggi possono fin da piccoli essere messi nelle condizioni di studiare le leggi che ci governano, nel micro e nel macro, con

1 Daniela Lucangeli, “Cinque lezioni leggere sull’emozione di apprendere”, pag 22.
2 Ibidem, pag 19.
3 Ibidem, pag 20.

la consapevolezza che il loro cuore non è ancora stato inquinato dalla crescita in un ambiente nevrotico, ovvero il mondo moderno. Sassone asserisce, «Se fossi un politico che ha accesso ad un grande potere, la mia attenzione andrebbe proprio sull'insegnamento. Ripeto, l'insegnante deve avere una particolare sensibilità e attenzione, soprattutto con i bambini piccoli, perché è lì che c'è una grande capacità di apprendimento e c'è ancora una pulizia. C'è ancora un contatto con la natura più vera, più autentica. Sono assetati e affamati di conoscenza vera, sarebbero persone veramente pronte a realizzare quello che viene loro dato, se viene dato qualcosa di autentico»[1].

Lo studio in ottica sistemica del nostro funzionamento e delle strategie per allineare i centri che ci costituiscono, incentivando armonia e benessere, dovrebbe essere quindi imprescindibile in ogni scuola, avvalendosi di linguaggi funzionali all'età di riferimento. Così come il lavoro di ricerca interiore, anche attraverso la meditazione, e in età leggermente più adulta quello di studio della propria struttura caratteriale.

Inoltre tutto ciò potrebbe essere integrato all'applicazione pratica delle virtù, qualità e valori di cui abbiamo trattato, come per esempio: amore, compassione, gentilezza, fratellanza, collaborazione, rispetto, felicità, pace, gratitudine, entusiasmo, perdono, bellezza, creatività e libertà. Tutte abilità umane che necessitano solo di essere alimentate dall'età prescolare. Ricard aggiunge, «Tutti i tipi di educazione giocano un ruolo fondamentale: l'educazione a scuola, l'educazione alla vita e all'esperienza di vita. L'idea è quella di farci diventare buoni esseri umani, in modo che possiamo prosperare nell'esistenza e contribuire al benessere della società, questo sarebbe l'ideale. Perciò, l'educazione dovrebbe fondamentalmente includere, coltivare, insegnare e discutere i valori umani fondamentali, e ciò non è affatto una questione religiosa. L'altruismo, l'onestà, la sincerità, l'etica, la benevolenza, la considerazione per gli altri, l'essere equilibrati, l'avere forza d'ani-

1 Estratto dall'intervista per il film Viananda.

mo, il coraggio... Tutte queste qualità sono necessariamente universali e non sono guidate da influenze culturali. [...] Quindi se pensiamo a quello che i genitori vorrebbero vedere nell'educazione dei loro figli, è che diventino brave persone nella società e poi che prosperino nella loro vita»[1]. Dopodiché continua, «Quello che impariamo molto nell'educazione sono un sacco di informazioni, come la storia e la geografia. E poi a risolvere i problemi, come affrontare i quesiti matematici, capire le leggi della fisica. Poi la disciplina, a lavorare sodo e avere successo, essere il primo di tutta la classe. Sicuramente sono strumenti utili, ma questo non ci renderà buoni individui. Dunque, c'è ancora una carenza nell'educazione contemporanea dei valori umani, che fanno di noi una buona persona e che ci permettono di sbocciare nell'esistenza. E questa deve essere colmata in modo puramente secolare, laico, è quello che il Dalai Lama chiama *etica secolare*, ovvero come essere un buon essere umano. Lo stesso afferma per esempio che la compassione è alla base di tutte le grandi religioni, così come l'amore per il prossimo e la regola d'oro "non fare agli altri quello che non vorresti fosse fatto a te". Già se avessimo tutto ciò ovunque, il mondo sarebbe in uno stato migliore. Non possiamo comunque dire che la compassione altruistica e l'altruismo appartengano alle religioni e che la metà dell'umanità che ora si disinteressa alla religione, non abbia nulla a che vedere con l'altruismo e la compassione. [...] Quindi una delle priorità nell'educazione, secondo me e molti altri, è permettere lo sviluppo dei valori umani fondamentali»[2].

Naranjo asserisce, «Se avessimo un proposito educativo consapevole, useremmo l'educazione per lo sviluppo dell'individuo per andare oltre la mentalità tradizionale patriarcale, stabiliremmo un'educazione per superare l'ordine patriarcale nella mente dei bambini, tutto ciò non sarebbe impossibile. Ci porterebbe a poter dire: la nostra la più grande speranza è di avere una massa umana fuggita dalla prigio-

1 Estratto dall'intervista per il film Viananda.
2 Ibidem.

ne della mente patriarcale. L'educazione potrebbe andare in questa direzione. Io mi sono interessato per molti anni all'educazione e propongo che essa sia oggi più importante della religione. [...] Jaspers[1] chiama *età assiale* l'età dei grandi geni religiosi che sono più o meno coincisi in un certa epoca. In questo periodo dell'umanità in cui sorge la religione, c'è stata una parziale nuova nascita dell'umanità. Ma le religioni non hanno riformato il mondo, sono diventate un problema in un certo senso, hanno fallito. Ora potremmo ricorrere all'educazione»[2].

Le tecniche di comprensione, apprendimento, memorizzazione e recupero delle informazioni moderne potrebbero sostenere gli studenti in tutte quelle materie presenti nei programmi scolastici, campi di conoscenza che richiedono di essere aggiornati e comparati in un ottica sistemica che implichi inoltre una visiona ecologica coerente con la vita. Sarebbe forse più funzionale dedicare però meno tempo all'assimilazione di nozioni solo teoriche di cui dimentichiamo troppo, e utilizzare sistemi educativi non invalidanti che prevedano laboratori per imparare ad essere creature più illuminate. Confondiamo il sapere nozionistico dal reale sapere. Oggi è inoltre ben noto come approcci che prevedono la memorizzazione di assurde quantità di nozioni, non portano assolutamente ad una conoscenza approfondita e ad avere una cultura generale migliore[3], anzi. Queste sono consapevolezze già presenti in alcuni metodi alternativi in voga oggi, ma dobbiamo guardare ancora oltre e permettere che i prossimi sistemi educativi di cui parliamo non siano destinati a pochi, ma bensì siano accessibili veramente a tutti.

Gli insegnati, anche delle scuole materne, dovrebbero essere guidati in un profondo lavoro su di sé, per mostrare ai propri studenti virtù che sono proprie di ogni uomo. Sono professionisti che dovrebbero

1 Karl Theodor Jaspers (Oldenburg, 23 febbraio 1883 - Basilea, 26 febbraio 1969) è stato un filosofo e psichiatra tedesco.
2 Estratto dall'intervista per il film Viananda.
3 Per approfondimenti, Riane Eisler, "La vera ricchezza delle nazioni. Creare un'economia di cura".

essere preparati accuratamente, con scuole all'avanguardia. Aggiunge Sassone, «Dovrebbe essere l'insegnante stesso una persona che pratica consapevolezza, se la vuole portare. Ed ecco perché anche l'intelligenza emotiva è quella che manca nella nostra società. Ormai non c'è più l'empatia, perché non viene trasmessa. Non è qualcosa che si impara, solo un insegnante che ha empatia la può trasmettere e risvegliare, e quindi insegnare nella accezione nobile del termine»[1].

Perché non ampliare ed evolvere la nostra idea di cosa sia l'educazione? Perché non aiutare i bambini e i ragazzi a comprendere le proprie qualità, incentivarli a sviluppare i talenti, sostenerli nel delineare la propria mission di vita che prenda in considerazione il manifestarsi nel mondo come umani consapevoli? Potremmo unire la ricerca psicologica, quindi lo studio del nostro ego e dell'ombra, con la ricerca dei valori spirituali trattati, al di fuori di qual si voglia dogma, favorendo così quella connessione con la nostra essenza e col tutto ora imprescindibile per affrontare i drammi del nostro tempo.

Naranjo afferma, «Credo sia importante comprendere che è possibile un'educazione alla saggezza, e che coincide con l'apprendere a stare in pace e con la coltivazione dell'attenzione sottile verso la propria coscienza»[2]. Il contatto con questo spazio interiore permette inizialmente piccoli barlumi di disidentificazione dal proprio ego, il quale è eccessivamente coinvolto nel mal funzionamento dei tre centri che ci costituiscono. La comprensione esperienziale che non siamo i nostri pensieri, emozioni, pulsioni e comportamenti, permette di risvegliarci per qualche istante da un sogno così ben strutturato da sembrare reale. Naranjo lo definisce come il nucleo dell'educazione spirituale, che riguarda il conoscere profondamente la propria natura.

1 Estratto dall'intervista per il film Viananda.
2 Claudio Naranjo, "L'ego patriarcale. Trasformare l'educazione per costruire una società sana", pag 105.

Alfabetizzazione ecologica

L'ecologia è lo studio scientifico delle relazioni tra i vari membri della Terra, ovvero piante, animali e microrganismi, con il loro ambiente naturale. Essendo un argomento fondamentale in innumerevoli discipline, è chiaro che una scienza dell'ecologia richieda la collaborazione integrata di professionisti provenienti da molti ambiti (dalla biologia e geologia, all'economia e architettura, solo per citarne alcuni). Studiare le ripercussioni del comportamento umano verso l'ecosistema[1], trovando ed applicando strategie efficaci per invertire la rotta che ci sta conducendo al collasso, è oggi più che mai necessario. Luisi e Capra asseriscono che «Una delle grandi sfide della nostra epoca è, infatti, costruire e nutrire delle comunità sostenibili e per fa ciò possiamo imparare dagli ecosistemi, poiché essi sono, di fatto, comunità di piante, animali e microrganismi che hanno sostenuto la vita per miliardi di anni»[2]. Una saggezza appartenente alla natura stessa che deve essere appresa ed insegnata.

Capra spiega, «Oggi sta diventando evidente che un'insistenza eccessiva sul metodo scientifico e su un pensiero razionale, analitico, ha condotto ad atteggiamenti che sono profondamente antiecologici. In verità la comprensione degli ecosistemi è ostacolata dalla natura stessa della mente razionale. Il pensiero razionale è lineare, mentre la consapevolezza ecologica sorge da una comprensione intuitiva di sistemi non lineari»[3]. L'equilibrio dinamico degli ecosistemi è fondato su cicli e fluttuazioni che sono infatti fattori non lineari.

Il processo intuitivo e razionale sono due modi di funzionamento della mente, l'intuito è ricollegabile ad una qualità femminile, mentre la razionalità ad una maschile. L'impatto della scienza meccanicistica e del patriarcato ha portato ad un elogio di quest'ultima, la quale però

1 Per ecosistema si intende l'insieme degli organismi viventi e della materia non vivente che interagiscono in un determinato ambiente costituendo un sistema autosufficiente e in equilibrio dinamico.
2 Fritjof Capra e Pier Luigi Luisi, "Vita e natura. Una visione sistemica", pag 541.
3 Fritjof Capra, "Il punto di svolta. Scienza, società e cultura emergente" pag 37.

presenta delle chiare disfunzioni se non bilanciata con la sua proprietà opposta, come accade per ciascun aspetto della realtà. Il pensiero razionale è analitico, frammentato, è utile per discriminare, misurare e categorizzare, è riduzionista. Il pensiero intuitivo non è intellettuale o lineare, è infatti creativo e si basa sull'esperienza diretta della realtà a seguito di una connessione con la nostra coscienza, è integrativo.

Nella nostra società patriarcale attuale quindi, la razionalità è esaltata a discapito dell'intuito, la scienza della spiritualità, la competizione della cooperazione, la punizione del rinforzo positivo, l'aggressività della dolcezza, l'individualismo della cooperazione, lo sfruttamento della conservazione, e così via. In questo tragico scenario l'ecologia non è ancora realmente considerata, si parla infatti di *transizione ecologica* in modo estremamente banale. Le conseguenze sociali, culturali, ambientali, educative, economiche e politiche sono allarmanti.

Sappiamo bene come la Terra sia stata palcoscenico di alcune estinzioni di massa, frutto di cataclismi naturali come glaciazioni, esplosioni vulcaniche ed impatti con asteroidi, che hanno causato un drastico cambiamento dell'ecosistema terrestre con conseguente estinzione di molte specie viventi e sopravvivenza di altre che sono divenute dominanti. L'estinzione di massa a cui ci stiamo affacciando, confermata dai dati di molti centri di ricerca, ha però qualcosa di drammaticamente straordinario: non è causata da imprevedibili eventi naturali, ma piuttosto da un'unica specie animale, gli esseri umani, i quali si sono proclamati padroni indiscussi del pianeta. È qui che l'alfabetizzazione ecologica e la sostenibilità diventano temi fondamentali in qualsiasi ambito di studio, dalle elementari ai contesti universitari dove si formano i leader di domani. È possibile apprendere l'ecologia non solo a livello teorico, ma anche esperienziale con progetti all'interno delle scuole, come già avviene in alcune parti del mondo[1], dove la qualità della comunità e dei singoli si influenzano a vicenda, abbandonando un'ottica individuale in favore di una collettiva.

1 Per approfondimenti, Fritjof Capra e Pier Luigi Luisi, "Vita e natura. Una visione sistemica".

Luisi e Capra raccontano, «Nel Ventunesimo secolo il benessere e perfino la sopravvivenza dell'umanità dipenderà in modo cruciale dalla nostra "alfabetizzazione ecologica", ossia la nostra capacità di comprendere i principi di base dell'ecologia, o i principi della sostenibilità, e di vivere in accordo con essi»[1]. Questa materia deve assolutamente diventare centrale in tutti i contesti, educativi, politici, istituzionali, economici, aziendali, artistici, religiosi, etc. Si potrebbero così coltivare, in particolare negli uomini che verranno, valori di fondamentale importanza, quindi dall'età prescolare fino all'ambito universitario ogni percorso di studio dovrebbe includere l'ecologia correlata al proprio campo di competenza.

Nel contesto accademico odierno è raro ritrovare questa tematica-propria della dimensione spirituale, non solo per una palese assenza di un accurato insegnamento al pensiero sistemico, fondamentale per comprendere l'interconnessione e l'interdipendenza di qualsiasi problema che è sistemico per sua natura, ma anche per una formazione universitaria che perseguita soprattutto l'intento di preparare professionisti al mercato del lavoro e non alla vita nel suo senso più ampio, trascurando così qualsiasi valore e virtù.

Luisi e Capra affermano che «Includere la dimensione spirituale nell'istruzione è ancora più difficile che perseguire un approccio sistemico, a causa della grande confusione che esiste fra spiritualità e religione. Quindi, la maggior parte dei nostri laureati - coloro che un giorno saranno ai posti di comando della società - sono privati dell'esperienza stimolante del dialogo interdisciplinare; e gran parte dei nostri futuri scienziati non possono così considerare il valore dell'etica, dell'arte, della musica, della poesia e dell'introspezione. Di conseguenza rischiamo di formare separatamente, in vari campi, dei leader, che non si conoscono e che non sono sensibili ai valori dello spirito umano»[2]. Ciò si palesa in particolare oggi, ci scontriamo

1 Fritjof Capra e Pier Luigi Luisi, "Vita e natura. Una visione sistemica", pag 457.
2 Ibidem, pag 458.

costantemente in possibili soluzioni che non trovano poi applicazione anche al di fuori del proprio ambito di ricerca, pecchiamo in una visione olistica della vita.

I leader di domani, che fortunatamente sostituiranno prima o poi quelli attuali che mostrano una povertà spirituale preoccupante, devono essere educati in tutto ciò per non incorrere in quella che potrebbe essere la fine di buona parte della nostra specie. Abbiamo conoscenze, tecnologie e strategie per invertire la rotta, ma nonostante questa sia una consapevolezza oramai più che diffusa, sembra non ci sia la volontà politica di innumerevoli uomini di potere di applicarle. Desidero sottolineare come una rivoluzione ecologica debba riguardare tutti i contesti educativi, per avere così scuole, istituzioni, imprese, città e comunità sane, felici e sostenibili.

L'approccio sistemico e multidisciplinare

Un'integrazione dei valori spirituali nella scuola, e quindi di quelle virtù e qualità oggi indispensabili, richiede il superamento di un approccio riduzionistico radicato fino a livello accademico. La scienza meccanicista si è sostituita secoli fa alla chiesa come fonte di conoscenza per indagare i misteri del funzionamento di tutto ciò che possiamo osservare. Purtroppo ha anche alimentato una carenza spirituale e una rigidità mentale, nel ben noto delirio percettivo di possedere la verità e le chiavi della comprensione di ciò che definiamo come *realtà*, rendendo i vecchi adepti indottrinati e intolleranti. Una nuova generazione di scienziati sempre più consapevoli, propongono però nuove visioni appassionanti.

Luisi e Capra affermano, «Nella scienza cartesiana si credeva che le descrizioni scientifiche fossero oggettive, cioè indipendenti dall'osservatore umano e dal processo di conoscenza. La scienza dei sistemi, al contrario, mostra che l'epistemologia - l'indagine intorno al processo di conoscenza - debba essere inclusa esplicitamente nella descrizione dei fenomeni naturali»[1]. Grazie alle scoperte della fisica quantistica, abbiamo compreso come la dimensione soggettiva giochi un ruolo centrale nell'indagine scientifica. L'idea di una scienza obiettiva non ha attendibilità nel momento in cui si studiano i fenomeni atomici. Questa consapevolezza non implica il dover rinunciare a quel rigore che ha permesso alla scienza il suo meraviglioso sviluppo fino ai giorni nostri, ovvero quel processo di convalida intersoggettiva a seguito del confronto con la comunità scientifica.

Poi aggiungono, «Dato che tutti i fenomeni naturali sono in ultima istanza interconnessi, per poter spiegarne uno dovremmo comprendere tutti gli altri, il che è ovviamente impossibile. Ciò che rende possibile trasformare l'approccio sistemico in una scienza vera e propria è la scoperta che la conoscenza è approssimativa. Questa intuizione è cruciale per tutta la scienza contemporanea. Il paradigma meccanicista è basato sull'idea cartesiana della certezza della conoscenza scientifica. Nel paradigma sistemico si riconosce che tutti i concetti e le teorie scientifiche sono limitati e approssimativi. La scienza non potrà mai portare a una comprensione completa e definitiva»[2]. La natura approssimativa quindi della conoscenza scientifica è estremamente chiara a molti ricercatori moderni, è possibile comunque migliorare queste approssimazioni strutturando modelli e teorie sempre più efficaci per delineare l'infinita rete di fenomeni correlati.

Tutto ciò ha un impatto incredibile per una nuova educazione, queste consapevolezze comuni stanno spingendo sempre più università a voler uscire dall'approccio riduzionista e meccanicista, permettendo un'ulteriore evoluzione esponenziale della scienza stessa e della conoscenza. Luisi racconta, «C'è un problema fondamentale nell'educazione moderna dei giovani, nell'educazione classica di tipo universitario, quasi un paradosso che è il seguente: l'istruzione universitaria

1 Fritjof Capra e Pier Luigi Luisi, "Vita e natura. Una visione sistemica", pag 135.
2 Ibidem, pag 136.

classica è adibita alla produzione di specialisti in solo una disciplina (biologia molecolare, architettura edile, astronomia, etc). La specializzazione è importante, perché è importante avere dei medici che sanno dov'è il fegato o i reni, degli ingegneri che costruiscono case e ponti. Però con una specializzazione alla volta non si risolvono i problemi di oggi. Il paradosso è che per risolvere i problemi attuali serve un'istruzione di tipo interdisciplinare sistemico, [...] dove i futuri dirigenti di domani [...] vengono mescolati con scienziati carismatici, con leader spirituali, con artisti e musicisti, non allo scopo che devono imparare tutto, ovviamente sarebbe assurdo, ma allo scopo di imparare che tante cose esistono. C'è la scienza e gli altri aspetti della vita e non c'è solo una specialità scientifica. Devono imparare con un'operazione della mente ad accettare e rispettare tutte le altre cose che esistono»[1].

La scienza meccanicista occidentale è stata un mezzo meraviglioso di lettura della realtà, ci ha aiutato a migliorare sostanzialmente la qualità e durata della nostra vita. Tuttavia come ogni codice creato dalla mente umana, tende ad escludere gli altri, quindi altre interpretazioni delle leggi che governano la vita. La visione sistemica può essere il naturale sviluppo della scienza meccanicista, Luisi ricorda, «Per prima cosa è importante questo tipo di insegnamento alternativo a quello della specializzazione unimodale. Questo non viene fatto nelle università e molte, anche tra le più importanti, sono in crisi e dichiarano apertamente "non sappiamo più cosa insegnare". Nel senso che i giovani che vengono fuori sono poi inadatti a confrontarsi con i problemi del mondo di oggi. Per esempio quelli dell'innalzamento della temperatura o del livello dell'acqua, dell'inquinamento, etc. Sono tutti problemi sistemici che abbisognano di una mentalità sistemica che nessuno ha insegnato loro»[2].

Attraverso il confronto interdisciplinare tra medici, psicologi, bio-

1 Estratto dall'intervista per il film Viananda.
2 Ibidem.

logi, fisici, matematici, ecologi, filosofi, artisti e altri studiosi della realtà, ogni sistema vivente può essere indagato come un insieme integrato comprensibile solo esaminando le proprietà dell'intero, una rete che chiede di essere osservata nella sua totalità. In tal modo i leader di domani avranno una approccio olistico ai problemi collettivi e alle loro possibili soluzioni, sensibili alle virtù, valori e qualità di cui abbiamo trattato. In questo possibile processo di cambiamento del paradigma educativo, ciò che di buono è già stato attuato e sperimentato va ovviamente mantenuto.

Pensiero Critico

Uno dei pilastri negli studi di Chomsky è l'importanza di incentivare lo sviluppo del pensiero critico[1] ed indipendente nei ragazzi. Secondo lo stesso, le scuole sono istituzioni che favoriscono l'indottrinamento, utili per imporre l'obbedienza e per contenere la possibilità di un pensiero indipendente, attraverso strategie fondamentali nel sistema di controllo e coercizione in cui siamo inseriti. Tutto ciò viene perpetuato poiché «Una volta che hai ricevuto una buona istruzione, sei già integrato in una struttura di potere, la quale, a sua volta, ti ricompensa generosamente»[2]. Attraverso ciò che definiamo come *istruzione*, impariamo quindi che per avere successo nella vita è necessario servire gli interessi del sistema dottrinale.

Il pensiero critico riguarda determinate abilità che vanno insegnate agli allievi nell'ambito scolastico, ed ovviamente prima agli educatori. Nel momento in cui ci affacciamo a una qual si voglia teoria ed informazione, non possiamo limitarci all'assorbimento passivo e alla mera comprensione mentale di ciò che viene suggerito. Sarebbe auspicabile evitare di abbracciare come veritiere idee che spesso an-

1 Per approfondimenti, Noam Chomsky, "Dis-Educazione. Perché la scuola ha bisogno del pensiero critico".
2 Noam Chomsky, "Dis-Educazione. Perché la scuola ha bisogno del pensiero critico", pag 24.

che chi le proclama non ha poi così messo in discussione, ascoltando un'autorevole controparte. Imparando l'arte di un dialogo saggio e libero da sovrastrutture, si potrebbe delineare una personale opinione equilibrata e non frutto di drammatiche polarizzazioni. Gli studenti purtroppo apprendono ingurgitando informazioni e verità ufficiali, e non attraverso la scoperta della verità che stimolerebbe senz'altro il loro desiderio di conoscenza. Ciò avrebbe delle ripercussioni fondamentali non solo nel contesto educativo, ma anche sociale, per imparare, come vedremo, a filtrare le informazioni dei mezzi di comunicazione.

È opportuno inoltre considerare che idealizzare alcune persone porta a ritenere vero ciò che asseriscono, senza incentivare una personale e attenta ricerca. Chiaramente non possiamo, nell'arco di una sola vita, approfondire ogni argomento ed avere delle conoscenze così tecniche e specifiche da poter strutturare delle opinioni su tutto. Ma è anche palese che sposare delle idee solo a seguito dell'innamoramento a determinati individui, sia estremamente castrante nella scoperta delle proprie verità. Un bravo insegnate dovrebbe quindi cercare in tutti i modi, attraverso lo sviluppo del pensiero critico e dell'ascolto di sé, di suggerire ai propri allievi di non idealizzarlo, poiché altrimenti potrebbe indottrinare e imprigionare il loro pensiero e non li educherebbe invece all'indipendenza psichica ed emotiva fondamentale poi da adulti, per società meno manipolabili e più democratiche.

Per imparare cosa sia una reale democrazia, il modo migliore sarebbe passare attraverso l'esperienza, acquisendo strumenti critici e occhiali con cui osservare i problemi attuali. La scuola dovrebbe essere il laboratorio pratico per gli studenti, dove tutti gli allievi potrebbero essere così sollecitati a partecipare a decisioni riguardo le loro vite. Gli adulti di domani imparerebbero pertanto tutto ciò già a scuola e, attraverso un allenamento delle virtù, diventerebbero cittadini più consapevoli e attenti alla comunità.

Educazione ai tre amori

«Il padre, la madre e il bambino dentro di noi devono essere capaci di abbracciarsi ed amarsi reciprocamente. Queste tre parti si amano con tre diverse tipologie d'amore: l'amore istintivo è un amore che segue il piacere; l'amore paterno è un amore ammirativo, un amore che valorizza e crea valore, guarda in alto, guarda il cielo; l'amore materno è quello che guarda in basso, guarda dove c'è bisogno. Sono diverse energie, l'amore materno è compassione, l'amore paterno è devozione e l'amore filiale è qualcosa connesso alla libertà dei bambini»[1]. Naranjo spiega che necessitiamo di un'educazione orientata alle tre forme dell'amore e alla saggezza del distacco. Riprendendo la metafora della famiglia interiore e del nostro essere tricerebrati, definisce *eros* l'amore della parte istintuale, del figlio che vive in noi e che va alla ricerca di spontaneità, libertà, piacere, felicità e di una manifestazione sana delle nostre pulsioni. Associa poi *agape* alla madre interiore, collegata all'empatia, alla compassione e al desiderio di agire per il bene del prossimo. Infine *filia,* ovvero l'amore ammirativo e devozionale del padre, che riconosce e dà valore e rispetto al prossimo, al divino, alle virtù e agli ideali. Tre differenti forme d'amore che chiedono di essere integrate e sviluppate, con la consapevolezza che disponiamo potenzialmente di una fonte inesauribile di questa energia, che reclama di essere riconosciuta e manifestata verso di noi, il prossimo e tutto ciò che ci circonda.
Naranjo poi domanda, «Allora come possiamo arrivare ad una società in cui le persone abbiano la possibilità di andare verso la loro totale integrazione, unità, pienezza, per essere persone totali e non persone divise interiormente? Come possiamo arrivare ad un mondo in cui non solo gli individui si uniscano interiormente, ma anche dove la società stessa è in armonia? Apparentemente non si può iniziare da nessuna parte, tutto sembra impossibile perché tutto è collegato, una

1 Estratto dall'intervista per il film Viananda.

cosa all'altra. Ma credo che il punto chiave sia l'educazione»[1].

Il sostegno psicoterapeutico, attraverso dei laboratori, è fondamentale per guarire innanzitutto negli educatori quelle ferite subite durante la crescita, legate alla mancanza d'amore o all'aver ricevuto forme nevrotiche dello stesso. La tristezza e la rabbia riconosciute possono lasciare spazio al perdono, nei confronti dei genitori e del sistema familiare, permettendoci di sanare le nostre radici e di sbocciare per una nuova primavera. Attraverso tutto ciò, gli insegnanti possono essere un modello funzionale per la crescita dei bambini e per la comprensione di tutti i centri che ci costituiscono.

Non c'è nulla di più importante che trasformare l'educazione patriarcale attuale in un'educazione per il pieno sviluppo della nostra condizione tricerebrata, mettendola non al servizio del mercato del lavoro e del folle sistema economico che abbiamo strutturato. Altrimenti la scarsa saggezza e consapevolezza di noi umani sarà sempre la diretta conseguenza del misero sviluppo interiore a cui siamo incentivati fin da piccoli. Naranjo spiega, «Dovrà essere un'educazione che meglio si avvicini alle proposte di Pestalozzi[2], Freinet[3], Dewey[4], Neill[5], Montessori[6], Steiner[7] e altri come Whitehead[8], i quali hanno sentito che il vero tema dell'educazione è la vita, e che tra i suoi fini devono essere privilegiati l'emancipazione e lo sviluppo dell'amore, non soltanto per il prossimo, ma anche per se stessi, per la verità e i

1 Estratto dall'intervista per il film Viananda.

2 Johann Heinrich Pestalozzi (Zurigo, 12 gennaio 1746 - Brugg, 17 febbraio 1827) è stato un pedagogista e filosofo svizzero.

3 Célestin Baptistin Freinet (Gars, 15 ottobre 1896 - Saint-Paul-de-Vence, 8 ottobre 1966) è stato un pedagogista e educatore francese.

4 John Dewey (Burlington, 20 ottobre 1859 - New York, 1 giugno 1952) è stato un filosofo e pedagogista statunitense.

5 Alexander Sutherland Neill (Forfar, 17 ottobre 1883 - Leiston, 23 settembre 1973) è stato un pedagogista scozzese.

6 Maria Tecla Artemisia Montessori, nota come Maria Montessori (Chiaravalle, 31 agosto 1870 - Noordwijk, 6 maggio 1952) è stata un'educatrice, pedagogista, filosofa, neuropsichiatra infantile e scienziata italiana.

7 Rudolf Joseph Lorenz Steiner (Kraljevic, 27 febbraio 1861 - Dornach, 30 marzo 1925) è stato un esoterista e teosofo austriaco.

8 Alfred North Whitehead (Ramsgate, 15 febbraio 1861 - Cambridge, 30 dicembre 1947) è stato un filosofo e matematico britannico.

valori ideali»[1]. Poi continua, «Ma non si tratta solo di importare elementi della psicoterapia nella scuola, è necessario ricreare la dimensione terapeutica come un percorso di autoconoscenza e un programma di recupero della spontaneità che incarnino gli aspetti apollinei e dionisiaci della vita interiore. Allo stesso modo l'aspetto contemplativo deve essere in grado di insegnare alla gente a vivere il presente e a coltivare la quiete mentale, perché siano fattori di salute psichica e porte verso la vita dello spirito e non pratiche ripetitive vuote, insegnate da persone senza l'esperienza e la comprensione necessaria»[2].

C'è un dato interessante, è statisticamente dimostrato come le competenze alfabetiche, matematiche e di cultura generale nelle scuole superiori siano migliori in chi sta investendo in sistemi educativi innovativi[3]. Come afferma Eisler, il cuore di questo cambiamento è l'attenzione individuale e la cura nei confronti dei bambini, lo sviluppo anticipato dell'autoapprendimento, il sostegno degli studenti più grandi verso i più piccoli, la possibilità di perseguire i propri interessi e passioni a scuola, dove gli insegnanti svolgono il ruolo di facilitatori piuttosto che controllori.

Facciamo in modo che i nostri figli e nipoti siano umani migliori rispetto a noi. Cerchiamo di metterli nelle condizioni di poter essere adulti consapevoli, la scuola dovrebbe essere al servizio di questo prezioso compito. I bambini di domani saranno il motore del cambiamento futuro. Giovani creature sempre più sagge e meno soggette ad ambienti familiari, scolastici e sociali inquinanti, educate allo studio di sé, al risveglio, alla ricerca interiore e alle virtù, saranno il ponte per un mondo nuovo.

Credo che il cambiamento che stiamo delineando in questo libro possa essere messo in atto in particolare modo da due elementi del nostro tessuto sociale. Dalle donne, poiché c'è la necessita che affermino sempre più quelle qualità e quei valori femminili urgenti al mondo

1 Claudio Naranjo, "L'ego patriarcale. Trasformare l'educazione per costruire una società sana", pag 131.
2 Ibidem, pag 131.
3 Per approfondimenti, Riane Eisler, "La vera ricchezza delle nazioni. Creare un'economia di cura".

contemporaneo per un nuovo equilibrio, e dai giovani. È chiaro che quest'ultimi debbano reclamare più fermamente ed animatamente il loro spazio all'interno dei contesti politici ed economici, per facilitare quanto prima il superamento di quelle logiche anacronistiche dei leader attuali, perché sono basate su modelli e schemi di pensiero chiaramente non funzionali. Tutto ciò non equivale ad un processo di distruzione totale della condizione attuale, piuttosto è il frutto di un fenomeno d'integrazione, tra patriarcato, matriarcato[1] e filiarcato[2], tra i membri della nostra famiglia interiore, tra i nostri tre cervelli, tra i tre centri che ci costituiscono, tra saggezza ed esperienza antica e conoscenze e consapevolezze moderne.

1 Il matriarcato indica un'organizzazione sociale intesa secondo modelli teorici diversi nel tempo. Eisler utilizza questo termine rifacendosi al concetto di una struttura sociale basata sul predominio assoluto della donna sul gruppo. Naranjo invece come una struttura sociale dove regnano alcune qualità femminili come cooperazione, collaborazione e cura, tipiche di diverse società antiche, senza alcune forma di dominio di alcuni su altri. Sottolineo quindi che i due ricercatori usano il suddetto vocabolo con sfumature differenti, tuttavia il pensiero dei due ricercatori è estremamente coerente se si considera il diverso significato che viene dato al suddetto vocabolo. Eisler nel suo libro "Il calice e la spada. La civiltà della grande Dea dal Neolitico ad oggi", dichiara infatti come queste società antiche non possano essere definite matriarcali, poiché non mostrano nella loro organizzazione sociale alcun paradigma dominatore (come invece accadrebbe nel patriarcato o nel matriarcato). Le considera invece società mutuali, in cui nessuna delle due metà dell'umanità domina l'altra.

2 Per filiarcato verrà inteso in questo libro un ordine anarchico, una forma di auto-governo dell'individuo.

ECONOMIA DI CURA

Se dovessimo pensare a quale sia la caratteristica attuale dell'umanità, Sassone chiarisce, «La prima parola che viene spontanea è il periodo dell'ignoranza»[1]. Per ignoranza possiamo intendere la capacità di ignorare ciò che è vero, a livello umano, scientifico, psicologico e spirituale, e questo è così evidente da non potersi più ignorare, «È come se si scoperchiassero i tombini di una grande foglia e tutto il liquame venisse a galla»[2]. Un'ulteriore sfumatura di questa fase che stiamo vivendo, è l'assuefazione all'ignoranza che, come afferma, è ancora più grave. Per molti c'è la capacità di osservare la follia collettiva e di assorbire le notizie più tremende come se fossero normali. «Eppure tutto questo non scalfisce minimamente la consapevolezza delle persone. Quanto più c'è questa emergenza di oscurità ed ignoranza, quanto più molte persone rimangono ancora più aggrappate al tentativo di difendere la loro inconsapevolezza»[3], con l'illusione che la felicità sia direttamente proporzionale alla capacità di avere più beni possibili. Naranjo aggiunge che «L'epoca in cui siamo, non è semplicemente un'epoca di ignoranza, ma c'è una volontà di ignoranza, c'è un governare con lo scopo di tenere la verità all'oscuro. La

1 Estratto dall'intervista per il film Viananda.
2 Ibidem.
3 Ibidem.

politica è sempre stata legata all'inganno, non solo allo sfruttamento, e lo sfruttamento si ottiene con le bugie»[1].

I temi di questo capitolo inevitabilmente si mescoleranno col prossimo, Luisi ricorda infatti, «La visione sistemica non riguarda soltanto le parti fisiche ma ovviamente ha che fare anche con discorsi di tipo filosofico. La struttura economica e politica di una nazione sono chiaramente due cose connesse l'una con l'altra»[2].

La schiavitù del lavoro

Naranjo asserisce, «C'è molta gente schiava nel mondo, possiamo dire che la maggior parte della gente vive in qualcosa a volte anche peggiore della schiavitù dell'antichità. La schiavitù del lavoro, di chi deve guadagnarsi la vita come se la vita non fosse sua, come se la vita non ci fosse stata data per la "gran vita". È il mercato che comanda sulla vita, opprimendo le persone in una maniera che gli sembra ragionevole»[3].

Abbiamo approfondito come il paradigma della fisica newtoniana come scienza esatta, è diventata a fine Seicento il modello alla quale qualsiasi altra scienza doveva ambire per conseguire una validità scientifica. Ciò ha avuto un impatto incredibilmente disfunzionale in particolare nelle scienze sociali, come la sociologia, antropologia, economia e politica. Ambiti di studio che, insieme alla psicologia, tutt'oggi vengono considerate da alcuni come poco scientifiche, ma in realtà non possono realmente essere comprese secondo i principi della scienza meccanicistica. La componente soggettiva è ovviamente determinante ed è bizzarro notare come i molti che aderiscono ancora solo a questo vecchio paradigma della scienza, criticando qualsiasi altro metodo di osservazione, non prendano in considerazione, o non

1 Estratto dall'intervista per il film Viananda.
2 Ibidem.
3 Ibidem.

conoscano, le implicazioni delle ultime scoperte della fisica quantistica.

Anche la scienza economica fu quindi influenzata fin dal principio dalle idee e dai metodi di Newton e Cartesio e dal sistema patriarcale in cui era inserita, creando modelli che sono da un lato totalmente irrealistici, dall'altro privi di virtù fondamentali. Non considerare l'economia, così come l'impresa, un sistema vivente a tutti gli effetti costituito da esseri umani in costante relazione tra loro, gli altri e il pianeta, ha portato questo campo di studi ad essere non solo poco consapevole, ma anche pericoloso e dannoso. Trattare i vari aspetti delle scienze sociali come separati, con un approccio frammentario, permette raramente ai vari studiosi di avere un quadro complessivo utile per affrontare i drammi contemporanei, come è evidente dai discorsi di molti politici ed economisti.

Siamo nati e cresciuti in una società dove l'economia ha acquisito così tanto potere da indurci a spostare la bussola della nostra attenzione da ciò che realmente conta, noi stessi. Consumiamo sempre di più nell'illusione di un beneficio in termini di felicità futura e viviamo spesso la frustrazione di non poter avere ciò che ci hanno indotto a desiderare. Una vita nello spreco e nell'accumulo di oggetti inutili volutamente usa e getta, per un brivido sempre più fugace di presunta gioia percepita nel momento dell'acquisto.

Osservando anche i disastri ambientali che stiamo affrontando, è veramente necessario incentivare il valore della sobrietà, che non ha nulla a che vedere con la povertà, piuttosto si riferisce alla capacità di possedere ciò che è realmente indispensabile. Ricard illustra, «Una delle cause del cambiamento climatico o di questo consumismo completamente sfrenato, è il fatto che non sappiamo essere soddisfatti di ciò che è sufficiente. Non arriviamo alla semplicità felice, vogliamo sempre di più: quando abbiamo uno vogliamo due, poi quattro, etc»[1]. Per poter acquistare sempre più beni possibili, abbiamo bisogno di ac-

1 Estratto dall'intervista per il film Viananda..

cumulare continuamente ulteriore denaro, scordandoci di un piccolo fondamentale dettaglio. Il denaro non è solo l'insieme di quei pezzi di carta nel portafogli o quella sequenza numerica all'interno del nostro conto corrente, è anche il tempo che abbiamo investito nella nostra attività lavorativa. Prezioso tempo utilizzato per comprare beni non di prima necessità. In questo vortice del consumo perdiamo di vista la nostra stessa libertà e quella forza ed energia che potremmo investire per le proprie passioni, per gli affetti, per la ricerca, per riscoprirci, per la felicità, per amare.

Sassone afferma, «C'è un aumento sempre maggiore del tentativo di avere, ma c'è un problema a monte. Questo meccanismo di assuefazione, legato alla spinta al consumo come valore, è pilotato e questo lo voglio dire chiaramente. C'è una vera strategia per cercare di aumentare la necessità del consumo e ciò non è soltanto a mio avviso frutto di una strategia per muovere l'economia e fare l'interesse di molte multinazionali, ma c'è anche il tentativo di offuscare la consapevolezza delle persone attraverso questa illusione»[1]. La pubblicità è il mezzo per incentivare un consumo eccessivo senza senso di beni assolutamente futili, creando così uno spreco impressionante. La conseguenza di questa dinamica, alimentata dai nostri discutibili valori culturali attuali e dal nostro sistema economico, è il peggioramento della qualità della nostra vita con cibo scadente, aria inquinata, rifiuti nei nostri mari e negli habitat naturali e città non adatte agli esseri umani, solo per citarne alcune sfumature. Perlopiù sprechiamo il dono più prezioso che ci è stato dato, la vita, nell'accumulo di denaro per comprare sempre più cose, per raggiungere standard imposti a mio avviso disgustosi.

Il consumismo è il mezzo con cui l'economia promuove gli interessi di pochi individui, banche, lobby e governi che detengono il potere mondiale. I bambini fin da piccoli vengono allevati, grazie ai media e a campagne di marketing mirate, nel credere che possedere sempre

1 Estratto dall'intervista per il film Viananda.

più cose possa renderli felici, diventando poi adulti schiavi del consumo. La psicologia, la sociologia e vari studi sulla comunicazione sono usate per manipolare malignamente le menti. Ci scordiamo tuttavia che la felicità è una abilità e, come tutte le abilità, richiede specifiche competenze, non l'accumulo di averi e il raggiungimento di status quo che non fanno altro che alimentare l'immagine illusoria che abbiamo di noi stessi.

Come anticipato, durante e dopo l'acquisto di beni materiali, gli individui sperimentano la soddisfazione di un bisogno illusorio che si manifesta con un sussulto di entusiasmo. Dopo pochi istanti, questo sentire piacevole scompare e lascia spazio al solito vuoto che siamo abituati a sperimentare. Incominciamo così a desiderare qualcos'altro che possa indurci a provare per pochi attimi nuovamente tutto ciò, una felicità così fugace che dovrebbe farci comprendere come ci siano strategie ben più efficaci per coltivarla veramente.

Luisi e Capra delineano come «Questa glorificazioni del consumo materiale ha radici ideologiche profonde che vanno al di là dell'economia e della politica. Le sue origini sembrano risiedere nella comune associazione, all'interno delle culture patriarcali, tra virilità e possesso materiale»[1]. Naranjo aggiunge, «Propongo di riconoscere nell'organizzazione patriarcale della mente e della società la radice comune della mentalità industriale, del capitalismo, dello sfruttamento, dell'alienazione, dell'incapacità di mantenere la pace, della spoliazione della Terra e di tanti mali che stiamo subendo»[2]. Lo stesso spiega come in questa "crisi dell'amore" verso noi stessi, il prossimo e la vita stessa, possiamo trovare il nucleo dei mali dell'umanità.

Molti invecchiano schiavi del lavoro, nella fatica di estinguere mutui e debiti. La nostra vita sfugge così dalle mani e viene violentata dal sistema economico attuale, il tempo e l'esistenza stessa sono in balia delle leggi del mercato. Cosa accadrà quando anche quelle na-

1 Fritjof Capra e Pier Luigi Luisi, "Vita e natura. Una visione sistemica", pag 592.
2 Claudio Naranjo, "L'ego patriarcale. Trasformare l'educazione per costruire una società sana", pag 138.

zioni in via di sviluppo perseguiranno sempre più il modello consumistico occidentale ritenendolo desiderabile? Quando potranno avere una macchina per ogni membro familiare o gli elettrodomestici di cui disponiamo? Quando potranno avere anche loro capitale sufficiente per acquistare vestiti usa e getta? Quando vorranno l'ultimo dispositivo elettronico tanto ambito? Il consumo e lo sperpero degli occidentali non sono sostenibili di per sé, figuriamoci se proiettato su scala mondiale.

Viviamo un'era in cui iniziamo veramente a comprendere come buona parte di ciò che abbiamo costruito e che chiamiamo *progresso*, ci stia distruggendo. Da un punto di vista tecnologico, lo sviluppo informatico ha portato a nuovi connotati del paradigma economico attuale, Luisi e Capra spiegano, «Il risultato finale di tutte queste innovazioni tecnologiche e finanziarie è stata la trasformazione dell'economia globale in un casinò gigante che funziona elettronicamente»[1]. L'economia della globalizzazione, frutto dello sviluppo informatico, non presenta alcun controllo etico e nessuna delle virtù di cui abbiamo discusso, alimentando disuguaglianza e l'incredibile divario in costante crescita tra ricchi e poveri, in una logica di dominio e di accumulo di ricchezza, sottraendola al prossimo e non creandola.

Ricard racconta, «È stato spesso detto da alcuni dei fondatori dell'economia moderna, come da un economista molto noto chiamato Francis Edgeworth[2], che non c'è spazio per l'altruismo nel sistema economico e che è davvero una questione di "ogni uomo per se stesso". E dunque la mano invisibile di Adam Smith[3]: se ognuno bada ai propri interessi, un equilibrio si crea spontaneamente e gli interessi di tutti saranno soddisfatti. Purtroppo non funziona, perché se la mano invisibile[4] di Adam Smith è la mano di un egoista cieco, siamo partiti

1 Fritjof Capra e Pier Luigi Luisi, "Vita e natura. Una visione sistemica", pag 600.

2 Francis Ysidro Edgeworth (Edgeworthstown, 8 febbraio 1845 - Oxford, 13 febbraio 1926) è stato un matematico ed economista britannico.

3 Adam Smith (Kirkcaldy, 5 giugno 1723 - Edimburgo, 17 luglio 1790) è stato un economista scozzese.

4 Smith, attraverso la metafora della mano invisibile, alludeva al fatto che il libero mercato fosse regolato da una sorta di Provvidenza che guidava l'interesse di imprenditori, produttori, consumatori e della società in generale

male. E la prova ne è il deragliamento dei sistemi economici verso un'economia dove alla fine venti, trenta, cinquanta persone nel mondo possiedono tanto quanto il quarto più povero dell'umanità. Questo dimostra che abbiamo un sistema totalmente malsano»[1].

La storia attuale e del secolo scorso racconta come la casta di super ricchi che è venuta a crearsi detenga una forza economica così immane, da avere un potere incredibile nelle scelte politiche, sovvenzionando campagne elettorali e soddisfacendo gli avidi interessi di pessimi politici e partiti. I drammi odierni che richiedono di essere affrontati quanto prima, come la distruzione dell'ambiente, l'esaurimento delle risorse e il cambiamento climatico, non vengono presi in considerazione attentamente dai governi poiché spesso vanno proprio contro gli interessi economici di quei pochi che detengono realmente il potere. Ciò che mi lascia ancora più allibito è che tutto ciò è ormai un fatto noto a molti, poiché testimoniato da innumerevoli scandali passati, ma allo stesso tempo viene considerato come la normalità delle politiche attuali in Italia e in molti altri stati. In questa percezione di ordinarietà, il popolo ha completamente perso qualsiasi sensazione di aver realmente una forza decisionale in merito alle scelte governative. Di poter quindi allontanare dalla scena politica la mediocrità dei leader attuali, lasciando spazio a nuovi uomini più consapevoli.

Da dove partire quindi per questa trasformazione? Come sempre da noi stessi, quando ciascuno di noi lavorerà veramente per un profondo lavoro di trasformazione interiore, imparando a manifestarsi nella propria bellezza, ciò si rifletterà inevitabilmente anche all'interno della classe dirigenziale.

verso un miglioramento della condizione di tutti, portando al cosiddetto equilibrio economico generale. Questa alquanto discutibile teoria, paradossalmente sta alla base dell'economia contemporanea.

1 Estratto dall'intervista per il film Viananda.

Mancanza di cura e scarsità artificiali

«Questa economia di *Homo Economicus* dovrebbe essere basata sulla ragione, la quale gli permette di massimizzare i suoi interessi e le sue preferenze, che sono fisse. Questo è quello che vi dice l'economia, ma se parlate con un neuroscienziato come il mio amico Wolf Singer[1], vi dirà che le preferenze fisse non esistono. Noi siamo costantemente spinti dalle nostre emozioni. C'è uno studio nell'ambito delle neuroscienze che ha dimostrato che quando gli investitori fanno un investimento rischioso, non sono assolutamente le aree cognitive del cervello che si attivano, ma le aree estremamente emotive. Dunque, non è la voce della ragione che ci guida. E se la voce della ragione è solo la voce dell'egoismo, allora siamo ad un punto morto»[2]. Ricard spiega come il paradigma economico non possa basarsi solo sulla ragione, poiché anche le nostre emozioni giocano un ruolo fondamentale. Utilizzare modelli e teorie che non mettono al centro il prendersi cura di sé, degli altri e del pianeta e che alimentano l'egoismo, ci sta conducendo al disastro collettivo che stiamo osservando. Secondo Eisler, «Il comune denominatore dei nostri crescenti problemi personali, sociali ed ambientali è la mancanza di cura. Accanto alla necessità di un sistema economico che ci traghetti oltre il comunismo, il capitalismo e altri vecchi "ismi", servono modelli, regole e politiche che favoriscano la cura di sé, degli altri e della nostra Madre Terra»[3].

Ricard continua, «Il mio amico Dennis Snower[4], che è stato a capo dell'istituto di economia di Kiel ed è stato consigliere del G20 sui problemi economici, ha affermato che ci sono due cose dell'economia che la ragione da sola non può risolvere. La prima è la povertà all'interno della ricchezza, l'interesse egoistico non ha motivo di aumentare il prezzo delle t-shirt per i lavoratori del Bangladesh, la ragione

1 Wolf Joachim Singer (Monaco di Baviera, 9 marzo 1943) è un neurobiologo tedesco.
2 Estratto dall'intervista per il film Viananda.
3 Riane Eisler, "La vera ricchezza delle nazioni. Creare un'economia di cura", pag 25.
4 Dennis J. Snower (Vienna, 14 ottobre 1950) è un economista tedesco-americano.

pura consiste nel massimizzare i propri interessi. Infatti la povertà all'interno della ricchezza è una disuguaglianza chiara che è aumentata in tutti i paesi dell'OCSE[1] da 30 anni. La seconda cosa che la voce della ragione da sola non può gestire, sono quelli che chiamiamo *beni comuni*, ovvero non solo i giardini nelle città, ma la qualità dell'aria, degli oceani, l'ambiente, la democrazia, la scienza, la conoscenza. Tuttavia per essere in grado di promuovere questi beni comuni, dobbiamo uscire dalla massimizzazione dei nostri interessi immediati ed egoistici, poiché altrimenti preoccuparmi del destino delle generazioni future non è nel mio interesse immediato. Quindi Dennis Snower parla della via della cura, ovvero la via della considerazione degli altri, che deve essere implementata alla via della ragione. E la via della cura, cioè prendere in considerazione i bisogni e la situazione degli altri, è ovviamente la base dell'economia di cura, quindi un'economia solidale che è a servizio della società, invece di una società strumentalizzata da alcune forze economiche per l'arricchimento indecente di poche persone a scapito di altre. Quindi fondamentalmente questa è l'idea di un'economia di cura, un'economia solidale e positiva»[2].

L'analisi socio economica di Eisler sulle modalità con cui sia possibile cambiare il paradigma economia attuale è veramente interessante dal mio punto di vista[3]. In una fase patriarcale che perdura fin da troppo tempo di conquista, sfruttamento e dominio, nella quale la nostra stessa sopravvivenza è a rischio, occorrono cambiamenti economici motivati da ciò che lei stessa definisce un *ethos* di cura, serve una rivoluzione di cura. Eisler afferma «Viviamo nell'era post-industriale in cui le teorie economiche post-capitaliste e post-socialiste del Sette-

1 L'Organizzazione per la Cooperazione e lo Sviluppo Economico (in inglese OECD) svolge principalmente una funzione consultiva con il fine di confrontare le esperienze, cercare risposte comuni e coordinare le politiche economiche locali ed internazionali dei paesi membri e delle aree economiche collegate. Conta attualmente 36 paesi membri (Australia, Austria, Belgio, Canada, Cile, Danimarca, Estonia, Finlandia, Francia, Germania, Giappone, Grecia, Irlanda, Islanda, Israele, Italia, Lettonia, Lituania, Lussemburgo, Messico, Norvegia, Nuova Zelanda, Paesi Bassi, Polonia, Portogallo, Repubblica Ceca, Repubblica di Corea, Repubblica Slovacca, Regno Unito, Slovenia, Spagna, Stati Uniti, Svezia, Svizzera, Turchia, Ungheria).

2 Estratto dall'intervista per il film Viananda.

3 Per approfondimenti, Riane Eisler, "La vera ricchezza delle nazioni. Creare un'economia di cura".

cento e Ottocento non sono più adatte. Siamo nel Ventunesimo secolo, nell'era post-industriale, non siamo più ai suoi albori. Per di più, queste teorie sono nate in un periodo in cui ci si orientava verso ciò che nei miei studi ho definito come *sistema di dominio*, con gerarchie piramidali dal basso verso l'alto dove un essere prevarica sull'altro, un uomo sulla donna, una razza sull'altra, una religione sull'altra e così via. Per cui, non c'è nulla in queste teorie e quindi anche nelle misurazioni come il PIL[1] o nelle regole del gioco economico, che faccia riferimento all'importanza di prendersi cura del prossimo e della natura. Questo non è solamente un problema sociale, ma è una grande questione economica vitale, a maggior ragione nella fase post-industriale»[2].

Naranjo aggiunge, «Molti diranno che è un'utopia quella di convertire peccatori così incalliti, in particolare quando costoro sono già dell'idea di essere i nostri salvatori. Io non penso, però, che i criminali economici siano tanto mostruosi quanto i loro atti. Siamo tutti umani, cerchiamo la felicità e, a meno di non essere del tutto idioti, crediamo di volere il bene dei nostri figli e nipoti. E quelli che il futuro giudicherà come complici ciechi e avidi di un grande crimine economico mondiale forse sono solo persone importanti con limitazioni ordinarie; davanti alla responsabilità del potere, soltanto una maggiore virtù potrebbe proteggere il mondo dalla cecità e dall'avidità che quasi tutti più o meno possediamo, per il solo fatto di essere stati allevati nello stesso mondo. Lo si può comprendere soprattutto guardando chi, nella sua mancanza di sapienza, considera i suoi tragici errori un'espressione della propria sagacità, capacità di competere, sana ambizione, lealtà, patriottismo e altre supposte "virtù mondane"»[3]. Siamo così orientati al costante progresso economico, scientifico e tecnologico, da scordarci le importanti qualità che ci rendono umani migliori. Crediamo di vivere in una civiltà molto più avanzata rispetto a quelle

1 PIL è l'acronimo di Prodotto Interno Lordo.
2 Estratto dall'intervista per il film Viananda.
3 Claudio Naranjo, "L'ego patriarcale. Trasformare l'educazione per costruire una società sana", pag 86.

del recente passato, ma siamo semplicemente incapaci di notare che le nostre nevrosi sono mutate in mezzi e modi più sofisticati e velati.

Il nostro sistema economico e politico è strettamente condizionato dai valori che ne stanno alla base. Capra asserisce, «Al mutare del sistema di valori culturali - spesso in risposta a sfide ambientali - emergeranno nuovi modelli di evoluzione culturale»[1]. Focalizzarci quindi su ciò che abbiamo definito come *virtù*, anche nei contesti educativi dell'economia, è chiaramente di vitale rilievo. Capra continua, «Lo studio dei valori ha quindi un'importanza suprema per tutte le scienze sociali; non può esistere una scienza sociale "esente da valori". Gli scienziati sociali che considerano "ascientifico" il problema dei valori e che pensano di evitarlo si propongono l'impossibile. Ogni analisi di fenomeni sociali "indipendente dai valori" si fonda sulla tacita assunzione di un sistema di valori che è implicito nella scelta e nell'interpretazione dei dati. Evitando il problema dei valori, quindi, non è che gli scienziati sociali siano più scientifici ma, al contrario, lo sono di meno, in quanto trascurano di formulare esplicitamente gli assunti che sono alla base delle loro teorie. [...] L'economia è definita come la disciplina che si occupa della produzione, della distribuzione e del consumo di ricchezza. Essa tenta di determinare ciò che vale in un tempo dato studiando i relativi valori di scambio di beni e servizi. L'economia è perciò chiaramente, fra le scienze sociali, quella più normativa e dipendente da valori»[2].

Il crescente aumento di alcune malattie psichiche e fisiche, l'inquinamento ambientale, lo spreco, lo sfruttamento delle risorse umane e naturali, la povertà, le guerre, la crisi delle virtù, sono anche l'ovvia e drammatica conseguenza di misure economiche disfunzionali e patriarcali. Eisler spiega come i sistemi di dominio perpetuano ciò che delinea come *scarsità artificiali*, attraverso il dolore, lo stress e la paura, e incentivano desideri illimitati come fine ultimo per giungere

1 Fritjof Capra, "Il punto di svolta. Scienza, società e cultura emergente" pag 158.
2 Ibidem, pag. 158.

alla felicità. «I sistemi di dominio in realtà creano scarsità artificiali e credo che sia necessario capire che queste scarsità non siano necessarie. Come ci insegna uno dei principi base dell'economia tradizionale, le nostre risorse sono limitate. Ma perché lo sono? Prima di tutto si tratta di distribuzione, diretta a chi è in cima, ma la storia è ben più complicata. La seconda ragione è lo spreco, in una società consumista le persone sono spinte a comprare sempre di più e di conseguenza si comprerà ancor di più, perché non ne avranno mai abbastanza. È un falso obiettivo in termini di significato e soddisfazione nella vita. Ma c'è anche lo spreco proveniente dalla guerra, per non parlare dello spreco che deriva da come trattiamo l'ambiente e la natura. Ma la questione è ben più radicata, poiché i sistemi di dominio non considerano alcuna risorsa per la cura delle persone e ciò mi ha spinto ad individuare un nuovo aspetto, al quale sto lavorando meticolosamente da tempo, ovvero dei parametri nuovi, dei nuovi indicatori economici»[1].

Le scarsità artificiali sono anche una delle principali spinte alla motivazione al lavoro, per rincorrere un eterno accumulo di denaro destinato all'acquisto, perdendo spesso la salute nel mentre. Non affermo che il denaro sia la causa di tutti i mali, come sempre dobbiamo osservare cosa si cela dietro agli strumenti utilizzati per comprendere quale sia il reale problema: il sonno e l'ombra degli esseri umani hanno creato le condizioni deleterie dell'economia attuale. I sistemi di dominio promuovono quindi costante scarsità, alimentata dall'avidità e dalla paura di chi sta in alto di vivere la miseria del basso, a cui ne consegue una mancata distribuzione equa della ricchezza e del benessere. Le grandi corporations inoltre, come illustra Chomsky, sono tirannie strutturate in maniera gerarchica, ed è bene sapere che alcuni media tra i più importanti fanno parte di questo sistema.

È difficile comprendere quanto le condizioni odierne lavorative, raggiunte dopo secoli di lotte, siano comunque inadeguate anche nelle nazioni più ricche, poiché spesso le paragoniamo con quelle realtà

1 Estratto dall'intervista per il film Viananda.

ancora più drammatiche che la gran parte della popolazione mondiale è costretta tutt'oggi a vivere. Inoltre, l'essere umano ha dato prova innumerevoli volte di riuscire ad adattarsi a situazioni estremamente disagevoli, semplicemente vivendo in quel sonno autoindotto di cui abbiamo ampiamente disquisito.

Lo scopo di lucro deve essere accompagnato dal desiderio autentico di creare salute e benessere, consci del fatto che alcuni dei mali del mondo contemporaneo non sono ancora stati curati dai governi attuali per sola mancanza di volontà politica e non di soluzioni efficaci. Le aziende possono quindi essere un importante motore del cambiamento, grazie al mutamento e all'adesione al sistema di valori di cui abbiamo trattato in questo libro e alla conseguente consapevolezza ecologica, mettendo questi due pilastri al centro dell'impresa. Luisi e Capra spiegano, «Con il progredire del Ventunesimo secolo, trascendere la visione meccanicistica delle organizzazioni sarà tanto cruciale per la sopravvivenza della civiltà umana quanto il trascendere le concezioni meccanicistiche della salute, dell'economia e della biotecnologia. Tutte queste questioni, in ultima istanza, sono legate alla profonda trasformazione scientifica, sociale e culturale in corso con l'emergere della nuova concezione sistemica della vita»[1].

Ci sono realtà lavorative nel mondo che suggeriscono da alcuni anni possibilità differenti, grazie a politiche aziendali attente all'impronta che lasciano nell'ambiente e nella società. Grazie al contributo inoltre delle più attuali teorie nell'ambito della psicologia del lavoro[2], alcune imprese si preoccupano della crescita dei propri dipendenti, attraverso pure laboratori di sviluppo personale e di lavoro sulla propria struttura caratteriale. Un lavoratore sereno e felice, inserito in un ambiente sano e in un clima di rispetto e apprezzamento reciproco, sviluppa maggiore salute, produttività e lealtà verso l'azienda, rende

1 Fritjof Capra e Pier Luigi Luisi, "Vita e natura. Una visione sistemica", pag 102.

2 La psicologia del lavoro e delle organizzazioni è lo studio dei comportamenti e del benessere delle persone nel contesto lavorativo e nello svolgimento della loro attività professionale, in rapporto alle relazioni interpersonali, ai compiti da svolgere, alle regole e al funzionamento dell'organizzazione.

di più agli interessi della stessa molto più di uno infelice.

Oltre al profitto, alcuni imprenditori consapevoli e innovativi operano per avere un impatto positivo verso i dipendenti, la comunità e il pianeta. Altri invece, mantenendo una vecchia logica di dominio, sono guidati da una fame predatoria che non permette di scorgere e perseguire nuove modalità etiche di business. Quest'ultimi ricorrono sempre più a presunte e fasulle scelte aziendali eco-friendly che, troppo spesso, altro non sono che povere strategie di marketing. Negli ultimi anni abbiamo spesso sentito parlare di greenwashing[1], ovvero la tendenza di molte realtà di autoproclamarsi sensibili ad alcuni temi ambientali e sociali, distogliendo così l'attenzione da altre dinamiche poco nobili. Capra racconta, «L'idea stessa di ricchezza, che è una nozione centrale per l'economia, è connessa inestricabilmente con attese, valori e stili di vita umani. Definire la ricchezza all'interno di una cornice ecologica significherà trascendere le sue connotazioni presenti di accumulazione materiale e darle il senso più ampio di arricchimento umano. Una tale nozione di ricchezza, assieme al concetto di "profitto" e ad altri concetti connessi, non sarà suscettibile di una quantificazione rigorosa, e quindi gli economisti non potranno più occuparsi di valori esclusivamente in termini monetari. Di fatto i nostri problemi economici correnti rendono del tutto evidente che il denaro da solo non fornisce più un criterio di misura adeguato»[2].

Analogamente, Capra e Eisler analizzano come sia necessario anche una revisione dell'idea di lavoro, prendendo in considerazione non solo le prestazioni d'opera per il datore, ma anche quelle attività non retribuite, nel contesto domestico o nel volontariato per esempio. I lavoratori sono mossi spesso dalla sola necessità di capitale per vivere, mentre gli imprenditori dal desiderio spesso illimitato di

1 Greenwashing è un neologismo inglese, viene tradotto come *ecologismo di facciata* o *ambientalismo di facciata*, indica la strategia di comunicazione di certe imprese, organizzazioni o istituzioni politiche finalizzata a costruire un'immagine di sé ingannevolmente positiva sotto il profilo dell'impatto ambientale. Tutto ciò col fine di distogliere l'attenzione dell'opinione pubblica dagli effetti negativi per l'ambiente dovuti alle proprie attività o ai propri prodotti.

2 Fritjof Capra, "Il punto di svolta. Scienza, società e cultura emergente" pag 191.

accrescere i propri profitti. Lo sviluppo di nuovi valori nella società contemporanea, guida sempre più giovani a ribellarsi a questo vecchio schema patriarcale, spingendoli a fare scelte controcorrente difficilmente comprensibili da chi sposa le antiquate visioni del lavoro. Queste scelte non sono la conseguenza di un benessere economico vissuto fin dalla nascita, ma piuttosto la necessità reale di essere coerenti con le virtù universali illustrate. La necessità di perseguire fini più nobili nell'esistenza che vadano oltre alle illusioni che la società impone. Imprenditori più saggi, possono però integrare queste dimensioni, creando ambienti dove realmente i lavoratori possano sentirsi parte di un progetto che non solo migliori la condizione economica propria e dei rispettivi datori di lavoro, ma anche quella degli altri e del pianeta.

Ognuno di noi incominci a domandarsi se ciò che facciamo, come imprenditori o dipendenti, spesso condizionato dal desiderio del massimo profitto ed accumulo di denaro, abbia poi così nobili mezzi e fini. Dalle conseguenti risposte, possiamo comprendere il motivo per cui sempre più persone nei paesi ricchi desiderano allontanarsi da quelle realtà che hanno fini non così funzionali per una umanità migliore. Indipendentemente da quale sia la nostra professione, possiamo scegliere di lavorare per il bene degli altri e della Terra, attraverso le nostre piccole scelte quotidiane o cercando di inserirci in quei contesti che hanno politiche aziendali attuali ed innovative. Creare positività ci dona inevitabilmente felicità.

La sete di potere

Ricard illustra come «All'inizio i cacciatori-raccoglitori avevano strumenti nelle loro mani che potevano lanciare, così il potere era molto limitato. Inoltre c'era un sacco di cura in queste tribù, tutti cooperavano e si prendevano cura l'uno dell'altro. Oggi il potere è stato moltiplicato milioni di volte: l'energia fossile, elettrica e atomica sono nelle mani non di individui ma di gruppi e nazioni. Tuttavia la considerazione degli altri, la cura, la benevolenza, non sono aumentati tanto quanto il potere e così c'è disequilibrio. Quindi abbiamo bisogno di un concetto che ci permetta di lavorare insieme, cioè operatori sociali, cittadini, politici, investitori e scienziati, intorno allo stesso tavolo per costruire un mondo migliore o almeno preservare il pianeta»[1].

Le considerazioni di questo capitolo ci conducono ad un tema centrale, il potere. I valori come dominio, competizione, massimo profitto, espansione ed utilizzo della forza per i propri fini sono alcune caratteristiche associate ai sistemi patriarcali, qualità che vengono non solo accettate ma anche lodate in queste società, basti pensare ai contesti educativi, economici e politici attuali. Non sono le qualità in sé il problema, è proprio questo eccesso di valore dato che causa una enorme serie di drammatiche conseguenze. Essendo caratteristiche della mente patriarcale, quindi del padre interiore, è ovvio come un loro coinvolgimento armonico e bilanciato con alcune caratteristiche della madre e del bambino interiori (come collaborazione, cooperazione, integrazione, conservazione e amore) possa creare non poche resistenze nel genere maschile, che tutt'oggi detiene in eccesso vari ruoli di potere nella società e di conseguenza anche le sorti del pianeta e dell'umanità intera.

Il potere, inteso come autorità con facoltà di decidere e agire per fini personali o collettivi, è esercitato nei sistemi patriarcali gerarchicamente, poiché questa modalità è apparsa come la più efficace in passato. In questa visione piramidale gli uomini occupano i livelli più alti mentre le donne, dopo decenni di lotta, solo ora incominciano a ritagliarsi qualche spiraglio anche ai vertici. Il proprio personale posizionamento in questa classifica porta gli individui ad alimentare il proprio ego, a confondere la posizione a qual si voglia livello con la

1 Estratto dall'intervista per il film Viananda.

propria identità illusoria.

Luisi e Capra nella loro ricerca asseriscono, «Nella sua teoria Galbraith[1] distingue lucidamente tre diverse tipologie di potere, a seconda dei mezzi che vengono impiegati. Il potere coercitivo garantisce la sottomissione infliggendo sanzioni o minacciando di imporle; quello compensativo attraverso la promessa di incentivi o ricompense; il potere condizionato, infine, ottiene la sottomissione trasformando le credenze con persuasione e l'educazione. L'arte della politica consiste proprio nella capacità di ottenere la giusta miscela di queste tipologie di potere per risolvere i conflitti ed equilibrare interessi in competizione fra loro»[2]. Il potere sembrerebbe, secondo la suddetta teoria, essere perseguito per affermare gli interessi personali, i propri valori (ideologici, religiosi o socioculturali) e le proprie percezioni sociali. Consideriamo inoltre la spinta e il piacere di essere un uomo di potere con tutte quelle ricompense che ciò implica, su un piano egoico, emozionale e materiale. È chiaro che questo utilizzo del potere sia il frutto della società patriarcale che tutt'oggi persiste.

Capra e Luisi mettono in luce come da un punto di vista sistemico nelle reti sociali, che hanno vissuto uno sviluppo incredibile grazie alle tecnologie informatiche, la più grande forma di potere è quella invece di costituire reti, connettendo così gli individui e le istituzioni alle stesse o escludendoli e spingendoli ad unirsi ad altre reti differenti. Inoltre ne identificano un'altra conformazione che perseguita una logica di delega, ovvero il potere di conferire potere agli altri, «Mentre il potere come dominazione è esercitato essenzialmente attraverso la gerarchia, la struttura sociale più efficace di potere come legittimazione o delega è la rete. In una rete sociale le persone esercitano il potere di delega semplicemente essendo connessi alla rete»[3]. Il successo individuale dipende dal successo della comunità e viceversa, «Nelle reti

1 John Kenneth Galbraith (Iona Station, 15 ottobre 1908 - Boston, 29 aprile 2006) è stato un economista, funzionario e diplomatico canadese naturalizzato statunitense.

2 Fritjof Capra e Pier Luigi Luisi, "Vita e natura. Una visione sistemica", pag 491.

3 Ibidem, pag 493.

sociali, i nodi con il maggior numero di connessioni diventano centri di potere, perché connettendo un ampio numero di persone alla rete sono ricercati come autorità negli ambiti più vari. Perciò in una rete sociale i centri di potere sono al contempo centri di delega del potere e dell'autorità»[1]. Ritengo che questa rivoluzionaria idea del potere e di concetto di rete sia estremamente utile per le aziende di domani.

Partnership

La concezione di un mondo come macchina e il patriarcato non hanno influenzato quindi solamente la visione della natura, del funzionamento umano, della cultura e dei valori che perseguiamo, ma anche tutte le strutture, organizzazioni e contesti che abbiamo creato all'interno della società. Abbiamo meccanicizzato ogni cosa a discapito di un approccio ecologico e spirituale alla vita. Capra spiega, «Che una visione del mondo frammentaria debba essere anche malsana non sorprende se si considera la stretta connessione esistente fra "salute" e "totalità"»[2].

L'economia corrente è il frutto della somma di varie idee e modelli provenienti da differenti epoche della storia economica. Tutte queste teorie si basano sul paradigma cartesiano e su qualità patriarcali, come competizione, espansione, conquista, dominio e così via. L'approccio sistemico necessario all'economia, così come alla politica, deve riguardare un'integrazione delle più recenti consapevolezze della biologia, fisica, psicologia, sociologia, filosofia, ecologia e spiritualità con le virtù universali.

Ricard afferma, «L'egoismo non funziona, perché se non ti interessa il destino delle generazioni future, non c'è nessun problema ambientale; io non sarò qui tra cento anni, voi nemmeno. Quindi c'è un

1 Fritjof Capra e Pier Luigi Luisi, "Vita e natura. Una visione sistemica", pag 493.
2 Fritjof Capra, "Il punto di svolta. Scienza, società e cultura emergente", pag 194.

fattore che concilia tutto: l'altruismo, avere più considerazione per gli altri. Si avrà così un'economia basata sulla solidarietà, cioè un'economia che è al servizio della società e non una società al servizio dell'economia, per accumulare tutto nelle mani di venti persone immensamente ricche, che non ha più alcun senso. Quindi sarà un'economia più solidale, più equa, si avrà una società più giusta a medio termine. Cioè avremo maggiore giustizia sociale, meno disuguaglianza, migliori condizioni di lavoro e di vita, prendendoci cura delle persone anziane, degli orfani, della salute pubblica, quindi uno stato di previdenza ma ben gestito. Tutto ciò non ovviamente suggerendo alle persone come devono essere felici, ma fornendo le condizioni per cui possano prosperare e cooperare in modo sicuro [...]. Dunque, quando Greta Thunberg[1] affermava alle nazioni unite "come osate tradire le generazioni future?", aveva totalmente ragione, per questo abbiamo bisogno di più altruismo. Non è un concetto utopico, ingenuo e idealista, è l'unico concetto pragmatico che ci permette di affrontare le sfide del nostro tempo»[2].

Abbiamo accennato che stiamo vivendo ed incentivando una economia patriarcale, il riflesso della repressione del padre sulla madre e il bambino interiori. Come è chiaramente osservabile, tutto ciò che rientra nello stereotipo maschile è stato idealizzato a discapito di quello femminile. Le donne sono soggette a questa supremazia e alcune hanno talmente perso di vista le loro qualità femminili, essenziali oggi più che mai, che per imitazione ambiscono da diversi anni al modello maschile. Ne troviamo ben poche coscienti di tutto ciò, inconsapevoli di come il patriarcato le stia modellando a propria immagine e somiglianza. Esse sono creature estremamente potenti e allo stesso tempo pericolose, nella misura in cui potrebbero far crollare più velocemente il palco dello spettacolo scadente a cui assistiamo. Attraverso gli studi di Naranjo, vedremo nel prossimo capitolo che

1 Greta Thunberg (Stoccolma, 3 gennaio 2003) è un'attivista svedese per lo sviluppo sostenibile e contro il cambiamento climatico.
2 Estratto dall'intervista per il film Viananda.

una soluzione al patriarcato non sia assolutamente il matriarcato o il filiarcato, ovvero una sorta di dominio della donna o delle sue qualità oppure una dimensione anarchica, ma piuttosto un equilibrio della nostra famiglia interiore e di queste tre rispettive forme governative, attraverso un'integrazione dei nostri centri, come approfondito dall'inizio di questa ricerca.

Aspettarsi politiche sociali ed economiche di cura è illusorio finché persistono vecchi paradigmi e credenze inconsce da entrambi i sessi che il prendersi cura di sé e degli altri sia poca cosa del mondo femminile. La cura deve diventare un valore imprescindibile in ogni umano. Secondo Eisler, oggi è noto come nei governi in cui le donne ricoprono una condizione sociale più simile a quella degli uomini come nel nord Europa, la cura ha maggiore valore ed è alla base di importanti professioni (salute psicofisica, insegnamento, sostegno ai bisognosi, volontariato) e politiche sociali (verso gli individui e l'ambiente)[1]. Nel momento in cui il beneficio è di tutti e non di pochi eletti, la qualità di vita e il livello di felicità dell'intera umanità inevitabilmente aumenta.

Ciò che frena i sistemi di dominio attuali a cambiare le proprie politiche patriarcali, è la credenza che una economia basata sulla cura possa essere economicamente fallimentare. Eisler dimostra chiaramente nei suoi studi come già diverse società si siano accorte che le politiche di cura abbiano benefici ampiamente superiori ai costi. Infatti asserisce, «Ciò non è necessario solo dal punto di vista sociale e ambientale, ma lo è anche in termini economici. Il ritorno economico derivante è enorme e i paesi del Nord Europa, come Svezia, Norvegia e Finlandia ne sono l'esempio lampante. Questi paesi vantano politiche di assistenza ed è stato proprio il forte investimento nella cura delle persone che ha reso per loro possibile superare carestie, come quelle agli inizi del Ventesimo secolo, al benessere di oggi. Non solo sono nelle posizioni più alte nella classifica del Global Competiti-

1 Per approfondimenti, Riane Eisler, "La vera ricchezza delle nazioni. Creare un'economia di cura".

veness Report[1], ma soprattutto sono quei paesi ad aver superato la disparità di genere, come testimonia il World Economic Forum[2], e ciò non è casuale. Il genere e l'infanzia sono gli elementi fondamentali delle società di partenariato, piuttosto che di quelle di dominio e, ad ogni modo, non è casuale nemmeno che questi paesi del nord Europa siano stati i primi non solo ad introdurre studi per la pace nelle università, ma anche ad avere leggi che condannano per prime l'uso della disciplina fisica sui bambini nella famiglia. Abbiamo dunque una chiara configurazione di come una società possa essere più equa, pacifica, senza disparità di genere e meno violenta. È proprio questa la configurazione di una società di partenariato, che è esattamente ciò che siamo tenuti a costruire dalle fondamenta»[3].

Eisler suggerisce che utilizziamo valutazioni irrealistiche del benessere economico e indicatori che oscurano i palesi vantaggi delle politiche di cura, quindi quegli aspetti qualitativi e non solo quantitativi. Illustra come «Il PIL, l'indicatore del benessere economico che molte nazioni, compresi gli Stati Uniti, usano, è in realtà incompleto. Negli aspetti positivi include cose dannose per la nostra salute, come le sigarette, le spese mediche, il costo dei funerali, i disastri petroliferi, la pulizia delle coste, i contenziosi, sono tutti dei punti in più per la crescita del PIL che, come sappiamo, non riflette solo effetti positivi, ma anche dannosi. Tuttavia, oltre a questi, si omette il cosiddetto *lavoro produttivo*, e secondo le teorie post-socialiste e post-capitaliste, si tratta proprio di quelle attività di assistenza alla persona, partendo dalla prima infanzia, così come la cura dell'ambiente»[4].

Le misurazioni quindi che utilizziamo tutt'oggi per delineare l'economia dei vari governi, dovrà inevitabilmente evolversi prendendo

1 Il Global Competitiveness Report è pubblicato annualmente dal Forum economico mondiale. Il report definisce l'abilità di una nazione a provvedere al benessere dei propri cittadini.

2 Il World Economic Forum è una fondazione con sede a Cologny, vicino a Ginevra in Svizzera, che organizza un incontro tra esponenti di primo piano della politica e dell'economia internazionale con intellettuali e giornalisti selezionati, per discutere delle questioni più urgenti che il mondo si trova ad affrontare, anche in materia di salute e di ambiente.

3 Estratto dall'intervista per il film Viananda.

4 Ibidem.

in considerazione il benessere umano, l'aspettativa di vita, la felicità, l'uguaglianza e l'impatto sulla Madre Terra. Luisi e Capra spiegano appunto che «Per poter stabilire propriamente la salute di un'economia, abbiamo bisogno di indicatori qualitativi relativi alla povertà, alla salute, all'equità, all'educazione, all'inclusione sociale e allo stato dell'ambiente, nessuno dei quali può essere ridotto a coefficienti monetari o aggregato in un semplice numero. Ed effettivamente molti indicatori economici di questo tipo sono stati proposti in anni recenti»[1].

Eisler poi specifica, «Pertanto, i nostri sistemi economici sono molto fallaci, perché non includono il contributo di quei tre settori di fondamentale importanza e complementari alla vita stessa, ovvero l'economia naturale[2], le comunità volontaria, ovvero un'economia gratuita, e l'economia domestica[3]. Perciò stiamo lavorando da tempo ai cosiddetti "indicatori economici della ricchezza sociale", che se da una parte dimostrano l'enorme ritorno economico derivante dall'investimento nel prendersi cura delle persone, partendo dai primi anni di vita, e della natura, sono anche le uniche cosiddette alternative al PIL che prestano particolare attenzione al resto dell'umanità, le donne e i bambini. Contrariamente agli indici alternativi al PIL più comunemente conosciuti, che ci offrono un'immagine della qualità della vita, di ciò che facciamo, questi nuovi indicatori economici della ricchezza sociale non fanno riferimento solo agli output, agli obiettivi che raggiungiamo, ma anche agli input, e quindi ci suggeriscono quali siano gli investimenti migliori da fare per ottenere i migliori risultati. E quindi, non è casuale che utilizzando questo tipo di approccio emerga chiaramente che gli Stati Uniti investono meno di qualsiasi nazione

1 Fritjof Capra e Pier Luigi Luisi, "Vita e natura. Una visione sistemica", pag 587.

2 La *natural economy* è un tipo di economia nella quale non viene utilizzato il denaro nel momento del dare o ricevere risorse, ma piuttosto viene utilizzato il baratto, la ripartizione e la condivisione per fini di sussistenza e consumo diretto dei produttori.

3 L'economia domestica descrive le attività economiche collettive delle famiglie. Questo campo analizza le strutture della famiglia e il loro comportamento, i quali hanno un importante impatto sull'economia. Comprende il processo decisionale, la divisione del lavoro tra le famiglie, l'assegnazione del tempo alla produzione familiare, il matrimonio, il divorzio, la fertilità, l'investimento sui figli, l'allocazione delle risorse.

sviluppata e membro dell'OCSE nel supporto alle famiglie e non è altrettanto casuale il fatto che abbiano i tassi di povertà e mortalità infantile e materna più elevati rispetto a qualsiasi altra nazione sviluppata»[1].

Gli uomini che verranno, sapientemente educati nei contesti scolastici e familiari per essere creature integrate ed integrali, potrebbero permettere ad ogni società di abbattere i costi attuali per fronteggiare il malessere oggettivo (fisico, emozionale e psichico e di conseguenza ambientale e sociale), attraverso un'attenta cura dei singoli, delle comunità, delle varie realtà presenti sul territorio, così come delle piccole e medie imprese. Nella visione olistica di economia di cura, la vera ricchezza di un paese risiede nella qualità del suo capitale umano e naturale, ed è necessario un investimento costante sugli individui, per la loro salute psicofisica.

«La bella notizia è che ci sono oggi al mondo persone appartenenti ad ogni cultura che hanno dato vita ai movimenti femministi, ai movimenti per la tutela dei diritti dei bambini, per la democrazia, per la pace. Questi sono tutti movimenti di partenariato. Non saranno perfetti, ma parlando del lavoro di cura, ad esempio, sia gli uomini che le donne che lo faranno, riceveranno entrambi endorfine [...], la ricompensa derivante dal piacere di farlo. E sia gli uomini che le donne avranno, naturalmente, anche il proprio lavoro e la propria carriera. Sarebbe una società davvero più appagante per tutti. Per quanto riguarda i bambini, se davvero prestassimo attenzione a quello che la neuroscienza ci insegna oggi riguardo allo sviluppo dell'infanzia [...], sarebbero delle persone migliori. Tuttavia è un processo e le cose non cambiano dal giorno alla notte, ma il passo più importante da fare è cambiare la tendenza al dominio e iniziare davvero a pensare in modo più consapevole e avere una visione più olistica e completa, e le azioni giuste verranno poi da sé»[2]. L'analisi di Eisler propone

1 Estratto dall'intervista per il film Viananda.
2 Estratto dall'intervista per il film Viananda.

quindi una possibile soluzione, ovvero un sistema di partenariato che ha i connotati opposti a quello di dominio: famiglia a struttura sociale democratica ed egualitaria, basso grado di abuso e violenza, pari cooperazione tra uomini e donne, credenze che sostengano possibilità di vantaggi reciproci in un'ottica di cura.

Concludo questo paragrafo con le sue parole che rappresentano un sunto di quelli che sono, dal suo punto di vista, i motori per il cambiamento. «La prima cosa di cui abbiamo bisogno è una nuova lingua e un nuovo modo di raccontare. Questo è uno degli elementi fondamentali. Perché una nuova lingua? Perché se ci pensiamo bene, gli psicologi del linguaggio ci hanno detto più e più volte che già le categorie linguistiche orientano il nostro modo di pensare. Consideriamo le due categorie linguistiche dell'inglese riguardo il genere, maschile e femminile, o matriarcato e patriarcato, due facce della stessa medaglia[1]. Non c'è un'alternativa di partenariato, o uno o l'altro. Ecco quindi un elemento fondamentale, ma ce ne sono altri tre a cui ho fatto riferimento: uno è ovviamente l'infanzia. La buona notizia è che c'è una crescente consapevolezza sull'inefficacia della vecchia idea di disciplinare con la punizione, schiaffi e sculacciate. Nel 2018 l'associazione americana degli psicologi[2] ha stabilito che le sculacciate non solo sono inutili, ma dannose. Eppure, ricerche e sondaggi effettuati nel 2019 dimostrano che la vasta maggioranza degli americani ritengono che la disciplina fisica sia ancora un modo valido di educare. E questo è davvero bizzarro, [...] non ha assolutamente alcun senso, ma questa idea ci è stata tramandata da generazioni. Tantoché le cosiddette linee guida della genitorialità cristiana mettono in guardia gli stessi genitori sul fatto di viziare i propri figli, piuttosto devono assicurarsi che il loro piccolo di due anni stia seduto perfettamente immobile sul seggiolone. Come sappiamo, l'unico modo

1 Ricordo che Eisler utilizza il vocabolo *matriarcato*, a differenza di Naranjo, per indicare una struttura sociale basata sul predominio assoluto della donna sul gruppo. Come il patriarcato quindi, si basa su una logica di dominio e non di partenariato.

2 L'associazione americana degli psicologi è l'American Psychological Association.

per riuscirci è incutere terrore, attraverso il trauma, perché i bambini piccoli si muovono in continuazione. Abbiamo ancora molta strada da fare, ma possiamo farcela. Il terzo componente sono le relazioni di genere, come ho appena detto, viviamo in un sistema di valori che ha un genere e ciò influenza significativamente le politiche economiche. Ci sono sempre abbastanza soldi per le prigioni, [...] per le armi, per le guerre, ma sorprendentemente non ce ne sono mai abbastanza per la cura delle persone, per l'assistenza sanitaria e per la cura infantile, sebbene ad oggi abbiamo la prova empirica che ciò rappresenta il migliore investimento che una nazione possa fare. Ovviamente, la quarta componente è l'economia ed anche a questa ho già fatto qualche accenno. Vogliamo preservare ogni elemento di cooperazione di un mercato libero che non esiste, e vogliamo comunque politiche governative illuminate, che è un po' l'odierna applicazione del socialismo, se ci pensiamo. Dobbiamo spingerci oltre»[1].

Crescita qualitativa

L'economia attuale utilizza teorie e modelli provenienti dal capitalismo di Adam Smith e dal socialismo di Karl Marx[2] e Friedrich Engels[3], ma in entrambi i filoni di pensiero non viene attentamente presa in considerazione la cura di sé, degli altri e dell'ambiente. Le conseguenze sono chiaramente tragiche, poiché le leggi del mercato non presentano alcuna etica e valore spirituale.

Luisi racconta, «Sia a me che a Fritjof Capra non piace il termine *decrescita*, perché qualsiasi società che vuole progredire deve crescere in qualche modo. Il termine *crescita* è accettabile quando si parla di

1 Estratto dall'intervista per il film Viananda.

2 Karl Heinrich Marx (Treviri, 5 maggio 1818 - Londra, 14 marzo 1883) è stato un filosofo, sociologo ed economista tedesco.

3 Friedrich Engels (Barmen, 28 novembre 1820 - Londra, 5 agosto 1895) è stato un filosofo, sociologo ed economista tedesco.

crescita da un punto di vista sostenibile, quindi quando si cominciano a mettere in gioco sistemi ciclici che ritornano a consumare il prodotto finale. Perciò il vocabolo *crescita* va ancora bene secondo me se abbinato al concetto di sostenibilità»[1].

Secondo Luisi e Capra, «La continua illusione di una crescita illimitata su un pianeta limitato è il dilemma alla base di tutti i problemi cruciali del nostro tempo»[2]. Il paradigma economico odierno si basa sull'idea di una continua crescita economica, tuttavia lo sviluppo dovrebbe prendere in considerazione, oltre che la crescita quantitativa, anche gli aspetti sociali, culturali, educativi, ecologici e spirituali. Parliamo quindi di una crescita economica qualitativa.

Pare dunque che uno dei grandi cambiamenti necessari quanto prima sia il mutamento di un sistemo economico basato su questo concetto di crescita illimitata ad uno sostenibile, ecologico ed equanime, in modo da diminuire l'impatto negativo sul pianeta e sui popoli. Luisi delinea che «Per crescere naturalmente ci vuole energia, non se ne può fare a meno, e qui si apre il discorso delle energie sostenibili che sono indispensabili nel mondo moderno, bisogna abbandonare i fossili, la benzina, il petrolio. E questo è possibile come è stato dimostrato anche dalle nazione grandi come la Norvegia e la Svezia, purtroppo poi ci sono le contropartite tipo Bolsonero[3] e la distruzione degli alberi dell'Amazzonia. Bisogna trovare un equilibrio, questa triade tra crescita, sostenibilità ed energie alternative, dovrebbe essere la triade a mio parere vincente ed è quella che dobbiamo portare avanti per i prossimi anni»[4]. Capra aggiunge, «I rapporti di interconnessione non lineare dei sistemi viventi ci suggeriscono immediatamente due regole importanti per l'organizzazione di sistemi sociali ed economici. Innanzitutto c'è una grandezza ottimale per ogni struttura, organizza-

1 Estratto dall'intervista per il film Viananda.

2 Fritjof Capra e Pier Luigi Luisi, "Vita e natura. Una visione sistemica", pag 97.

3 Jair Messias Bolsonaro (Glicério, 21 marzo 1955) è un politico brasiliano, Presidente del Brasile dal 1 gennaio 2019.

4 Estratto dall'intervista per il film Viananda.

zione e istituzione, e la massimizzazione di una qualsiasi singola variabile - per esempio il profitto, l'efficienza o il PNL[1] - condurrà inevitabilmente alla distruzione del sistema maggiore. In secondo luogo, quanto più un'economia si basa sul riciclaggio continuo delle sue risorse naturali, tanto più è in armonia con l'ambiente circostante»[2].

È fondamentale riconoscere quanto il modello economico attuale sia irrealistico e dannoso e rivolgerci verso ciò che è stato appunto definita come *crescita qualitativa*, «Una crescita quantitativa illimitata su un pianeta limitato è chiaramente insostenibile, ma una crescita economica qualitativa può essere sostenuta se include un equilibrio dinamico tra crescita, declino e riciclo, e se include anche la crescita interiore dell'apprendimento e della maturazione»[3]. Poi Luisi e Capra affermano, «Il passaggio da una crescita quantitativa a una qualitativa richiederà profondi cambiamenti non solo a livello sociale ed economico, ma anche a livello individuale. Significherà superare il condizionamento culturale pervasivo di stampo materialistico e trovare soddisfazione nelle relazioni umane e nella comunità anziché nel consumo materiale»[4].

Ma il nostro scopo nella vita è quindi solo l'accumulo di sempre più beni e potere? Sono inoltre veramente così importanti ed efficaci tutte quelle strategie che mettiamo in atto per soddisfare la nostra brama di apparenza? Non c'è un fine più nobile a questo grande progetto che chiamiamo *vita*? Scelgo di credere che, un giorno, gli uomini di domani sorrideranno della nostra idiozia, con la compassione di chi comprenderà quanto addormentati eravamo. Dalla denuncia della follia attuale che consideriamo normale, ognuno nei suoi campi di interesse e competenze, insieme, possiamo mettere in atto un profondo lavoro di trasformazione collettiva attraverso una messa in discussione

1 In economia, Il Prodotto Nazionale Lordo (PNL) di una nazione viene calcolato sommando al Prodotto Interno Lordo (PIL), o sottraendo da esso, vari flussi di reddito tra paesi.
2 Fritjof Capra, "Il punto di svolta. Scienza, società e cultura emergente" pag 323.
3 Fritjof Capra e Pier Luigi Luisi, "Vita e natura. Una visione sistemica", pag 585.
4 Ibidem, pag 592.

di sé, per poi passare all'azione e all'avvento del mondo nuovo che in cuor nostro quasi tutti desideriamo. Se sempre più persone crederanno e perseguiranno questo scopo, un giorno lo raggiungeremo. Pagina dopo pagina, dovrebbe essere chiaro che il progetto Viananda si pone l'obiettivo di proporre una visione, comunque migliorabile, ma definisce un punto di partenza per un'umanità differente. Non abbiamo quindi messo in luce nello specifico le strategie concrete già presenti attualmente, le quali possono essere trovate nei vari approfondimenti suggeriti. Tuttavia, il solo prendere consapevolezza di questi temi è già di per sé un enorme passo.

Come ribadito, questa metamorfosi non avverrà magicamente dall'alto, ma sarà la diretta conseguenza del cambiamento e della presa di coscienza di molti individui, il cambiamento è una nostra scelta. Questo libro non è altro che la testimonianza di alcuni ricercatori e studi che come fine perseguono il miglioramento della condizione umana attuale, nella speranza che sempre più persone desiderino e scelgano di cambiare per poi concretamente dare il proprio contributo per il mondo che verrà. Affrontando questi argomenti così vasti, ci scordiamo come il nostro piccolo sia in realtà molto più grande di quanto appare. Mutando noi stessi e il nostro sistema familiare, con il lavoro di crescita che abbiamo approfondito precedentemente, possiamo trasformare il sistema.

Finché però il cuore degli esseri umani non evolverà, l'ombra che vive in ognuno di noi verrà proiettata all'esterno, con le conseguenze catastrofiche che possiamo osservare su un piano individuale, sociale, educativo, mediatico, economico, politico. Non c'è altra via.

UNA POLITICA CONSAPEVOLE

Le follie del recente passato sono state giudicate come tali dalla quasi totalità delle persone solo dopo diversi anni, nel momento in cui i contesti sociopolitici sono evoluti. Per alcuni può risultare quindi difficile riconoscere ed osservare quelle attuali con il distacco indispensabile per decodificarle con lucidità.

L'analisi che affronteremo nelle prossime pagine desidera allontanarsi profondamente da inutili complottismi o da vana dietrologia, credo sia doveroso soffermarci un istante su questo tema molto attuale. Stiamo ovviamente evidenziando solo gli aspetti negativi della realtà contemporanea, rispetto ai secoli scorsi è ovvio che abbiamo fatto diversi salti di qualità. A seguito di alcune considerazioni della prima parte del libro, è chiaro che se scelgo di interpretare la realtà con il filtro del complotto, ne troverò conferma ovunque. Credo che osservare il mondo di oggi solo attraverso questi occhiali sia poco funzionale. Forse lo è stato in passato in diversi contesti a seguito di decenni di grande indottrinamento politico, religioso e culturale, per rompere quell'incanto passivo dovuto dal credere vero tutto ciò che veniva suggerito attraverso i vari mezzi di comunicazione. Tuttavia non ha più molto senso soffermarsi solo su ciò, credo che spesso chi si focalizza solo sull'ipotetico complotto, abbia semplicemente condotto un'analisi molto superficiale del problema, o non abbia gli strumenti e le conoscenze per interpretarlo. Occorre portare quindi l'attenzione soprattutto all'analisi del nostro funzionamento e dei paradigmi che stanno alla base della salute individuale e collettiva e di questioni sociali, educative, ecologiche, economiche e politiche.

Le persone amano indignarsi contro il sistema, credendo che basti questo per dare il proprio contributo al cambiamento necessario, perdendo inoltre così ogni capacità di ragionamento critico e discernimento tra l'immaginazione e le più probabili manovre che invece incentivano il male. La storia racconta ed insegna di un grande numero di complotti, non ne sto negando l'esistenza, ma ciò che oggi giudichiamo quasi sempre come frutto di malvagie cospirazioni, sono nella maggior parte dei casi la conseguenza dell'inconsapevolezza individuale, di una programmazione ambientale, di modelli concettuali disfunzionali e di un mal funzionamento dell'essere umano, troppo coinvolto in deliri psico-emozionali e caratteriali inconsci.

D'altro canto, nel momento in cui si desidera mettere in discussione alcune dinamiche sociali e politiche, c'è il grande rischio di essere etichettati come cospirazionisti. Sembra che per l'ennesima volta la difficoltà sia quella di avere un pensiero equilibrato, senza sterili polarizzazioni, diretta conseguenza di un attento approfondimento libero da sovrastrutture da cui scaturiscono meravigliosi dubbi piuttosto che certezze.

Ci limitiamo a recriminare il sistema con critiche molto astratte, quasi come se non ne facessimo direttamente parte, quasi come ci sentissimo più saggi e scaltri rispetto alla moltitudine di stolti soggetti all'incantesimo della narrazione comune, quasi come non ci fosse una responsabilità individuale, ci lamentiamo di ciò che noi stessi alimentiamo quotidianamente. Sappiamo bene oggi che a volte la malvagità celata dietro ad alcune manovre nell'ambito della politica, dell'economia, della salute collettiva e dei mezzi di comunicazione, sia il frutto di decisioni di pochi stolti uomini di potere. Ma queste scelte sono poi alimentate più o meno volontariamente da tutti coloro i quali ne sono solo il mezzo di diffusione ed attuazione. Il male corrente non è causato quindi dalla malvagità di pochi, ma dal sonno di molti. Credo quindi sia imprescindibile una cambio di prospettiva, smettiamo di giudicare solamente il sistema e portiamo l'attenzione all'ignoranza presente in noi, causata dal nostro stesso mal funzionamento. È soprattutto questo il livello sul quale possiamo operare, mettendo in discussione molto di ciò che ci circonda senza cadere in azzardate interpretazioni, operando nel concreto per cambiare in meglio noi stessi, gli altri e la nostra trama sociale.

In questo capitolo studieremo pure quali siano i sottili legami tra mezzi di comunicazione, potere, controllo sociale, conformismo, obbedienza e inconsapevolezza, grazie agli studi di Eisler e Chomsky. Quest'ultimo ha il grande merito di aver riportato dettagliatamente i fatti e le relative fonti della storia americana a sostegno delle sue teorie[1], senza inutili considerazioni. Le sue attente ricerche possono essere ovviamente proiettate a molti governi e ai relativi sistemi di dominio oggigiorno presenti.

Spero quindi che l'analisi che propongo non risulti come l'ennesima inutile e semplice lamentela, ma come una più attenta indagine di come funzioniamo in relazione a ciò che ci circonda. Toccando svariati temi, i quali hanno sfumature molto differenti in ogni nazione, il rischio è di cadere in drammatiche generalizzazioni. Mi auguro il lettore sia in grado di osservare e discernere le considerazioni fatte all'interno del proprio contesto socio-politico, poiché chiaramente il livello di manifestazione di ciò che stiamo trattando è completamente differente per un individuo che vive in Italia, in Cina o in Danimarca. Confido inoltre che questo libro susciti in molti un autentico desiderio di approfondimento.

Ho scelto di inserire diversi argomenti in questo capitolo, alcuni

1 Per approfondimenti, solo per citarne alcune opere di cui i dettagli in bibliografia, Noam Chomsky, "Le dieci leggi del potere: Requiem per il sogno americano", "Capire il potere", "Chi sono i padroni del mondo", "La fabbrica del consenso: l'economia politica dei mass media", "Illusioni necessarie: mass media e democrazia".

dei quali possono apparentemente sembrare lontani dalla politica. Tuttavia, se prendiamo in considerazione il significato etimologico di questa parola[1], risulterà chiaro come le prossime osservazioni rientrino appieno nell'idea di politica come *arte di governare*, la quale potrebbe essere al servizio di quella spinta interiore che, se ascoltata, ci guida a manifestarci con maggiore bellezza.

Considerando quanto l'ambiente politico sia per molti aspetti malato e colmo d'inconsapevolezza, non solo in Italia ma anche a livello globale, è difficile che si inseriscano o emergano leader guidati dalla propria parte saggia. Poiché inevitabilmente vengono plasmati ed inquinati dal contesto in cui sono inseriti e per affermarsi nello stesso, devono in qualche modo aderire e conformarsi a quei comportamenti e modalità nevrotiche che ne stanno alla base. Pertanto vediamo regolarmente politici abbaiare in televisione e proiettare la propria ombra sugli esponenti degli altri partiti, incapaci di mettersi profondamente in discussione, affezionati alle proprie categorie mentali ed ideologie che sono invece ciò che dovrebbero abbandonare, per una visione equilibrata e per una vera arte di governare. Riflettendo sul peso che hanno le scelte, o non scelte, dei politici sulla collettività, dal mio punto di vista dovrebbero essere obbligati a percorrere periodicamente percorsi di ricerca interiore e di crescita personale.

Il fallimento della politica attuale

Eisler racconta, «Credo che ci troviamo in una fase molto difficile, come esseri umani e come pianeta. I sistemi che sostengono la vita sono minacciati, stiamo davvero assistendo al ritorno ai regimi autoritari in moltissime parti del mondo, in aggiunta a quelli già presenti. Ma ciò che è sempre più evidente è che i vecchi valori guida e i vecchi schemi ora non vanno più bene. Dopotutto, per molti di noi non

1 La parola *politica* deriva dal greco *politikḗ* (tékhnē), traducibile come l'arte di governare.

sono mai andati bene»[1]. Aggiunge poi, «Ma se fate un passo indietro e osservate questo contesto da lontano, potrete individuare tutte le relazioni. Relazioni che vedono infanzia e genere da un lato ed economia e politica dall'altro. Ed è di fondamentale importanza riuscire a vederle, perché altrimenti non abbiamo le basi per capire come mai si continua a verificare il ritorno ai sistemi di dominio, sia che si tratti dell'oriente che dell'occidente, a nord o a sud, non fa differenza. E l'unico modo per cambiare questa storia, perché se ci pensate, ogni tanto quando mi deprimo mi fa quasi sorridere ricordare il Medioevo in Europa. Perché? Erano come dei Talebani. L'inquisizione, le Crociate, le streghe arse sul rogo, donne e bambini non avevano alcun diritto, in realtà nessuno aveva diritti. Quello che voglio dire è che la concezione dei diritti umani è un'invenzione recente e se analizzate la storia moderna individuerete una serie di movimenti progressisti tutti volti a sfidare la stessa cosa, cioè questa tradizione di dominio, una sorta di rivolta contro "l'ordinato da Dio" a governare i suoi sudditi, una sfida, ancora, a quella sorta di diritto divino, se vogliamo fare una citazione, il diritto della "razza superiore" a comandare tutti gli altri inferiori. Fino ad arrivare ai movimenti di tutela ambientale che si rivoltano contro la sacrosanta tradizione di conquista della natura da parte dell'uomo, no? Ma pensateci e vi renderete conto che i maggiori sforzi si indirizzano a smantellare la cima della piramide, cioè la politica e l'economia, ed è stata prestata molta meno attenzione alle fondamenta, ai quattro elementi fondamentali: il linguaggio e le narrazioni, l'economia, l'infanzia e le relazioni di genere nella loro sfumatura più dolce e femminile, perché abbiamo un sistema di valori che si basa sul genere, no? Un sistema in cui non ci sono abbastanza risorse per prendersi cura delle persone, della natura e quindi di conseguenza anche di ciò che ci viene raccontato e come ci viene raccontato; finché continueremo a non prestarci attenzione, regrediremo

1 Estratto dall'intervista per il film Viananda.

costantemente ai sistemi di dominio che continueranno ad imporsi»[1].

Il fine ultimo dello studio del nostro trascorso e della storia dovrebbe essere l'apprendimento dalle lezioni passate, soffermandoci in particolare sui nostri errori, anche se è evidente che non impariamo granché da essi, sia a livello collettivo che individuale. Possiamo in ogni caso comprendere come agisce il sistema di dominio patriarcale indipendentemente dall'ideologia politica che è stata professata. Eisler a tal proposito afferma, «Abbiamo davvero bisogno di un nuovo modo di pensare e i miei studi si concentrano proprio su questo. E se mi doveste chiedere a che punto siamo oggi, risponderei che ci troviamo in un periodo di forte regressione diretta verso la massima espressione di sistemi autoritari. E cosa intendo con ciò? Siamo abituati a pensare alle società attraverso le categorie che ci sono più familiari: destra-sinistra, religioso-laico, est-ovest, nord-sud, capitalismo-socialismo. Ma riflettiamoci, in ciascuna di queste categorie ritroviamo società repressive e violente. Che si tratti di Hitler[2] e della Germania nazista, di Stalin nella vecchia Unione Sovietica, di Kim Jong-un[3] in Corea del Nord, dei movimenti religiosi estremisti del Medio Oriente come l'Isis o i Talebani, l'Iran di Khomeini[4] oppure l'Unione fondamentalista di destra[5] negli Stati Uniti, si tratta di regimi orientati verso un'unica cosa: un sistema di dominio. Ora, la bella notizia è che c'è un'alternativa, il primo frutto della mia ricerca non solo presenta i sistemi di dominio e di partenariato come due configurazioni sociali basilari ed intrinseche, che si ripetono nel corso della storia tra diverse culture, ma mostra anche come molte delle cose di oggi viste come innovative e radicali, abbiano in realtà radici molto antiche»[6].

1 Estratto dall'intervista per il film Viananda.

2 Adolf Hitler (20 aprile 1889 - Berlino, 30 aprile 1945) è stato un politico e cancelliere tedesco di origine austriaca.

3 Kim Jong-un (8 gennaio 1984) è un politico, militare e attuale dittatore nordcoreano.

4 Ruhollah Khomeyni (24 settembre 1902 - Teheran, 3 giugno 1989) è stato un politico fondamentalista e imam iraniano.

5 I fondamentalisti cristiani appartengono alla attuale destra americana.

6 Estratto dall'intervista per il film Viananda.

Nei suoi studi Eisler delinea due modelli base di società[1], il modello dominatore che denota un predominio di una parte dell'umanità, e un altro che definisce come *mutuale* in cui le relazioni sociali si basano principalmente sull'unione. Asserisce che «I dati archeologici ora in nostro possesso indicano che la società pre-patriarcale nella sua struttura generale era, anche secondo i criteri moderni, notevolmente ugualitaria. In secondo luogo, sebbene si trattasse probabilmente di società matrilineari, in cui le donne, come sacerdotesse e capi clan, svolgevano un ruolo centrale in tutti gli aspetti della vita, ci sono poche indicazioni che la posizione degli uomini in questo sistema sociale fosse in qualche modo paragonabile alla subordinazione e alla repressione delle donne tipica del sistema a dominio maschile che lo sostituì»[2]. L'autoritarismo, il dominio e la violenza maschile non sono i prevalenti elementi congeniti dell'essere umano, un mondo pacifico e ugualitario è una possibilità futura concreta poiché già si è mostrata in passato[3]. Eisler sottolinea come, «Le nostre antiche società mutuali, meno avanzate tecnologicamente e socialmente, erano più evolute di quelle altamente tecnologiche del mondo contemporaneo, in cui milioni di bambini sono condannati a morire di fame ogni anno, mentre vengono gettati miliardi di dollari in mezzi di sterminio sempre più sofisticati»[4].

Ritengo sia estremamente ingenuo credere che i leader politici che governano attualmente, molti dei quali sono palesemente attanagliati dai propri deliri caratteriali, possano cambiare in meglio il mondo in cui viviamo. Le dinamiche sono spesso le medesime, una struttura piramidale e gerarchica, alimentata da un potere autoritario che agisce sulla massa, che con affinate strategie comunicative viene addome-

1 Per approfondimenti, Riane Eisler, "Il calice e la spada. La civiltà della grande Dea dal Neolitico ad oggi".

2 Riane Eisler, "Il calice e la spada. La civiltà della grande Dea dal Neolitico ad oggi", pag 79.

3 Dai Sumeri in poi, le società sono state fondate sulla violenza e sulla dominazione. In ogni caso le civiltà antecedenti non erano utopistiche, violenza e molti altri comportamenti umani discutibili erano presenti. Tuttavia queste società erano basate su un modello mutuale che, in forma evoluta, sarà imprescindibile anche per quelle del futuro.

4 Riane Eisler, "Il calice e la spada. La civiltà della grande Dea dal Neolitico ad oggi", pag 155.

sticata a rimanere in uno stato di sonno collettivo. Tutto ciò è incentivato da slogan, dogmatismo, populismo e credenze collettive che in molti casi giustificano politiche di violenza e paura, con maestria l'attenzione dell'opinione pubblica viene spostata sul superfluo.

Per poter sopravvivere, il sistema di dominio abbisogna di un'élite che vive a spese di altri, il nostro sistema piramidale presenta infatti gruppi su scala verticale e orizzontale. Gruppi fondati sulle idee di razza, genere, religione, disuguaglianza sociale, culturale, ideologica, che alimentano programmi mentali drammatici. La creazione di capri espiatori permette di separare inoltre chi si trova alla base della piramide, incrementando volutamente conflitti tra essi per indirizzare la rabbia e la frustrazione altrove rispetto a ciò che richiederebbe veramente attenzione. Pertanto ci sentiamo così giustificati a manifestarci nella nostra ombra, ad uccidere, a creare guerre, a reprimere altri popoli, ad utilizzare il nome di Dio in nome di obbrobri umani, a distruggere il nostro pianeta.

Come è più volte successo in passato, qualsiasi scoperta o invenzione, se pur meravigliosa, verrà sempre impiegata anche per favorire maggiore potere. Attualmente la portata allarmante di alcune terribili armi di distruzione di massa identificano il picco della nostra struttura sociale patriarcale. Finché il cuore degli uomini non incomincerà ad essere ripulito dalla negatività, non ci sarà cambiamento alcuno. E la negatività si può affrontare aumentando la positività, non combattendola, ma integrandola dentro di noi. Sassone racconta, «Molte volte mi sono posto il problema di cosa si potrebbe fare per dare una mano, per dare un aiuto, e una prima considerazione per me importante è che credo che ormai la politica abbia fallito totalmente, anche perché nell'evidenza di quello che accade è più al servizio dell'economia»[1]. Poi aggiunge, «Perché penso che la politica non possa funzionare più, di qualsiasi tipo essa sia? Per un motivo molto semplice, direi quasi banale. Noi possiamo anche creare delle istituzioni, delle leggi e delle

1 Estratto dall'intervista per il film Viananda.

strutture che funzionano benissimo. Ma se a capo di queste strutture, che funzionano benissimo, viene messo un uomo di potere con la vecchia logica, queste saranno adoperate al servizio di quel potere. Quindi non è creare soluzioni migliori che può a mio avviso creare una vera trasformazione, ma sviluppare consapevolezze migliori nelle persone può realmente essere la carta vincente. L'umanità non si salva se non cambia coscienza, io ormai questo lo sento profondamente»[1]. In questa fase, non sono quindi risolutorie solo alcune scelte migliori per un cambiamento, ma anche consapevolezze più raffinate per uomini integrali.

Molti dei teatrini politici che possiamo osservare quotidianamente, a livello nazionale e mondiale, sono oramai poco credibili anche ai più ingenui. I membri dei vari gruppi incentrano i loro discorsi sull'accusa austera delle proposte degli altri partiti, proclamando o denunciando principi che per primi violano. Finché non ci rendiamo conto dei nostri tremendi limiti, accentuati dal mal funzionamento dei nostri centri, dalla struttura del proprio carattere e dal sonno che viviamo, finché non ci mettiamo profondamente in discussione con percorsi di crescita personale, non ci sarà speranza alcuna di poter assistere a dibattiti politici tra persone dominate dalla loro luce e non dalla loro ombra. Proporre manovre politiche tentando di correggere gli altri non si è mostrato poi così efficace, forse i leader dovrebbero essere più consapevoli e disponibili a cambiare se stessi, alimenterebbero così concretamente felicità e amore nel mondo.

Ancora oggi mi chiedo come sia possibile che chi sta al potere, governando società costituite da creature di cui funzionamento conoscono veramente poco e nulla, non sia affiancato da veri conoscitori dell'essere umano, per creare condizioni sociali migliori. Perlopiù pare ci sia alla base la convinzione che la nostra indole sia così tanto inaffidabile e malvagia da non poter incoraggiare condizioni di autogoverno, anche se per alcuni aspetti è in parte vero fintanto che non

1 Estratto dall'intervista per il film Viananda.

saremo educati in ciò. Nonostante apprezzi molto i miglioramenti che stiamo incentivando a livello globale, ho la percezione a volte che siamo riusciti ad adattarci, tollerare e perfino amare e desiderare la nostra situazione di schiavitù collettiva, in un sistema che favorisce una sottomissione volontaria. Gran parte di noi percepisce che la politica sia uno strumento di potere che sfugge alla nostra reale influenza e controllo. Per far sì che i sistemi di dominio sopravvivano, le persone comuni devono essere spinte a smettere sempre più di partecipare al dibattito e all'azione politica, per entrare piuttosto in una dimensione di apatia e obbedienza[1]. Mi sembra però che molti individui si sentano come agnelli in pasto a lupi affamati nascosti tra le tenebre, personalmente credo che questo alimenti solo una comoda resa a non voler cambiare prima di tutto noi stessi.

Le fazioni politiche e i relativi adepti si scontrano con proposte scordando sempre un punto fondamentale. Finché l'uomo e il suo funzionamento non cambieranno, finche non ci focalizzeremo sulla trasformazione interiore degli individui, nessuna misura politica ed economica sarà così efficace da migliorare concretamente la società e il sistema in cui viviamo. Anche perché gli stessi politici che proclamano le proprie idee tanto amate, non hanno in primis messo in atto questo lavoro di crescita personale, di conoscenza di sé e trasformazione interiore. Gli uomini che verranno dovranno mettere al centro della propria esistenza il desiderio di lavorare profondamente su di sé, attraverso un percorso di risveglio e ricerca che preveda lo studio della struttura del carattere e un allenamento alle virtù umane, concretamente nel quotidiano.

I partiti politici e i loro rappresentanti sono un esempio di ciò che in sociologia e psicologia sociale viene definito come favoritismo *ingroup* e discriminazione *outgroup*[2], dove il gruppo diventa il luogo

1 Per approfondimenti, tra i vari libri di cui i dettagli in bibliografia, Noam Chomsky, "Illusioni necessarie: mass media e democrazia".

2 La teoria dell'identità sociale rappresenta uno dei principali modelli della psicologia sociale contemporanea, sia per gli approcci di social cognition sia per la comprensione delle dinamiche funzionali intergruppi. È stata

di origine dell'identità sociale. Nell'essere umano è spontanea la tendenza a costituire gruppi, a sentirsene parte e a distinguere il proprio di appartenenza (ingroup) da quelli di non-appartenenza (outgroup), mettendo in azione distorsioni, ovvero meccanismi di bias cognitivi, ed un comportamento di favoritismo verso il proprio gruppo (e viceversa per quelli estranei). Studiando l'impatto di quest'ultimo sul singolo, è emerso che le persone tendono a creare categorie funzionalmente discriminanti, basate su diversi fattori (sesso, età, etnia, status sociale, religione, ideologie di riferimento, tifo, etc) per confrontarsi con la complessità della realtà. Eisler spiega, «Parlo spesso in molti miei convegni di quelli che per me sono i concetti chiave e le persone sono d'accordo, ma so bene che quando vanno via ritornano poi ai soliti schemi mentali di destra-sinistra, religione-laicismo, oriente-occidente. Ci terrei a dire che questi, come li ha definiti un mio caro collega, sono "armi di distrazione di massa", perché frammentano la nostra consapevolezza. Pensate ora alla società nel complesso e discostatevi da quello che vi è stato insegnato fino ad ora»[1].

L'appartenenza a qualsiasi gruppo fornisce la base psicologica per la costruzione della propria identità sociale e per una comparazione continua tra ingroup e outgroup, e ciò alimenta quindi percezioni ed interpretazioni distorte che inducono ad identificare il proprio gruppo come migliore rispetto agli altri, soddisfacendo la propria sete di superiorità. Il gruppo ha un potere così forte sull'individuo[2], che come insegna la storia, può condurlo a mettere in atto azioni che vanno contro la sua stessa natura.

Eisler asserisce, «Per capire quale sia la strada giusta da percorrere in vista del futuro, non è questione di stabilire se sia più giusta la de-

strutturata dalla psicologo polacco Henri Tajfel (Wloclawek, 22 giugno 1919 - Bristol, 3 maggio 1982) e dallo psicologo sociale britannico John C. Turner (Londra, 7 settembre 1947 - 24 luglio 2011) a partire dagli anni '70, e si è in seguito ampiamente sviluppata nell'ambito della ricerca della psicologia dei gruppi.

1 Estratto dall'intervista per il film Viananda.

2 Per approfondimenti, rimando alle varie ricerche sul Groupthink, ovvero quel fenomeno che identifica come il pensiero di gruppo attecchisce in quei contesti sociali in cui i membri di un determinato gruppo evitano di promuovere punti di vista che vadano al di fuori di quella zona confortevole delimitata dal pensiero consensuale. Le idee del gruppo diventano condizionanti e limitanti per il pensiero del singolo membro.

stra o la sinistra, la religione o il laicismo, come ho detto poco fa, sono tutti regimi di dominio. Si tratta piuttosto di esaminare le configurazioni di partenariato e di dominio. Una volta fatto, inizierete a capire quali sono le linee da seguire per attuare un sistema di partenariato»[1]. Poi prosegue, «Ad esempio, negli Stati Uniti ci sono movimenti come il Me Too[2] o il Black Lives Matter[3]. La questione non è capire se le persone siano state educate ad avere questo modello in cui un individuo di sesso maschile è superiore ad un altro, ad una donna. Nella loro mente hanno già una sorta di modello preimpostato che identifica le diversità proprio a partire da questa scissione di genere di base, ed ecco quindi che ritroviamo i concetti di superiorità ed inferiorità, dominio e sottomissione, servire o essere serviti. Pertanto, non dovremo proprio stupirci degli scontri tra Sunniti e Sciiti nel Medio Oriente e viceversa, è un gruppo religioso *in* contro un gruppo *out*. Oppure dei conflitti derivanti dal razzismo e dall'antisemitismo negli Stati Uniti, qui si combinano l'aspetto religioso e quello razziale. Si tratta sempre di un gruppo *in* contro un gruppo *out*, come accade con il gruppo *in* degli uomini e quello *out* delle donne. Dobbiamo collegare i vari punti, e cosa riusciamo a vedere se lo facciamo? Innanzitutto ci renderemo conto che questi vecchi pregiudizi ci hanno condizionato in partenza e vivremmo molto meglio se riuscissimo a lasciarceli alle spalle, ma dobbiamo farlo tutti insieme»[4].

Tutto ciò dimostra ancora una volta come non siamo guidati da una brutalità intrinseca e congenita, ma il nostro agire è la diretta conseguenza del fatto che non conosciamo il nostro funzionamento, non cerchiamo di creare le condizioni corrette per corpo-emozioni-mente, viviamo un sonno quasi perenne e non abbiamo mai fatto un profondo

1 Estratto dall'intervista per il film Viananda.

2 Il movimento Me Too è un movimento femminista contro le molestie sessuali e la violenza sulle donne. Si è diffuso in modo virale a partire dall'ottobre 2017 come hashtag usato sui social media, per mettere in luce la diffusione di violenze sessuali e molestie subite dalle donne soprattutto nei contesti lavorativi.

3 Black Lives Matter (letteralmente "le vite dei neri contano") è un movimento attivista, creato all'interno della comunità afroamericana, impegnato nella lotta contro il razzismo, perpetuato a livello socio-politico, verso le persone nere.

4 Estratto dall'intervista per il film Viananda.

lavoro su di noi, sul carattere e sulle virtù essenziali. Eludendo tutto ciò, l'uomo è capace di dare senso alle più astruse idee.

Ribadisco che un attento lavoro sulle nostre credenze, convinzioni ed aspirazioni, nell'analisi più ampia del nostro vissuto nel contesto familiare e della nostra struttura caratteriale durante un percorso psicoterapeutico, dovrebbe essere obbligatorio per qualsiasi leader che detenga una qual si voglia forma di potere. Poiché le proposte e scelte che quotidianamente possiamo ascoltare da parte dei nostri politici, sono spesso chiaramente guidate da vecchie ferite e bisogni non soddisfatti in modo sano. Tutti noi dobbiamo metterci costantemente in discussione, attraverso percorsi di reale crescita personale con preparati conoscitori dell'animo umano, per non cadere nelle mille trappole dell'ego.

Condizionamento sociale e mezzi di comunicazione

Alcune azioni disumane vengono incentivate dalla massa, nella credenza che siano necessarie per la salute, l'ordine e il progresso sociale. Alcune convinzioni malsane sono in altri casi perpetuate da uomini addormentati, che pur credendo spesso di agire per il bene comune, sono invece manipolati da interessi egoici. Alimentando fissazioni e passioni della propria personalità, si macchiano di azioni discutibili compiute per un certo bene collettivo, deresponsabilizzandosi. Negli ultimi millenni assistiamo costantemente alle stesse manovre malvagie, sono solo romanzate diversamente e si sono evoluti e perfezionati i modi e i mezzi grazie al progresso tecnico-scientifico. È opportuno comprendere ancora più approfonditamente come l'ambiente socioculturale modelli e imprigioni il pensiero del popolo.

Chomsky suggerisce che osservando il recente passato possiamo notare come la propaganda, fin dalle sue applicazioni iniziali, fosse un potente strumento per «Irreggimentare le menti dei cittadini tanto quanto fa un esercito con i suoi soldati»[1]. Strategie per riuscire a gestire la democrazia attraverso ciò che viene definita come la *fabbrica del consenso*[2]. Spesso la propaganda si fonda su slogan assolutamente privi di reale significato, così che nessuno possa dissentire e tutti appunto acconsentano. Naranjo aggiunge che «Oggi la propaganda ideologica dell'autoritarismo si è fatta talmente raffinata e onnipresente che non percepiamo più la mancanza di libertà»[3].

I media principali, i quali hanno il potere di raggiungere un ampio pubblico, sono a volte legati ad imprese controllate da gruppi ancora più grandi. Nonostante possano indignarsi di ciò che accade nel mondo politico ed economico, le critiche sembrano rimanere troppo spesso entro determinati limiti, con modalità che invito nuovamente ad approfondire. Chi opera in questo settore sente spesso di essere mosso da buon cuore o logica, dall'illusione di una libertà di pensiero che anche a seguito delle considerazioni sulla programmazione culturale che subiamo, può facilmente crollare. Consideriamo che i grandi giornali e media sono in molti stati proprietà di macchine propagandistiche, i giornalisti che scelgono di lavorare in modo differente rispetto al modello imposto rischiano di non potersi inserire in questi contesti. È fondamentale però che noi lettori o telespettatori scegliamo un'informazione equilibrata che non cada in estremismi, sensazionalismo, populismo e generalizzazioni. È doveroso sottolineare nuovamente la responsabilità individuale. Sappiamo bene come i mezzi di comunicazione siano stati usati per strategie propagandistiche e manipolative a fini politici, limitando il pensiero libero e perpetuando il controllo di massa ed il consenso, anche in questo periodo storico questo tema è al centro di vari studi e dibattiti in molte nazioni

1 Questa è una definizione del pubblicista e pubblicitario statunitense di origine austriaca Edward Louis Bernays (Vienna, 22 novembre 1891 - Cambridge, 9 marzo 1995) presente nel suo libro "Propaganda" del 1925, dove spiegò l'applicazione delle strategie propagandistiche dopo la prima guerra mondiale.

2 Termine utilizzato da Noam Chomsky nei suoi libri, ma coniato originariamente dal giornalista statunitense Walter Lippmann (New York, 23 settembre 1889 - 14 dicembre 1974). Per approfondimenti, tra i vari libri di cui i dettagli in bibliografia, Noam Chomsky e Edward S. Herman, "La fabbrica del consenso: l'economia politica dei mass media".

3 Claudio Naranjo, "L'ego patriarcale. Trasformare l'educazione per costruire una società sana", pag 23.

del mondo. Tuttavia portare ancora l'attenzione esclusivamente a ciò, credo sia poco funzionale nella misura in cui ha più senso educare le persone allo studio di sé e del proprio funzionamento, insegnando cosa sia una buona informazione, piuttosto che credere di essere solo soggetti agli avidi interessi di chi detiene forme di potere e desidera utilizzare l'informazione per i propri scopi.

Il giornalismo superficiale e di poco valore e le strategie di distrazione di massa che vedremo a breve, sono sostenuti da noi stessi, non unicamente da pochi privilegiati come magari è stato supposto o è realmente accaduto in passato. Questa analisi dovrebbe essere ovviamente approfondita prendendo in considerazione le diverse situazioni sociopolitiche, le quali sono estremamente differenti a varie latitudini. In ogni caso, è insolito ascoltare persone che propongano un pensiero equilibrato, capaci di mettersi in discussione, è raro incorrere in realtà che offrano dibattiti interessanti e pacifici e che permettano di integrare limpidamente visioni differenti, sia all'interno del mainstream che nei contesti di ciò che viene denominata come *controinformazione*, la quale cade nei medesimi bias cognitivi del sistema che condanna.

Ciò che conta sembra essere in svariati casi il pubblico raggiungibile, l'intenzione è che sia il più ampio possibile, offrendo informazioni coerenti con ciò che si aspetta per ritorni economici provenienti soprattutto dalla pubblicità, indipendentemente che il mezzo scelto sia i quotidiani, la televisione, i blog o i social media. Non siamo educati purtroppo allo studio di questi temi, ed oggi è più che mai essenziale parlarne soprattutto ai ragazzi nelle scuole. La crisi della buona informazione si manifesta da veramente molto tempo, le inserzioni pubblicitarie hanno spesso troppo peso sul giornalismo massivo e superficiale attuale. La lotta per il "click" alla notizia e per catturare l'attenzione del lettore mette in luce come sia necessario trovare altre modalità per poter permettere di sopravvivere a quelle realtà che perseguitano una corretta informazione. Tornare al giornalismo stampa e agli abbonamenti ai giornali potrebbe per esempio stimolare un'informazione lenta[1] e accurata, che abbia veramente valore. Secondo alcuni, la pubblicità non potrà essere la strategia di sopravvivenza per il giornalismo del futuro, poiché i tassi di conversione sono e saranno molto più alti nei social media.

L'allarmismo, i conflitti e lo scontro fanno molta più notizia rispetto alle soluzioni funzionali, la brutalità pare essere per molti più interessante della bellezza. La psicologia spiega che l'assuefazione nel nostro ambiente di appartenenza ad un certo tipo di informazioni (parole, emozioni, modelli comportamentali), anche se disfunzionali, nutre la tendenza ad andare alla ricerca delle medesime, escludendone ovviamente molte altre. Chi fa giornalismo dovrebbe responsabilizzarsi maggiormente rispetto a ciò che scrive e pubblica, dovrebbe essere consapevole del grande impatto che il suo lavoro ha sulle persone e assumersi maggiormente le proprie responsabilità per ciò che viene dichiarato, rispondendo personalmente nel caso di una mala informazione.

Dal mio punto di vista, anche in questo caso è indispensabile studiare l'essere umano secondo una visione olistica, questi temi potrebbero diventare un ambito centrale di studio inserito all'interno del programma formativo dei giornalisti stessi (ma anche di qualsiasi altro percorso universitario). Ricordo inoltre che l'indagine dei bias cognitivi di cui abbiamo accennato e del funzionamento del nostro cervello, mette in luce che andiamo alla ricerca di ciò che conferma le nostre idee precostituite, spesso sorte per suggestioni esterne. Il giornalista ha il privilegio di poter scegliere su cosa portare l'attenzione, un potere enorme che richiede una saggezza enorme.

Potremmo insegnare nelle scuole i meccanismi di disinformazione dei social media, come proliferano le informazioni semplicistiche, cos'è un buon giornalismo, come reagire a questa infodemia[2], poiché

1 L'informazione lenta è promossa dal movimento *Slow journalism*, il quale propone un modello di giornalismo attento alla verifica delle fonti, all'accuratezza e alla qualità dei contenuti. Nasce come risposta alla crisi del giornalismo contemporaneo.

2 Per infodemia si intende una circolazione di una quantità eccessiva di informazioni, talvolta non vagliate con

ha un peso incredibile sulla nostra democrazia. Le fake news sono un problema che richiede celeri soluzioni, nominare una realtà che certifichi il vero dal falso sarebbe però assurdo per alcuni aspetti. Educare invece i giovani d'oggi a non subire le notizie passivamente, a sviluppare un pensiero critico ed una capacità di messa in discussione, può essere un'efficace soluzione. In alcune nazioni lo stanno già facendo, come in Finlandia. Ogni tanto mi chiedo come mai sia così difficile trovare strategie per alcune problematiche attuali, quando basterebbe copiare le medesime che hanno avuto un impatto positivo in altri luoghi e adattarle al proprio.

I ragazzi si informano sempre meno, è utile comprendere che le modalità comunicative utilizzate spesso dai media sono anacronistiche per gli utenti più giovani. Urge un'informazione che utilizzi un tono di voce coerente al loro linguaggio, con metodi più innovativi di raccontare storie e notizie. Ciascuno di noi ha comunque la responsabilità di andare alla ricerca di quelle realtà che facciano un buon giornalismo approfondito con richiami alle fonti, di selezionare informazioni autorevoli per proteggerci dal marasma contraddittorio che possiamo osservare. La qualità dell'offerta è collegata alla qualità della domanda, quindi abbiamo la possibilità, singolarmente, di sostenere un'informazione degna di essere chiamata tale.

Ho letto diversi articoli che riportano le presunte dieci regole per il controllo sociale che vengono attribuite a Chomsky. Alcuni sostengono però che il medesimo abbia dichiarato che, pur rispecchiando il suo pensiero, non siano state scritte di sua penna[1]. Ciononostante sono un buon riassunto semplificato di alcune modalità manipolative, usate dai vari mezzi di comunicazione e dagli esseri umani. La teoria che desidero supportare quindi, andando per alcuni aspetti contro-

---

accuratezza, che rendono difficile orientarsi su un determinato argomento per la difficoltà di individuare fonti affidabili.

1 Ho letto alcuni libri di Chomsky, senza riscontrare questo decalogo. Queste dieci regole o considerazioni sono state però inserite in un libro pubblicato solo in Italia di raccolte di suoi saggi e scritti, il quale purtroppo non riporta alcuna fonte (Noam Chomsky, "Media e potere").

corrente ai molti che hanno disquisito su questi temi, è l'abbandono della credenza che tutto ciò che affronteremo sia solamente guidato dall'influenza di alcuni poteri politici ed economici sui media, infatti in troppi casi sono frutto del nostro stesso mal funzionamento. Nonostante molte nazioni presentano una libertà di stampa preoccupante, nonostante secondo alcuni studi anche l'Italia si posizioni a livelli inquietanti in questa classifica[1], siamo noi stessi ad incentivare queste strategie di manipolazione di massa, attribuiamo ai pochi la responsabilità di tutti.

Una delle strategie si basa sulla distrazione, distogliere l'attenzione del popolo dai problemi sociali importanti e dalle manovre politiche ed economiche, tramite un eccessivo bombardamento di notizie superficiali e contraddittorie, che impedisce la formazione di un pensiero critico e del pensare in generale. Le informazioni a cui siamo esposti da parte dei media (televisione e giornali) e soprattutto dei social media, sono così massive che le persone dedicano sempre meno tempo all'informarsi, rendendo inevitabilmente impossibile la strutturazione di un'opinione equilibrata sui vari temi. Inoltre molti articoli che possiamo leggere, ben lontani dalle regole del vero giornalismo, diventano strumenti per spostare l'attenzione su quelle informazioni che confermano le idee e teorie del giornalista o della testata giornalistica stessa, oppure su notizie di grande interesse per il lettore, indipendentemente che siano accurate e veritiere. Oggi è anche noto come le fake news, la costante mancanza di verifica delle fonti, la ricerca di informazioni all'interno di siti web non autorevoli e il sonno collettivo che viviamo, siano aspetti che promuovono questa prima strategia. D'altro canto sappiamo bene come alcuni governi siano abili nell'utilizzo di questi strumenti per fini elettorali o per destabilizzare altre nazioni.

Il pensiero critico viene a mancare anche perché i motori di ricer-

1 L'Indice della libertà di stampa è una classifica annuale compilata e pubblicata da Reporter Senza Frontiere (RSF, in inglese *Reporter Without Borders*), un'organizzazione non governativa e no-profit che promuove e difende la libertà di informazione e di stampa. Nel 2021, ai primi 4 posti troviamo Norvegia, Finlandia, Svezia e Danimarca, l'Italia si posiziona al 41°.

ca e i social media, come anticipato tramite complessi algoritmi, ci propongono informazioni che confermano i nostri criteri di interesse e quindi le nostre opinioni, non mettendo così mai in discussione il nostro punto di vista e rafforzando ciò che crediamo sia vero. Tuttavia questa problematica ha raggiunto sfumature ancora più allarmanti. I programmi automatici, denominati *bot*[1], sono sfruttati anche per manipolare i dibattiti e polarizzare l'opinione pubblica su vari temi di rilevanza globale, attraverso notizie false. Considerando come la rete sia diventata una delle piattaforme più importanti ed influenti per discutere di questioni sociali, economiche e politiche, in questa dimensione virtuale i bot possono avere un impatto così devastante da mettere in luce l'importanza e il bisogno ad un ritorno a relazioni e confronti reali. Alcuni programmi automatici quindi vengono usati per fingersi umani e diffondere fake news online, sostenere gruppi discriminatori e violenti o colpire alcuni individui specifici.

Sicuramente possono essere attuate delle strategie per tamponare tutto ciò, ma finché il funzionamento degli esseri umani non cambia e non decidiamo di incentivare fin dalla più tenera età un'evoluzione individuale per un salto di qualità della nostra specie, qualsiasi innovazione, anche la più meravigliosa, sarà utilizzata anche per creare caos, separazione e distruzione. Solo perseguendo questa via, saremo maggiormente d'accordo sulle scelte future, perché saranno il frutto della parte più illuminata e saggia che ci costituisce, e non della nostra ombra. È opportuno comunque smettere di condividere notizie di cui non siamo certi della veridicità delle fonti e incominciare a disintossicarci dall'utilizzo sconsiderato di televisione e cellulari. Quest'ultimi, con l'uso sempre più inconsapevole dei social media, ci mantengono nell'illusione di una iperconnessione con gli altri, in un'epoca dove

1 Bot è l'abbreviazione di robot, sono programmi che sostituiscono gli esseri umani in specifici compiti, per esempio nell'assistenza clienti o nella gestione di diverse funzioni di un sito web. Per comprendere la dimensione di questo fenomeno, secondo Imperva, nel 2019 i bot hanno rappresentato quasi un terzo del traffico totale online (il 62,8% è stato composto dagli esseri umani, il 24,1% dai bot utilizzati per fini manipolativi e il 13,1% dai bot utili per facilitare alcuni compiti). In questi ultimi anni sono stati fatti i primi passi per regolamentare i bot e il loro utilizzo illecito, ma è indispensabile intervenire in maniera ancora più accurata.

non siamo forse mai stati così sconnessi da noi stessi e il mondo.

Un'altra strategia che troviamo nel pensiero di Chomsky consiste nel creare un problema per offrire poi una soluzione che, anche minando i diritti sociali e favorendo gli interessi di pochi, risulti comunque digeribile. Alcune manovre politiche ed economiche si avvalgono invece della gradualità, ovvero per accogliere una misura che non sarebbe sicuramente tollerata, basta applicarla gradualmente, diventando passo dopo passo accettabile. Se inoltre questa misura viene disegnata come dolorosa e necessaria, nonostante sia impopolare nell'immediato, approviamo la sua applicazione in futuro perché preferiamo accettare un male domani piuttosto che uno oggi. I mezzi di comunicazione inoltre si avvalgono spesso di un linguaggio come se si stessero rivolgendo a dei bambini, attivando da un lato la nostra parte più infantile priva di capacità di discernimento[1], dall'altro sfruttano l'emotività delle persone poiché, come analizzato nella prima parte del libro, siamo guidati più dalle emozioni piuttosto che dalla ragione.

Molti media ed individui perlopiù sostengono il mantenimento dell'ignoranza e della banalità, rendendo addirittura desiderabile la mediocrità, con una visione della vita assai limitata. Basti pensare al crescente desiderio di raggiungere status quo discutibili e modelli estetici plastici ed irraggiungibili, Chosmky ricorda, «Il conformismo è più semplice e permette di ottenere privilegi e prestigio; il dissenso invece ha dei costi specifici che possono anche essere pesanti»[2].

Queste sono alcune strategie con cui il sistema di dominio e noi stessi influenziamo l'opinione pubblica, attraverso i vari mezzi di comunicazione. Alcune presunte democrazie nel mondo sono quindi formate da un tragico binomio: da una classe dirigenziale che si avvale di strumenti di potere utili a persuadere il popolo, il quale ha un ruolo di mero spettatore, e da individui che si deresponsabilizzano

1 Per approfondimenti, tra le varie ricerche nell'ambito della comunicazione, Eric Berne, "Analisi transazionale e psicoterapia. Un sistema di psichiatria sociale e individuale".
2 Noam Chomsky, "Illusioni necessarie: mass media e democrazia" , pag 37.

a causa dell'inconsapevolezza del proprio funzionamento. La paura, la rabbia e la rassegnazione diventano un reale mezzo di controllo, queste emozioni sono incentivate dai media che eccedono nel mostrare informazioni di distruzione, brutalità, violenza e guerra, tramite i telegiornali e le varie news, i programmi televisivi e i film che guardiamo, le informazioni e i video che condividiamo. Tuttavia siamo soggetti a questa negatività perché continuiamo a volerla ingurgitare. Naranjo aggiunge, «Si può dire quello che dice la notizia, ma non si dice nulla dal punto di vista illuminante che servirebbe»[1]. Criticare il male può risultare inutile nella misura in cui non viene mostrato anche cosa sia il bene. È opportuno denunciare l'oscurità oggi presente nel mondo, ma tutto ciò dovrebbe essere riequilibrato raccontando il bello degli esseri umani e di quello che accade attorno a noi, proponendo modelli illuminati e funzionali che possano essere d'ispirazione.

Il consenso è il frutto di velate relazioni tra i media, l'educazione, l'economia, la politica e l'inconsapevolezza dei singoli, assume spesso modalità dispotiche e patriarcali. Chomsky asserisce, «La mia personale opinione è che i cittadini delle società democratiche dovrebbero impegnarsi in un lavoro di autodifesa intellettuale per proteggersi dalla manipolazione e dal controllo e per gettare le basi d'una democrazia più significativa. Ed è appunto quest'opinione che regge e giustifica il mio lavoro»[2].

Naranjo illustra, «Un governo che abbia autonomia rispetto alle pressioni dell'impero monetario globale potrebbe realizzare delle cose meravigliose, ponendo i mezzi di comunicazione al servizio della verità, della giustizia, della bellezza e di altri valori elevati, invece di distrarre le persone dalla loro interiorità e dal loro essere autentico, condizionandole e ingannandole»[3]. Ricollegandoci al capitolo precedente, ascoltare i rappresentanti dei governi vantarsi principalmente dei propri successi per sole questioni economiche, senza riconoscere

1 Estratto dall'intervista per il film Viananda.
2 Noam Chomsky, "Illusioni necessarie: mass media e democrazia", pag 22.
3 Claudio Naranjo, "L'ego patriarcale. Trasformare l'educazione per costruire una società sana", pag 88.

l'attuale schiavitù al mercato del lavoro dei propri cittadini, mi lascia veramente allibito. Osserviamo come buona parte della politica sia attualmente dominata da una superbia ed arroganza intellettuale, che difficilmente riconosce il valore della spiritualità e la sacralità della vita e del nostro pianeta.

Mettere in luce i difetti e le piaghe della propria nazione, al di fuori delle strategie utili per fini elettorali, è stato spesso in passato giudicato come folle sul piano comunicativo da parte dei mediocri individui della scena politica di molti paesi. Ricordo però che già il solo raccontare le proprie ferite e i proprio drammi vuol dire curarli, come è ben noto in qualsiasi approccio psicoterapeutico. Successivamente è necessaria l'azione per cambiare il presente, tenendo bene a mente il progetto e la visione di un futuro migliore. Slogan e demagogia non cambiano le nazioni, addormentano ulteriormente la massa, favorendo l'intolleranza che regna invece sovrana.

Parlare di sobrietà in una politica che va a braccetto con le regole deleterie dell'economia attuale, cercare di mettere la felicità umana al centro di ogni scelta governativa, sottolineare come il lavoro non possa soffocare altre vocazioni da perseguire nella vita, preferire il dialogo allo scontro, non sono i pilastri dei politici attuali. Molti leader si fingono superuomini, mostrarsi nella bellezza delle proprie fragilità di semplici esseri umani sarebbe considerato folle. Un politico che parla di amore, felicità, tolleranza e collaborazione, non facendosi sedurre dal potere, sarebbe un alieno in un panorama dove regna ben altro. Ma com'è possibile?

Patriarcato, matriarcato e filiarcato

Nell'arco di questo libro stiamo delineando sempre più come agisce il sistema di dominio patriarcale. Da un punto di vista antropologico, dove nasce tutto ciò?

Nell'antichità abbiamo vissuto inizialmente una dimensione di filiarcato, un periodo di anarchia, un governo dell'individuo su se stesso in comunità di cacciatori e raccoglitori nomadi. Successivamente, in tempi altrettanto remoti, abbiamo sviluppato per necessità realtà collaborative basate su ciò che Eisler denomina modello *mutuale* e Naranjo invece *matriarcale*[1], che in alcune rare comunità persiste tutt'oggi, un governo tribale della comunità sull'individuo. Naranjo racconta, «I primi antropologi che studiarono i popoli primitivi si imbatterono in quello che Engels definì come *comunismo primitivo*, dove si vive per il gruppo, per la tribù, in cui comanda la tribù. Ed è bene dire che quando i colonizzatori inglesi, i puritani, arrivarono negli Stati Uniti, gli indigeni avevano un ordine tribale, un ordine democratico. Non c'era un'autorità come nel potere gerarchico, un capo che rappresenta il gruppo. Era la tribù che comandava e quando gli inglesi vollero comprare le terre e chiesero chi fosse il proprietario, non poterono credere che non ce ne fosse alcuno. L'idea di comprare la terra era molto strana per gli indigeni, poiché sentivano che non ci fosse relazione di proprietà, né oggetto che gli appartenesse. Ma avevano piuttosto la sensazione di appartenere loro stessi alla Terra, di essere come i figli della Madre Terra»[2]. L'importanza di una consapevolezza comunitaria oltre alla proprietà privata è imprescindibile, poiché nell'ottica in cui il mondo è di tutti ciascuno ha la responsabilità di prendersene cura.

Eisler aggiunge, «L'antropologo Douglas Fry[3], che penso sia uno

1 Specifico nuovamente come Eisler e Naranjo utilizzino il termine *matriarcato* in modo differente. Riporto qui di seguito una nota presentata in precedenza. Il matriarcato indica un'organizzazione sociale intesa secondo modelli teorici diversi nel tempo. Eisler utilizza questo termine rifacendosi al concetto di una struttura sociale basata sul predominio assoluto della donna sul gruppo. Naranjo invece come una struttura sociale dove regnano alcune qualità femminili come cooperazione, collaborazione e cura, tipiche di diverse società antiche, senza alcune forma di dominio di alcuni su altri. Sottolineo quindi che i due ricercatori usano il suddetto vocabolo con sfumature differenti, tuttavia il pensiero dei due ricercatori è estremamente coerente se si considera il diverso significato che viene dato al suddetto vocabolo. Eisler nel suo libro "Il calice e la spada. La civiltà della grande Dea dal Neolitico ad oggi", dichiara infatti come queste società antiche non possano essere definite matriarcali, poiché non mostrano nella loro organizzazione sociale alcun paradigma dominatore (come invece accadrebbe nel patriarcato o nel matriarcato). Le considera invece società mutuali, in cui nessuna delle due metà dell'umanità domina l'altra.

2 Estratto dall'intervista per il film Viananda.

3 Douglas P. Fry (Boston, 20 September 1953) è un antropologo americano.

dei maggiori esperti al mondo nell'analisi delle società basate sulla caccia e raccolta, che è poi il modo in cui abbiamo vissuto per secoli, definisce queste società come prime forme di partenariato. Ora cosa significa? Significa che sono basate sull'uguaglianza, anche di genere, e sono più pacifiche. Ma questa non è la storia che ci hanno raccontato, vero? Ci hanno parlato a lungo del peccato originale, del nostro egoismo genetico, dei principi dell'evoluzione che hanno caratterizzato le primissime società e purtroppo ci è stato anche detto che lo stupro, la guerra e gli impulsi bellicosi sono insiti nei nostri geni, giusto? Che ci piaccia o meno. Tuttavia la nostra nuova ricerca, basata non solo sulle società di partenariato contemporanee ma anche sull'archeologia, l'antropologia e la mitologia, smentisce completamente tale storia incentrata sul dominio e la violenza»[1].

Dopo queste realtà di partenariato giunsero civiltà con un governo centrale, autoritario, piramidale e patriarcale, ineluttabile anche ai tempi degli antichi romani in tempi di crisi ed emergenza. Come approfondito da Naranjo, un nuovo matriarcato (inteso come struttura sociale basata sulla cooperazione e cura esattamente così come si è manifestata in passato) sarebbe poco funzionale nel mondo di oggi, è indispensabile un ulteriore salto di qualità, «Se otteniamo l'ordine nella società, *the good society* come dicono in inglese, la società felice, se pensiamo che stia nell'unità tra gli aspetti padre, madre e figlio, che sono intrinsechi all'essere umano, [...] se pensiamo che questo sia il modello di ciò che è un essere umano, ovviamente l'alternativa al patriarcato non è il matriarcato. Non mi sembra valido, il sogno di alcune femministe di un ritorno ad un paradiso matristico, in cui eravamo comunità collaborative. È stato idealizzato»[2]. Dopodiché continua, «Né si tornerà al filiarcato arcaico che possiamo definire come l'ordine anarchico. Ci sono molti anarchici oggi, ispirati dalla fede che se ognuno si governa come un animale, si auto-governa, ci

1 Estratto dall'intervista per il film Viananda.
2 Ibidem.

sarà un ordine prestabilito. Basta che ci liberiamo dell'autorità perché emerga un ordine intrinseco della natura. Io penso che questo sia difficile. Quindi la fede nel principio anarchico ha un problema, la fede nel principio tribale e nella volontà del popolo ha anche il grande problema che la voce del popolo è un po' stupida, un gruppo non ha la finezza per proporre una volontà adeguata per essere al timone di una nave. Se la gente a bordo litiga su come governare la nave non si va da nessuna parte, c'è anche bisogno di un timoniere, un capitano»[1].

Eisler aggiunge, «Partenariato non vuol dire solo lavorare insieme, le persone lavorano continuamente insieme. Anche nei monopoli di mercato o i terroristi e le bande criminali, tutti lavorano insieme e non si tratta di un'organizzazione piatta. Sapete, ho dovuto coniare dei termini nuovi, quindi *gerarchia di attualizzazione* come alternativa a *gerarchia di dominio*, sapete perché? Perché tutti abbiamo bisogno di una famiglia che ci guidi, di insegnanti, di managers, di un capo. [...] Spesso e volentieri le persone mi chiedono come funzioni nella pratica questo partenariato di cui parlo ed io rispondo che non si tratta tanto del tuo partner più prossimo come in una relazione ad esempio, ma piuttosto è questione di applicare il modello di uguaglianza di genere, di parità di diritti, scegliere insieme, scambiarsi le proprie conoscenze e applicare la gerarchia di attualizzazione e la non violenza»[2]. Quindi una società di partenariato molto più avanzata rispetto a quelle dell'antichità. Luisi e Capra spiegano, «Il passaggio dal dominio alla collaborazione corrisponde a passare dal potere coercitivo, che minaccia di imporre delle sanzioni per ottenere l'adesione alle regole, e dal potere compensativo, che offre incentivi economici e ricompense, a un potere condizionato, che cerca di rendere significative le istruzioni mediante la persuasione e l'educazione»[3].

L'integrazione di queste tre forme governative, patriarcato, matriarcato e filiarcato potrebbe rivelarsi secondo Naranjo risolutiva per

1 Estratto dall'intervista per il film Viananda.
2 Ibidem.
3 Fritjof Capra e Pier Luigi Luisi, "Vita e natura. Una visione sistemica", pag 503.

affrontare i drammi del nostro tempo, con un potere distribuito ed equilibrato, un'unione simbolica della famiglia interiore, tra il padre, la madre e il figlio, i quali possono essere capaci di abbracciarsi ed amarsi reciprocamente con le tre forme d'amore precedentemente analizzate. Quindi *eros*, l'amore del figlio che vive in noi, il quale ricerca la spontaneità, libertà, piacere e felicità. *Agape*, l'amore della madre, collegata all'empatia, alla compassione e alla spinta di agire per il bene altrui. Infine *filia*, l'amore ammirativo e devozionale del padre, che è capace di riconosce e dare valore e rispetto al prossimo, al divino, alle virtù e agli ideali. Naranjo spiega, «Quindi penso che ci siano tre forme di governo. Il principio dell'autorità centrale, mi sembra normale che dove c'è saggezza, la saggezza sia al comando. C'è poi un principio comunitario, la solidarietà è infatti intrinseca alla nostra vita. Dopodiché l'istinto, l'anarchia, io penso che sia molto importante che sia integrata, che l'individuo non sia divorato né dai mandati di un governo, né dalle esigenze della comunità. L'individuo deve avere il proprio spazio di autogoverno. In qualche modo dobbiamo raggiungere un'armonia di questi tre tipi di valore e tre tipi di organizzazione, ma per questo è necessario avere armonia interna. Armonia non vuol dire solo non avere ostacoli, perché la vita ce li mette ad ogni passo, ma ottenere questa unità interna tra tre ordini di valore»[1].

Stiamo delineando quindi una convivenza armonica tra autogoverno delle persone, il senso della comunità e il governo centrale. Un ordine sociale non gerarchico, ma eterarchico, attuato da uomini sempre più consapevoli e disponibili ad un lavoro di trasformazione interiore. Un modello mutuale che già in passato si è manifestato, il quale richiede solo di essere applicato nuovamente con connotati più evoluti. Ciò faciliterebbe una reale parità tra i sessi, una economia di cura, una migliore distribuzione del denaro, uno sviluppo della consapevolezza degli individui, dei valori umani e del senso civico, solo per citare

1 Estratto dall'intervista per il film Viananda.

alcuni vantaggi collettivi. Si darebbe spazio alla gentilezza, collaborazione, fratellanza, amore e tutte le virtù di cui abbiamo già discusso, e tutto questo sarebbe da considerarsi solo un meraviglioso inizio, non una rigida soluzione finale. Eisler afferma, «La neuroscienza dimostra l'importanza di avere un modello integrale di società, poiché uno degli aspetti ai quali dobbiamo prestare maggiormente attenzione è che non solo le nostre categorie sociali convenzionali, ma anche gli studi convenzionali sulle società tendono a lasciare in disparte, se non addirittura a ignorare, la maggioranza dell'umanità, donne e bambini. A questo proposito, la mia ricerca, lo studio delle dinamiche relazionali, unisce tutti questi punti sconnessi»[1]. Prosegue illustrando come «Grazie al contributo della neuroscienza è possibile dimostrare che ciò che sperimentiamo da bambini modella davvero la struttura del nostro cervello e di conseguenza il modo in cui pensiamo, percepiamo le cose e come agiamo, addirittura come voteremo in futuro. In questo modo è possibile connettere la struttura delle varie esperienze dei primi anni d'età in famiglia, i ruoli sessuali e di relazioni con la politica e l'economia, e così è possibile vedere alcune connessioni, di fatto invisibili attraverso non solo le lenti delle categorie convenzionali, ma anche degli studi convenzionali, e ciò rappresenta la priorità principale delle società basate sul dominio»[2].

Come illustrato da Hegel[3], ogni forza storica trova il suo opposto, l'antitesi, e lo scontro tra queste due forze genera una sintesi, una integrazione, che a sua volta racchiuderà in sé contraddizioni proprie. Lo scontro non deve essere per forza violento come lo è stato in passato e il fine ultimo non potrà essere l'idea di una società presuntuosamente perfetta. Il compito delle generazioni attuali e prossime sarà quello di scovare in maniera sempre più raffinata queste contraddizioni per migliorarci ulteriormente, non solo con la ragione, ma nell'ascolto di

1 Estratto dall'intervista per il film Viananda.
2 Ibidem.
3 Georg Wilhelm Friedrich Hegel (Stoccarda, 27 agosto 1770 - Berlino, 14 novembre 1831) è stato un filosofo, accademico e poeta tedesco.

tutti i nostri centri. Il patriarcato e le sue varie manifestazioni, nella propria vita intrapsichica, sociale, nell'economia, nella politica ed nell'educazione attuale, è da considerarsi obsoleto se vogliamo evolvere come specie. Luisi e Capra asseriscono, «È evidente che offrire stimoli e linee guida piuttosto che istruzioni rigide corrisponde a dei mutamenti significativi nei rapporti di potere: da dominio e controllo a cooperazione e collaborazione»[1].

Senza proiettarci eccessivamente nel domani, necessitiamo comunque di uomini più risvegliati alla guida delle istituzioni e nazioni con sufficiente potere per occuparci non più solo del nostro piccolo orticello, ma dei problemi del mondo. Quando un bambino africano cammina chilometri solo per riuscire a raggiungere la scuola o quando un padre sud americano non ha accesso a cibo e acqua per la propria famiglia, non è un problema dell'Africa o del Sud America, è un problema dell'umanità intera. Chosmky aggiunge, «La libertà senza opportunità è un dono del diavolo, e il rifiuto di fornire tali opportunità è un delitto. Il destino dei più vulnerabili è un chiaro indicatore della distanza che ci separa da quella che si potrebbe chiamare *civiltà*. Proprio mentre stai leggendo, mille bambini muoiono di malattie che si potrebbero facilmente prevenire, e un numero quasi doppio di donne muore o subisce gravi danni permanenti durante la gravidanza o il parto per mancanza di semplici rimedi e cure. Le stime dell'Unicef dicono che per superare queste tragedie e garantire un accesso universale a servizi sociali essenziali servirebbe un quarto della spesa militare annuale dei "paesi sviluppati", circa il dieci per cento della spesa militare Usa. È nel contesto di realtà come queste che andrebbe affrontata ogni seria discussione sulla libertà umana»[2].

Secondo la visione sistemica, essendo i drammi del nostro tempo interconnessi e interdipendenti, non possono essere compresi all'interno dell'approccio frammentario tipico delle discipline accademi-

1 Fritjof Capra e Pier Luigi Luisi, "Vita e natura. Una visione sistemica", pag 503.
2 Noam Chomsky, "Dis-Educazione. Perché la scuola ha bisogno del pensiero critico", pag 169.

che e dei molti enti governativi. Ciò che accade spesso è infatti solo lo spostamento di queste problematiche nella complessa rete di relazioni sociali ed ecologiche, quindi il mutamento in altre forme che magari possono apparentemente non riguardarci direttamente.

Ci troviamo attualmente nella totale impossibilità di giungere ad accordi globali, quando invece dovremmo urgentemente trovare reali soluzioni per affrontare tutti quei problemi non risolvibili individualmente. Gli incontri di copertina tra presidenti di stato non si sono rivelati per nulla sufficienti. Ricard asserisce, «Cos'è un uomo politico? Nella definizione stessa si parla di servizio pubblico, di servizio in una nazione. Oggi il concetto di nazione per affrontare tutti i grandi drammi, come la povertà nel mondo, l'educazione, la salute, i problemi dell'ambiente, non funziona più. Martin Luther King[1] ha detto "Siamo venuti tutti con le stesse barchette, oggi siamo tutti sulla stessa nave". Il nostro destino ora è fondamentalmente interdipendente, quindi abbiamo bisogno di un senso di responsabilità globale, che trascenda gli interessi specifici delle nazioni e dei governi. È chiaro che le grandi organizzazioni come le Nazioni Unite, l'OMS, l'Unicef e così via, fortunatamente esistono e sono state fondate durante il Ventesimo secolo. Ma non hanno ancora abbastanza poteri decisionali per imporre decisioni globali che siano buone, non solo per tutta l'umanità, ma anche per la biosfera. Quindi è lì che dobbiamo muoverci, non verso una sorta di governo globale, dove ci sarà un presidente mondiale, ma verso istituzioni che decidano su tutte le questioni importanti che riguardano l'intero pianeta, l'umanità e le otto milioni di specie presenti. Ciò è essenziale, ma questa è quindi un'utopia? Stiamo andando già in questa direzione, ovvero rafforzare le istituzioni internazionali»[2].

Abbiamo strumenti e conoscenze funzionali per un cambiamento concreto, abbiamo inoltre energie rinnovabili e soluzioni per inquina-

1 Martin Luther King Jr. (Atlanta, 15 gennaio 1929 - Memphis, 4 aprile 1968), è stato un attivista, politico e pastore protestante statunitense, leader del movimento per i diritti civili degli afroamericani.
2 Estratto dall'intervista per il film Viananda.

re meno, possibilità di riciclo e riutilizzo, consapevolezze nell'ambito dell'economia circolare, dell'educazione e del corretto funzionamento degli esseri umani per incentivare saggezza, compassione e solidarietà. D'altro canto, mai come oggi siamo alla soglia di un disastro su scala mondiale che potrebbe definire la fine della nostra specie. Sarebbe veramente un fallimento collettivo estinguersi a causa dell'avidità, dell'egoismo, dell'irresponsabilità e dell'assenza di consapevolezza. Ricard domanda quindi, «Avranno dunque i capi di stato il coraggio di prendere le decisioni necessarie, anche se non sono molto popolari? Idealmente dovremmo avere capi di stato e presidenti che non siano rieleggibili, in modo che non si preoccupino delle elezioni prossime e che prendano le decisioni giuste per il bene a breve e lungo termine delle generazioni future. Fu Winston Churchill[1] a dire "Un politico pensa alle prossime elezioni, un uomo di stato alle prossime generazioni". Quindi è di questo che abbiamo bisogno. Non ci siamo ancora, ma grazie ai giovani che sono sempre più motivati, forse un giorno ci arriveremo»[2].

Quando la scena politica sarà popolata da uomini più risvegliati, non sarà così difficile ragionare attentamente e contemporaneamente su scala locale e globale, decentrando il potere politico ed economico. Non sarà così impossibile trattare tematiche come la ridistribuzione della ricchezza e la produzione sostenibile, non sarà così utopistico permettere a tutti gli esseri umani di soddisfare i propri bisogni basilari che vanno dall'accesso al cibo, all'istruzione, ad una vita dignitosa. Chiaramente è sulla qualità umana e sulle virtù che dobbiamo lavorare, aiutando ogni individuo a manifestarsi nel suo lato luce, altrimenti questo tipo di mutamento potrà realizzarsi troppo tardi.

Il cambiamento prossimo non sarà solo il risultato di decisioni dei nostri leader, poiché quelli contemporanei hanno ottime competenze negli attuali nevrotici meccanismi politici ed economici e misere

1 Winston Leonard Spencer Churchill (Woodstock, 30 novembre 1874 - Londra, 24 gennaio 1965) è stato un politico, storico e giornalista britannico.
2 Estratto dall'intervista per il film Viananda.

nozioni su quale sia il reale funzionamento degli esseri umani. Sarà piuttosto il frutto di un enorme numero di individui che cambieranno se stessi e di conseguenza il mondo.

Il rispetto per la Madre Terra

L'osservazione e lo studio degli ecosistemi ha evidenziato come la maggior parte dei rapporti tra organismi viventi siano basati sulla collaborazione, interdipendenza e simbiosi. Il concetto di competizione, che negli ultimi secoli è stato al centro di varie teorie, è da ritenersi valido se inserito all'interno della suddetta cooperazione.

Il pianeta Terra è un sistema complesso a tutti gli effetti, una totalità integrata le cui proprietà essenziali si sviluppano dalle relazioni tra le sue parti. Il pensiero sistemico richiede di osservare l'oggetto di studio nel suo insieme più ampio. Luisi e Capra illustrano come «Una delle peculiarità di tutto il vivente è proprio la tendenza a formare strutture multilivello di tutti i sistemi all'interno di sistemi. Ognuna di queste strutture forma una totalità rispetto alle sue parti ed è contemporaneamente parte di un tutto più ampio. Perciò le cellule si combinano per formare i tessuti, i tessuti per formare gli organi e gli organi per formare gli organismi. Questi ultimi a loro volta esistono all'interno di sistemi sociali ed ecosistemi. In tutto il mondo vivente, troviamo dei sistemi viventi inseriti all'interno di altri sistemi viventi»[1]. Ogni sistema vivente presenta da un lato una spinta integrativa che permette di funzionare come parte di un insieme più grande, dall'altro una tendenza che permette di preservare l'autonomia individuale.

L'idea di Cartesio e Bacone della vita come una macchina governata e comprensibile attraverso leggi matematiche ha avuto conseguenze drammatiche anche per il nostro rapporto con la natura, «Il cambiamento drastico nell'immagine della natura da organismo a

1 Fritjof Capra e Pier Luigi Luisi, "Vita e natura. Una visione sistemica", pag 108.

macchina influenzò profondamente l'atteggiamento delle persone verso l'ambiente naturale»[1]. Secondo un approccio olistico invece, il mondo è visto come una rete di fenomeni interconnessi e interdipendenti e chiaramente la nostra sopravvivenza è legata al benessere della Terra e delle altre specie. Luisi e Capra spiegano, «La straordinaria caratteristica della Madre Terra è la sua naturale capacità di sostenere la vita. Come membri della comunità globale degli esseri viventi, è doveroso comportarsi in modo da non interferire con questa capacità naturale. Questo è il significato essenziale di sostenibilità ecologica»[2].

Secondo i due ricercatori, le comunità e società del futuro dovranno perseguire questo obiettivo comprendendo i principi di organizzazione che gli ecosistemi naturali hanno sviluppato per sostenere la rete della vita. Studiando come nella natura sia presente la cooperazione, a livello cellulare fino alle varie specie viventi, possiamo imparare a vivere in simbiosi con le creature di questo pianeta senza autoproclamarci padroni indiscussi. Apprendendo dalla vita, presente da miliardi di anni sulla Terra, possiamo fare scelte sagge per il nostro futuro. Luisi sottolinea, «È chiaro che l'inquinamento non è un problema chimico, dipende dal consumo di energia, il quale consumo di energia dipende dalla nostra struttura economica, la quale dipende dalle relazioni politiche. Il che non è la soluzione al problema, è semplicemente una fotografia, un'analisi, che però aiuta in una cosa fondamentale: ti aiuta a capire e ad elevare la tua coscienza al di là del singolo piccolo fatto contingente geografico»[3]. Poi prosegue, «Dato un problema sistemico, la soluzione può essere solo una soluzione sistemica, il vedere le connessioni è diciamo un primo passo, non è di per sé la soluzione, ma è quello che ti serve per cominciare a costruire una possibile soluzione»[4].

È importante ricordare come oggi abbiamo soluzioni sistemiche

1 Fritjof Capra e Pier Luigi Luisi, "Vita e natura. Una visione sistemica", pag 48.
2 Ibidem, pag 441.
3 Estratto dall'intervista per il film Viananda.
4 Ibidem.

efficaci per le crisi attuali. Vogliamo politici e cittadini che lavorino all'unisono per mettere la felicità di tutti gli umani e dell'intero pianeta al centro delle proprie proposte, fermando concretamente il disastro ambientale che osserviamo da decenni. Considerando la complessità dei problemi di oggi, dove può ciascuno di noi intervenire? Luisi afferma, «La visione sistemica ti da la coscienza delle cause di quello che succede, dell'incatenamento, poi però per trovare la soluzione pratica occorrono anche elementi politici, pratici. Qui il discorso diventa difficile, [...] si arriva rapidamente ad un punto in cui tutto è connesso con tutto, il che ti dà una bella visione, ma non ti permette poi di dare una soluzione facile al tutto. Quindi si arriva anche al punto che il soggetto che vede questa visione sistemica, deve anche scegliere il livello per operare dal punto di vista pratico. C'è veramente l'importanza del soggetto capace di visione sistemica di anche limitare la propria azione pratica. Non si possono risolvere tutti i problemi insieme, andando da quello dell'inquinamento al costo del petrolio in Arabia Saudita, ma indubbiamente data la visione sistemica deve esserci la capacità del soggetto operante di discriminare un certo numero di fattori collegati l'uno all'altro, che sono quelli al tempo stesso responsabili per la maggior parte del problema»[1].

Per millenni abbiamo vissuto su un pianeta che offriva le condizioni ottimali per la vita così come la conosciamo, Ricard racconta, «Più o meno dieci-dodici mila anni fa eravamo circa tra i due e i cinque milioni di esseri umani sulla Terra. Fino ad allora gli Homo Sapiens erano cacciatori-raccoglitori, costantemente in movimento, possedevano solo ciò che potevano portare, creando quindi relativamente poco danno ambientale. Poi circa dieci mila anni fa, i cacciatori-raccoglitori diventarono in maggioranza sedentari grazie ad un periodo climatico molto stabile denominato *Olocene*. Grazie a tutto ciò si sviluppò l'agricoltura, l'allevamento, la sedentarizzazione e quindi l'accumulo di ricchezza e anche una gerarchia di esseri umani, di persone

1 Estratto dall'intervista per il film Viananda.

che possedevano di più, che davano lavoro ad altre persone. Ci sono sempre stati conflitti tra persone, tra individui, ma quando nacquero i gruppi che accumularono ricchezza, si cominciò ad avere conflitti, cioè quello che noi chiamiamo *guerra*. Quindi questa popolazione, a quel tempo di cinque milioni di esseri umani, è aumentata gradualmente e all'inizio del Ventesimo secolo eravamo ancora solo 1 miliardo di esseri umani. [...] Negli anni Cinquanta abbiamo avuto quello che si chiama *la grande accelerazione*, di tutti i consumi come le auto, della distruzione delle foreste, tutto è aumentato esponenzialmente. Quindi non è che tutto ciò sia stato deciso da pochi individui, è la tecnologia, l'industrializzazione ed il progresso dei nostri mezzi d'azione che hanno creato questa grande accelerazione. E per la prima volta siamo entrati nell'*Antropocene*, che è l'epoca in cui le azioni degli esseri umani sono il fattore principale che determina il destino della biosfera e delle generazioni future, compreso il destino di otto milioni di specie animali che sono nostre concittadine in questo mondo. Non a causa di una persona che si è svegliata una mattina e ha detto "distruggerò il pianeta", è successo progressivamente in maniera appena percettibile»[1]. Luisi rammenta, «Io sono vecchio abbastanza da ricordarmi il dopoguerra per esempio in Italia. Dopo tanti bombardamenti c'era veramente una miseria assoluta, non c'era pane, non c'era niente. Allora cosa succedeva, tu bussavi al vicino di casa e chiedevi un pezzetto di burro per i figli e quello te lo dava, era un clima a suo modo bellissimo. Non appena però vennero i primi sentori del boom economico, successe che ognuno era quasi fiero di non aver più bisogno dell'altro e questo clima di collaborazione e di amore reciproco scomparve»[2].

Gli scienziati affermano che siamo ad un punto di non ritorno, o cambiamo o ci estingueremo, il pianeta mostra i primi segnali di un drammatico collasso. Il surriscaldamento globale aumenta di anno in

1 Estratto dall'intervista per il film Viananda.
2 Ibidem.

anno, con tutte le conseguenze terribili oramai ben note. Da decenni i climatologi spiegano come la Terra si stia surriscaldando a causa dei combustibili fossili, attraverso il rilascio di anidride carbonica e altri gas serra nell'atmosfera. Questi gas intrappolano l'energia solare in prossimità della superficie terrestre causando un aumento della temperatura e incentivando ciò che è stato definito come *effetto serra*. Stiamo già mettendo in atto quella che è a tutti gli effetti la sesta estinzione di massa, l'eccessivo mutamento dei livelli di carbonio nell'atmosfera è stato un elemento comune delle cinque precedenti.

Più procrastiniamo ed ignoriamo questi fatti, più sarà impossibile cambiare rotta. David Attenborough[1] da anni, attraverso i suoi film documentari, libri ed interventi, racconta come il collasso della nostra civiltà e del mondo naturale in generale sia all'orizzonte. Tutte le nazioni del mondo si devono allineare per attuare scelte politiche ecologiche, «La soluzione è elementare, ce l'abbiamo sempre avuta davanti agli occhi. Per ridare stabilità al pianeta, dobbiamo ripristinare la sua biodiversità, la stessa cosa che abbiamo rimosso. È l'unica via d'uscita da questa crisi creata da noi. Dobbiamo rinaturalizzare il mondo»[2]. In una visione sistemica, il pianeta è una rete inseparabile di relazioni ed è a tutti gli effetti un sistema vivente con capacità di autoregolarsi. Lo studio del funzionamento stabile degli ecosistemi durante la fase dell'Olocene, ci permette anche di capire il perché stiano collassando così drasticamente. Un team di scienziati del sistema Terra guidati da Johan Rockström[3] e Will Steffen[4] hanno studiato tutto ciò creando un modello che delinea nove soglie critiche nell'ambiente terrestre, ovvero nove limiti planetari da non oltrepassare per una vita sostenibile[5]. Le soglie critiche sono: cambiamento climatico,

1 David Frederick Attenborough (Isleworth, 8 maggio 1926) è un divulgatore scientifico, naturalista e documentarista britannico.

2 Estratto dal film "David Attenborough: Una vita sul nostro pianeta".

3 Johan Rockström (Svezia, 31 dicembre 1965) è uno scienziato svedese.

4 Will Steffen (born 1947) è un chimico americano.

5 Per approfondimenti, Johan Rockström e Mattias Klum, "Grande mondo, piccolo pianeta. La prosperità entro i confini planetari" e David Attenborough, "La vita sul nostro pianeta". Suggerisco la visione dei rispettivi film documentari, "Superare i limiti: La scienza del nostro pianeta" e "David Attenborough: Una vita sul nostro pianeta".

acidificazione degli oceani, inquinamento climatico, impiego di fertilizzanti, prelievi di acqua dolce, conversione dei terreni, perdita di biodiversità, inquinamento atmosferico e riduzione dell'ozono.

Attualmente abbiamo già superato quattro dei nove limiti: stiamo infatti eccessivamente surriscaldando il pianeta attraverso l'eccessivo rilascio di carbonio nell'atmosfera; stiamo interrompendo i cicli di azoto e fosforo utilizzando troppi fertilizzanti; stiamo distruggendo a velocità inaudita gli habitat naturali come praterie, foreste e paludi per creare terreni agricoli; infine stiamo perdendo la biodiversità presente a livelli mai registrati. Nonostante questo scenario inquietante, se impareremo quanto prima a vivere in modo sostenibile, possiamo invertire la rotta. Lasciare nuovamente spazio per un mondo selvaggio, lavorare per la vita e non contro, sembrerebbe essere più semplice di quanto appaia.

La continua crescita demografica pare essere un ulteriore problema. Attenborough illustra come ogni specie sulla Terra raggiunga una popolazione massima dopo un determinato lasso di tempo, questo numero è direttamente proporzionale alle risorse naturali disponibili. La popolazione umana è aumentata in maniera esponenziale nell'arco degli ultimi decenni, secondo alcune proiezioni sarà di circa undici miliardi entro la fine del nostro secolo[1]. Un numero assolutamente insostenibile considerando il nostro stile di vita attuale, ma possiamo rallentare se non fermare la crescita demografica prima di questo picco, la popolazione potrebbe smettere di crescere per la prima volta dall'avvento dell'agricoltura circa diecimila anni fa. Come? Migliorando lo standard di vita di tutti gli essere umani[2] in ogni angolo della

1 Il dipartimento per gli affari economici e sociali delle Nazioni Unite, autorità di riferimento per i dati sulla popolazione mondiale, ha pubblicato nel 2019 il World Poulation Prospects, proponendo alcune proiezioni in base a diverse ipotesi, calcolando una popolazione che varierà nel 2100 tra i 9,4 e 12,7 miliardi. Per approfondimenti, population.un.org/wpp .

2 A tal proposito, l'economista Kate Raworth dell'università di Oxford ha creato il Modello della Ciambella, inserendo i requisiti minimi del benessere umano per un futuro solidale ed equo, dando accesso a: acqua, cibo, salute, istruzione, reddito sufficiente e lavoro, pace e giustizia, rappresentanza politica, uguaglianza sociale, uguaglianza di genere, casa, rete di contatti ed energia. Per approfondimenti, Kate Raworth, "L'economia della ciambella. Sette mosse per pensare come un economista del XXI secolo".

Terra, eliminando la povertà, consentendo l'accesso a cure mediche, a forme educative innovative e a possibilità lavorative, investendo sulla felicità individuale, aumentando le opportunità, le aspettative e le condizioni di vita delle persone. Secondo diversi studi, tutto ciò diminuirebbe il tasso di natalità che inevitabilmente si consoliderebbe nel tempo. Nello specifico, un elemento può contribuire a ridurre significativamente le dimensioni medie delle famiglie, l'emancipazione femminile. La cura delle donne permette di offrire loro più opzioni di vita e statisticamente la scelta ricade spesso nell'avere meno figli e nel perseguire strade che fino a poco prima erano elitarie del genere maschile, in particolare in alcuni stati del mondo. Non solo, alcune ricerche mettono in luce che alzare gli standard di istruzione mondiale, in particolare nelle nazioni più povere, permetterebbe di raggiungere l'apice demografico umano molto velocemente[1].

Oggi possiamo osservare questo dato, la popolazione continua a crescere non per un aumento di nascite, dato che questo numero sta per stabilizzarsi, ma perché la vita media degli individui si è allungata notevolmente. In ogni caso quindi raggiungeremo per la prima volta nella storia umana questo picco, ma paradossalmente prima ciò avverrà e prima sarà più semplice mettere in atto quelle strategie sostenibili imprescinbili per trovare un equilibrio con il pianeta Terra. Quando il modello patriarcale attuale diventerà passo dopo passo obsoleto, sempre più donne avranno la possibilità di continuare a studiare più a lungo, permettendo così di raggiungere l'apice della popolazione mondiale ad un livello demografico più basso rispetto le previsioni attuali. Migliorare la qualità di vita di tutti, senza perpetuare il nostro impatto distruttivo sul pianeta, è possibile, abbiamo già tutte le consapevolezze per farlo.

Se volessimo, potremmo eliminare la povertà, nutrendo in modo sano e sostenibile tutta la popolazione mondiale, incentivando mo-

1 Il Wittgenstein Centre in Austria, ha dimostrato che se le nazioni più povere potessero migliorare i sistemi di istruzione alla velocità di quanto è avvenuto nella nazioni in via di sviluppo del ventesimo secolo, il picco della popolazione mondiale avverrebbe con 8,9 miliardi di persone nel 2060, anticipandolo di cinquant'anni quindi.

delli ecologici che permettano di superare le regole illogiche del paradigma consumistico attuale occidentale. Un cambiamento della tassazione può essere un inizio importante, come ha dimostrato già negli anni Novanta la Svezia introducendo la Carbon Tax[1]. Diverse istituzioni continuano a finanziare il settore dei combustibili fossili e altri contesti dell'economia incompatibili con la transizione ecologica. Dobbiamo mutare il modo in cui consumiamo, produciamo e investiamo. La finanza e gli investitori non possono più erogare fondi per progetti nocivi all'ambiente. Devono necessariamente aumentate le tasse per chi avvelena la Terra e perpetua spreco e rifiuti, e diminuire invece per chi ogni anno si impegna ad avere un impatto positivo e sostenibile. Così facendo tutte quelle tecnologie e approcci di business non ecologici, diventeranno sempre meno remunerativi e perseguibili. Cambiando il paradigma economico, tutto ciò può generare altrettanti profitti e posti di lavoro come delineato precedentemente. Attenborough spiega anche come le nazioni più povere che tutt'oggi hanno ancora molte foreste e praterie, potrebbero vendere degli ipotetici loro crediti di carbonio a quelle ancora legate ai combustibili fossili, strutturando il proprio sviluppo sulle energie rinnovabili e a bassa emissione.

Possiamo eliminare gradualmente e completamente le emissioni di carbonio per ricorrere a fonti di energia sostenibile (luce solare, acqua grazie alle onde e maree, vento, fonti geotermiche), come già alcune nazioni stanno facendo. L'inquinamento diminuirebbe così drasticamente e non ci sarebbe il pericolo che possano esaurirsi, poiché sono fonti di energia illimitata, efficiente e non inquinante. Inoltre, considerando che gli oceani svolgono un ruolo cruciale nel diminuire i livelli di anidride carbonica e sono una fonte di cibo fondamentale per noi umani, migliorando la loro biodiversità potremmo facilitare un equilibrio oramai perduto. Limitare la pesca o vietarla del tutto

1 La Carbon Tax (in italiano tassa sul carbonio) è una tassa sulle risorse energetiche che emettono diossido di carbonio nell'atmosfera. La carbon tax è una ecotassa, uno strumento di politica fiscale che prevede l'applicazione di una aliquota per ogni tonnellata di inquinamento da anidride carbonica rilasciata dai combustibili fossili.

in alcune zone, utilizzando tecniche sostenibili attraverso leggi che regolamentino le acque internazionali, potrebbe in un secondo momento fornirci tutto il pesce di cui necessitiamo.

Per di più, è essenziale diminuire i terreni destinati all'agricoltura intensiva per lasciare nuovamente spazio alla natura selvaggia, ad un'agricoltura sostenibile basata su principi ecologici, che eviti prodotti OGM, l'utilizzo di sostanze chimiche e monocolture, a favore di alimenti coltivati in armonia con madre natura, il tutto cambiando le nostre abitudini alimentari. Il pianeta non può in alcun modo sostenere miliardi di grandi carnivori, gli allevamenti di bestiame per carne e latticini sono una delle cause più deleterie del collasso a cui stiamo assistendo[1]. Con un'alimentazione più vegetariana, sarebbero sufficienti solo la metà dei terreni ora utilizzati. Nuove conoscenze tecnologiche in ambito agricolo, permettono inoltre di ottenere in maniera sostenibile produzioni di cibo che vantano una resa di dieci volte rispetto al passato, usando meno acqua, pesticidi, fertilizzanti ed emettendo meno CO2[2]. Come anticipato, incrementare la biodiversità permetterebbe l'accesso a buon cibo e aiuterebbe a stabilizzare il clima, senza ricorrere a quelle innovazioni utili per la cattura e il stoccaggio del carbonio. La natura selvaggia deve rimpadronirsi dei suoi spazi, fermando la deforestazione ed incentivando la piantagione di alberi, se ci prendiamo cura della natura, la natura si prenderà cura di noi.

In aggiunta, un aspetto che richiede oggi più che mai la nostra attenzione è quello dei rifiuti e degli scarti. Tutti i prodotti e materiali creati dalle industrie, nonché i rifiuti dei processi di fabbricazione, devono diventare risorse per altre aziende o devono essere materiali biodegradabili. Nessun bene dovrebbe essere venduto se non può

1 Il 70% della superficie agricola dell'Unione Europea è destinata a produrre mangime e foraggio per gli animali (il 40% dei terreni agricoli nel mondo è coltivato per la produzione di mangimi). Inoltre, secondo il WWF, gli allevamenti intensivi sono responsabili del 14,5% delle emissioni totali di gas serra.

2 Per approfondimenti su tutti questi temi, Johan Rockström e Mattias Klum, "Grande mondo, piccolo pianeta. La prosperità entro i confini planetari" e David Attenborough, "La vita sul nostro pianeta".

essere riciclato, poiché produce uno scarto non riutilizzabile. Luisi e Capra illustrano, «Essendo sistemi aperti, tutti gli organismi in un ecosistema producono rifiuti, ma i rifiuti di una specie sono cibo per un'altra specie, e così l'ecosistema nel suo complesso si mantiene privo di rifiuti solidi»[1].

Infine, abbiamo perlopiù conoscenze anche per uno sviluppo urbano ecologico, diminuendo l'utilizzo di automobili inquinanti e progettando città in armonia con la natura secondo i principi sostenibili dell'ecodesign. Un ambiente sano favorirebbe comunità coese meno stressate e quindi più sensibili ad occuparsi di queste fondamentali questioni.

Possiamo scegliere di vivere in armonia con la Madre Terra, l'avvento dell'Antropocene potrebbe essere il trampolino di lancio per consapevolezze spirituali dimenticate. Attenborough afferma, «Alla fine, dopo una vita di esplorazioni del mondo vivente, sono certo di una cosa. Qui non si tratta di salvare il pianeta. Si tratta di salvare noi stessi»[2]. La natura non ha alcun bisogno di noi, piuttosto è esattamente il contrario, «Per quanto gravi siano i nostri errori, la natura pare essere in grado di superarli, se gli viene data la possibilità. Il mondo vivente è sopravvissuto più volte alle estinzioni di massa. Ma noi umani non possiamo dare per scontato che averrà lo stesso per noi. Siamo arrivati fin dove siamo oggi perché siamo le creature più intelligenti mai vissute sulla Terra. Ma se vogliamo continuare ad esistere, avremo bisogno di qualcosa di più dell'intelligenza. Avremo bisogno di saggezza»[3].

Cambiamento e massa critica

Ricard ricorda, «La qualità della vita dipende dalle nostre aspira-

1 Fritjof Capra e Pier Luigi Luisi, "Vita e natura. Una visione sistemica", pag 560.
2 Estratto dal film documentario "David Attenborough: Una vita sul nostro pianeta".
3 David Attenborough, "La vita sul nostro pianeta", pag 196.

zioni profonde e dall'orientamento che vogliamo dare alla nostra esistenza»[1].

Stiamo attendendo proposte politiche di leader più consapevoli incentrate su quelle scelte delineate precedentemente e sul creare autentica felicità. Naranjo asserisce che «Il percorso collettivo di vera evoluzione non può essere quello della politica tradizionale, bensì lo stimolo all'evoluzione della coscienza»[2]. Aggiunge inoltre, «Abbiamo tentato di rimediare ai sintomi del nostro male senza occuparci della nostra natura fondamentale»[3]. Da qui partiamo per comprendere se le scelte che siamo chiamati a fare oggi, per un domani migliore, funzionano o meno rispetto alla nostra esperienza passata.

Partendo dall'educazione, i governi potrebbero realmente investire sul creare le condizioni ottimali per manifestarci nella nostra bellezza umana, con decisioni politiche ed economiche innovative, lavorando nel mentre per affrontare le crisi ecologiche appena illustrate. Uno sviluppo integrale di ciò che altro non è che il nostro funzionamento, dovrebbe essere una condizione fondamentale in qualsiasi approccio educativo e in qualsiasi agenda politica.

Siamo quindi creature così brutali che lasciate alle nostre inclinazioni creerebbero solo odio e violenza? E che quindi, per il nostro bene, dobbiamo essere governati da una élite spesso autonominatasi? Desidero ripeterlo ancora una volta, l'essere umano messo nelle corrette condizioni, può manifestarsi nei suoi aspetti più illuminati. È vero che viviamo in un sistema estremamente complesso, possiamo osservare forme di potere così strutturate e velate che paiono indistruttibili, ma è altrettanto vero che senza il nostro consenso e coinvolgimento questo spettacolo scadente può collassare. Ricard illustra, «Riconoscere che il cambiamento è un elemento imprescindibile della natura di tutti i fenomeni del mondo animato o inanimato ci evita

1 Matthieu Ricard, "Il gusto di essere felici", pag 133.
2 Claudio Naranjo, "L'ego patriarcale. Trasformare l'educazione per costruire una società sana", pag 87.
3 Ibidem, pag 26 prologo.

di aggrapparci alle cose come se dovessero durare eternamente»[1]. Se in sempre più neghiamo il nostro sostegno e la nostra partecipazione ai grandi inganni del sistema patriarcale che attualmente domina, proponendo scenari differenti, possiamo cambiare le regole del gioco.

Questo processo denominato *massa critica*, è stato più volte osservato in passato. Molti cambiamenti sono la conseguenza di prese di consapevolezza che colpiscono il conscio collettivo. Capra spiega, «Nello schema regolare di ascesa, culminazione, declino e disintegrazione che sembra essere tipico dell'evoluzione culturale, il declino si verifica quando una cultura è diventata troppo rigida - nelle sue tecnologie, idee o organizzazione sociale - per far fronte alla sfida di condizioni che vanno mutando. A questa perdita di flessibilità si accompagna una perdita generale di armonia, che conduce all'erompere di discordia e disgregazione sociale. Durante il processo di declino e di disintegrazione, le istituzioni sociali dominanti riescono ancora a imporre le loro concezioni sorpassate, ma vanno disgregandosi gradualmente, mentre nuove minoranze creative affrontano le nuove sfide con inventività e crescente fiducia»[2].

1 Matthieu Ricard, "I segreti della mente calma", pag 56.
2 Fritjof Capra, "Il punto di svolta. Scienza, società e cultura emergente" pag 345.

CONCLUSIONI

Alla fine dell'intervista per il film Viananda, Naranjo ha sottolineato come nell'arco della propria vita si sia più volte interfacciato con politici di diverse nazioni, constatando tuttavia che i governi non sono poi così realmente interessati ad una trasformazione dell'educazione per una nuova umanità. «Personalmente mi trovo in una condizione dove non posso più affermare che in una situazione come oggi, quando sono davanti ad una telecamera, la mia speranza sia nell'educazione. Non posso dire che la mia speranza sia che di fronte alla crisi sempre più grave del mondo, chi ha il potere si renda conto che dobbiamo cambiare la nostra mentalità, che dobbiamo cambiare la nostra coscienza e che la risorsa più potente sarebbe l'educazione. Non posso affermare ciò. Allora mi chiedo, dov'è la mia speranza? Perché io ho una speranza. Riassumo dicendo che è nel naufragio. Credo che proprio come nell'individuo non possa esserci un grande salto, una rinascita, senza passare attraverso una morte (questo è il tema eterno dei grandi miti, morire per rinascere in una vita diversa, purificata), [...] così anche nella società c'è ancora una possibilità di una morte e resurrezione. Una morte collettiva. Ci stiamo già avvicinando a questa morte, questa distruzione. Stiamo andando verso questo rinnovamento. E se pensiamo così, sorge la domanda: cosa possiamo fare? Ha senso non fare nulla o bisogna fare qualcosa?»[1].

Poi prosegue, «Anche se crediamo che l'umanità sopravviva ad una specie di diluvio universale, così come si dice che la vita sia sopravvissuta a diverse estinzioni sul pianeta, ci può essere più o meno sangue, può essere più o meno distruttiva, proprio come nel parto: ci sono parti buoni e ci sono parti molto problematici. La nostra speranza è che la morte non sia necessariamente la morte di tanti abitanti. [...] L'importante è distinguere che una cosa è la morte di massa delle persone e un'altra cosa è la morte della conoscenza obsoleta, la morte del sistema. Il fatto che il nostro sistema possa cambiare per un altro, corrisponde a ciò che nella scienza dei sistemi viene definito come il *punto di biforcazione*, in cui l'ordine del sistema muta in certe condizioni. Laszlo[2], il grande specialista nella scienza dei sistemi dice, molto concretamente: "o scompariamo, o mutiamo". Se avverrà questa trasformazione dipende molto da dov'è la nostra comprensione della questione. Le istituzioni sono molto poco ricettive, la politica è poco sensibile alla coscienza, la politica è basata sull'inganno e sulla manipolazione, ma la comunità umana si sta rendendo conto di come stanno le cose, di quello che sta succedendo e stiamo uscendo da molti miti, inclusa l'idea del patriarcato. Ora *patriarcato* è un termine che i rivoluzionari del mondo stanno facendo proprio, molte persone che stanno pensando alla necessità di un cambiamento, accusano il patriarcato. È una parola che sta canalizzando molte aspettative e speranze, è come se questo fosse ciò che dobbiamo lasciarci alle spalle. C'è qualcosa che si sta risvegliando e questo mi sembra che sia il fattore determinante. [...] Il vocabolo *apocalisse*, che si traduce come *rivelazione*, non si riferisce tanto a capire i misteri spirituali, ma a comprendere quello che sta accadendo, diventare consapevoli della vita mostruosa che siamo conducendo»[3].

1 Estratto dall'intervista per il film Viananda.
2 Ervin László (Budapest, 12 giugno 1932) è un filosofo ungherese, considerato il fondatore della teoria dei sistemi.
3 Estratto dall'intervista per il film Viananda.

Da quando sono nato ad oggi che scrivo queste righe, sono trascorsi esattamente trent'anni. In soli tre decenni ho potuto osservare un'accelerazione incredibile di un cambiamento distruttivo che ci ha guidati alle grandi sfide e crisi del nostro tempo. Abbiamo analizzato come il nostro mal funzionamento e la pericolosa sconnessione con la parte più autentica che ci costituisce, siano tra le cause principali del male presente oggi nel mondo. D'altro canto, un barlume di consapevolezza risveglia sempre più veri e propri guerrieri di luce che combattono nel concreto per un futuro diverso. Questi guerrieri conducono rivoluzioni non violente e si rivolgono all'unico luogo possibile di cambiamento profondo: i nostri cuori.

Mi chiedo se tra altri trent'anni riusciremo a consegnare alle generazioni future un mondo migliore. È radicata in me la speranza e la convinzione che insieme possiamo veramente fare un salto di ottava collettivo. In alcuni istanti tuttavia provo grande rabbia e paura, poiché è chiaro che ci troviamo come specie all'apice di una crisi che a molti sembra ancora non interessare particolarmente. Credo che le generazioni attuali siano le prime nella storia dell'umanità a dover affrontare questa situazione e saranno anche tra le ultime se non applicheremo nell'arco della nostra vita efficaci soluzioni sistemiche. Naranjo afferma, «Il fatto che il nostro parto collettivo sia realizzabile, e più o meno traumatico, dipenderà sicuramente da come lavoreremo per la nostra evoluzione individuale e collettiva e, così come oggi sappiamo che i padri non possono fare per il bene dei figli nulla di così importante come occuparsi della conoscenza di se stessi, forse il meglio che possiamo fare per il bene comune - al di là delle buone cause che vogliamo appoggiare - sarà "iniziare da casa", interessandoci all'evoluzione della nostra coscienza per poter trascendere il nostro "piccolo Io" e così farci saggi e solidali»[1].

Alcune consapevolezze possono entrare nel conscio collettivo nel momento in cui vengono alimentate e sostenute da un grande numero

1 Claudio Naranjo, "L'ego patriarcale. Trasformare l'educazione per costruire una società sana", pag 174.

di individui. Ciò richiede spesso una situazione di crisi che si manifesta su vari livelli, come quella attuale, un apice di caos che può facilitare una futura omeostasi dell'intero sistema. Nonostante il tragico scenario a cui assistiamo, stiamo quindi vivendo un'opportunità.

Scelgo, nel mio piccolo, di lavorare per dare il mio contributo nel quotidiano per un'umanità più risvegliata, nella speranza che sempre più individui risuonino con i temi toccati nel film e nel libro Viananda. Piccoli spunti che spero abbiano nutrito in te un desiderio di approfondimento. Abbiamo illustrato come sia necessario un approccio integrato per affrontare i mali attuali, partendo da un profondo e attento lavoro di trasformazione interiore, prendendoci innanzitutto cura di corpo, emozioni e psiche. Ad un miglior funzionamento e comprensione dei sistemi che ci costituiscono, possiamo affiancare il lavoro di risveglio di sé, alimentando in noi consapevolezze spirituali ed ecologiche, e lo studio e modellamento della struttura del carattere, integrando l'ombra presente in ciascuno di noi. Inoltre, l'allenamento quotidiano delle virtù essenziali di cui abbiamo discusso può essere una via per manifestarci con maggiore bellezza. È chiaro che il sostegno di abili conoscitori dell'animo umano in tutto questo processo alchemico può rivelarsi essenziale.

Nel contempo, oltre a questo fondamentale punto di partenza, possiamo concentrarci sui tre ambiti toccati nella seconda parte del libro. Attraverso una nuova educazione dall'età prescolare fino alle università, grazie ad un paradigma economico rivoluzionario incentrato sulla cura e ad una politica consapevole guidata da nuovi leader, possiamo trasformare la drammatica condizione attuale.

Questo libro è dedicato agli uomini che verranno, quindi in particolare mi riferisco ai più giovani d'oggi e agli essere umani non ancora nati, i quali spero abbiano la possibilità di sorridere della nostra stupidità. Mi auguro che questa ricerca possa sostenere e favorire la rivoluzione interiore e culturale in atto, già osservabile nella sua fase embrionale.

Quello che abbiamo delineato non è solo un bel sogno, è piuttosto una possibilità concreta frutto di una scelta che ciascuno di noi è chiamato a fare.

RINGRAZIAMENTI

Col cuore colmo di gratitudine, ringrazio innanzitutto i miei genitori, Paola e Gianfranco, per avermi donato la vita e per avermi sempre permesso di essere ciò che sono.

Ringrazio i miei nonni Nelca, Linda, Angelo e Valente per l'amore, la cura e il sostegno dimostrato fin dalla più tenera età.

Ringrazio Greta, gioiosa compagna con cui da anni condivido il medesimo cammino.

Ringrazio Francesco Garbo per aver creduto fin dal principio nel progetto Viananda e per aver contribuito con passione e dedizione alla sua realizzazione.

Ringrazio Claudio Naranjo, Roberto Maria Sassone, Riane Eisler, Matthieu Ricard e Pier Luigi Luisi per aver scelto di partecipare al film Viananda.

Ringrazio Francesco Ciprian per l'aiuto nel correggere gli errori ortografici del libro in fase di revisione.

Ringrazio tutti gli amici, parenti ed insegnanti che mi hanno sostenuto su più livelli durante la mia esistenza.

Infine ringrazio te per aver dedicato il tuo tempo alla lettura di questo libro.

Una felice vita a tutti noi.

BIBLIOGRAFIA

Allione Tsultrim, “Nutri i tuoi demoni. Risolvere i conflitti interiori con la saggezza del Buddha”, Milano, Mondadori, 2017

Andolfi Maurizio, “Manuale di psicologia relazionale”, Roma, Accademia di Psicoterapia della Famiglia, 2009

Attenborough David, “La vita sul nostro pianeta. Come sarà il futuro?”, Milano, Piemme, 2020

Baddeley Alan, Eysenck Michael W. e Anderson Michael C., “La memoria”, Bologna, Il Mulino, 2011

Bandura Albert, “Autoefficacia. Teoria e applicazioni”, Trento, Erickson, 2000

Berne Eric, “A che gioco giochiamo: Un classico della psicologia contemporanea”, Milano, Bompianti, 2013

Berne Eric, “Analisi transazionale e psicoterapia. Un sistema di psichiatria sociale e individuale”, Roma, Astrolabio, 1978

Birkenbihl Vera F., “Stress e felicità”, Milano, Franco Angeli, 1993

Bowen Burray, “Dalla famiglia all’individuo. La differenziazione del sé nel sistema familiare”, Roma, Astrolabio, 1979

Capra Fritjof e Luisi Pier Luigi, “Vita e natura. Una visione sistemica”, Sansepolcro, Aboca, 2014

Capra Fritjof, “Il tao della fisica”, Milano, Adelphi, 2003

Capra Fritjof, “Il punto di svolta. Scienza, società e cultura emergente”, Milano, Feltrinelli, 2000

Chomsky Noam, ”Le dieci leggi del potere: Requiem per il sogno americano”, a cura di P. Hutchinson, K. Nyks e J. P. Scott, Milano, Ponte alle Grazie, 2017

Chomsky Noam, “Capire il potere”, a cura di P. R. Mitchell e J. Schoeffel, Milano, Il Saggiatore, 2017

Chomsky Noam, “Chi sono i padroni del mondo”, Milano, Ponte alle Grazie, 2019

Chomsky Noam e Herman Edward S., “La fabbrica del consenso: l’economia politica dei mass media”, Milano, Il Saggiatore, 2014

Chomsky Noam, “Illusioni necessarie: mass media e democrazia”, Milano, Elèuthera, 2010

Chomsky Noam, “Media e potere”, Lecce, Bepress Edizioni, 2014

Chomsky Noam, “Dis-Educazione. Perché la scuola ha bisogno del pensiero critico", Milano, Mondadori, 2019

Damasio Antonio R., "L'errore di Cartesio. Emozione, ragione e cervello umano", Milano, Adelphi, 1995

Dazzi Nino, Lingiardi Vittorio e Colli Antonello, "La ricerca in psicoterapia. Modelli e strumenti", Milano, Raffaello Cortina Editore, 2006

De Mello Anthony, "Messaggio per un'aquila che si crede un pollo", Milano, Mondadori, 2018

Dethlefsen Thorwald, "Il destino come scelta.", Roma, Edizioni Mediterranee, 1984

Einstein Albert, "Il mondo come io lo vedo", Roma, Newton Compton, 2010

Eisler Riane, "Il Calice e la Spada. La civiltà della Grande Dea dal Neolitico ad oggi", Udine, Forum, 2011

Eisler Riane, "La vera ricchezza delle nazioni. Creare un'economia di cura", Udine, Forum, 2015

Eisler Riane, "Il potere della partnership. Sette modalità di relazione per una nuova vita", Udine, Forum, 2018

Fivaz-Depeursinge Elisabeth e Corboz-Warnery Antoinette, "Il triangolo primario. Le prime interazioni triadiche tra padre, madre e bambino", Milano, Raffaello Cortina, 2000

Freud Sigmund, "Tre saggi sulla teoria sessuale", Milano, RCS Libri,

2010

Freud Sigmund, "Psicoanalisi infantile", Torino, Boringhieri, 1968

Freud Sigmund, "La teoria psicoanalitica. Raccolta di scritti 1911-1938", Torino, Boringhieri, 1984

Fromm Erich, "Marx e Freud. Una visione unitaria delle due dottrine che hanno trasformato il mondo", Milano, I Garzanti, 1974

Gambini Paolo, "Psicologia della famiglia. La prospettiva sistemico-relazionale", Milano, Franco Angeli, 2016

Garrett Bob, "Cervello e Comportamento", Bologna, Zanichelli, 2006

Giacconi Gianluigi, "Il potere della respirazione consapevole. Manuale di tecniche di respirazione terapeutica per sviluppare la positività globale dell'Essere umano", Firenze, Aldenia Edizioni, 2013

Giacconi Gianluigi, "Pan, panico e Peter Pan. All'origine della paura, dell'ansia e degli attacchi di panico", Firenze, Aldenia Edizioni, 2014

Giacconi Gianluigi, "Pan, panico e Peter Pan 2. Strategie integrate e naturali di intervento per i disturbi ansioso/depressivi e per gli attacchi di panico", Udine, Orto della Cultura, 2019

Girotto Vittorio, "Introduzione alla psicologia del pensiero", Bologna, Il Mulino, 2013

Goleman Daniel, "Intelligenza emotiva", Milano, Rizzoli, 2011

Groddeck Georg, "Il libro dell'Es. Lettere di psicoanalisi ad una amica", Milano, Adelphi, 2013

Gurdjieff Georges I., "Incontri con uomini straordinari", Milano, Adelphi, 1977

Jampolsky Gerald, "Amare è lasciare andare la paura", Cesena, Macro Edizioni, 2011

Kabat-Zinn Jon, "Vivere momento per momento. Sconfiggere lo stress, il dolore, l'ansia e la malattia con la mindfulness", Milano, TEA, 2019

Kabat-Zinn Jon "La scienza della meditazione. Perché la mindfulness è così importante", a cura di D. Petech, Milano, Corbaccio, 2019

Kahneman Daniel, "Pensieri lenti e veloci", Milano, Mondadori, 2011

Kopp Sheldon B., "Se incontri il Buddha per la strada uccidilo. Il pellegrinaggio del paziente nella psicoterapia", Roma, Astrolabio, 1975

Làdavas Elisabetta e Berti Anna, "Neuropsicologia", Bologna, Il Mulino, 2020

Legrenzi Paolo, Luccio Riccardo, Caprana Gian Vittorio, Gerbino Walter e Umiltà Carlo, "Manuale di psicologia generale", Bologna, Il Mulino, 1997

Lo Coco Gianluca e Lo Verso Girolamo, "La cura relazionale. Disturbo psichico e guarigione nelle terapia di gruppo", Milano, Raffaello Cortina, 2006

Lo Coco Gianluca, Prestano Claudia e Lo Verso Girolamo, "L'efficacia clinica delle psicoterapie di gruppo", Milano, Raffaello Cortina, 2008

Loriedo Camillo e Picardi Angelo, "Dalla teoria generale dei sistemi alla teoria dell'attaccamento. Percorsi e modelli della psicoterapia sistemico-relazionale", Milano, Franco Angeli, 2016

Loscalzo Joseph, Barabàsi Albert-Làszlò, Silverman Edwin K., "La medicina delle reti. Una nuova visione sistemica della malattia e della cura", Sansepolcro, Aboca, 2020

Lowen Alexander, "La spiritualità del corpo. L'armonia del corpo e della mente con la bioenergetica", Roma, Astrolabio, 1991

Lowen Alexander, "Bioenergetica", Milano, Feltrinelli, 2019

Lucangeli Daniela, "Cinque lezioni leggere sull'emozione di apprendere", Trento, Erickson, 2019

Maclean Paul D., "Evoluzione del cervello e comportamento umano", Torino, Einaudi, 1984

Mazzara Bruno M., "Stereotipi e pregiudizi", Bologna, Il Mulino, 1997

Minuchin Salvador, "Famiglie e terapie della famiglia", Roma, Astrolabio, 1976

Motterlini Matteo, "Trappole mentali. Come difendersi dalle proprie illusioni e dagli inganni altrui", Milano, Mondadori, 2018

Mujica José, "Non fatevi rubare la vita", a cura di Cristina Guarnieri, Roma, Oblò Castelvecchi, 2018

Mujica José, "La felicità al potere", a cura di Cristina Guarnieri e Massimo Sgroi, Roma, Oblò Castelvecchi, 2020

Naranjo Claudio, "La rivoluzione che stavamo aspettando. Ecologia profonda, educazione etica e consapevolezza per vivere la crisi come rinascita", Firenze, Terra Nuova, 2014

Naranjo Claudio, "L'ego patriarcale. Trasformare l'educazione per costruire una società sana", a cura di Alessandra Callegari, Milano, Feltrinelli, 2009

Naranjo Claudio, "Carattere e nevrosi. L'enneagramma dei tipi psicologici", Roma, Astrolabio, 1996

Naranjo Claudio, "La civiltà, un male curabile", Milano, Franco Angeli, 2017

Naranjo Claudio, "La via del silenzio e la via delle parole", Roma, Astrolabio, 1999

Naranjo Claudio, "Esperienze di trasformazione con l'enneagramma. Un'analisi dei sottotipi", Roma, Astrolabio, 2015

Naranjo Claudio, "Gli enneatipi in psicoterapia. I tipi dell'enneagramma nella vita, nella letteratura e nella pratica clinica", Roma, Astrolabio, 2003

Nardone Giorgio, "La terapia in tempi brevi. Paura, panico, fobie", Milano, TEA, 2013

Nicoletti Roberto e Rumiati Rino, "I processi cognitivi", Bologna, Il Mulino, 2011

Ouspensky Peter D., "La quarta via. Discorsi e dialoghi secondo l'insegnamento di G.I. Gurdfieff", Roma, Astrolabio, 1974

Ouspensky Peter D., "L'evoluzione interiore dell'uomo", Roma, Edizioni Mediterranee, 2010

Papagno Costanza, "Neuropsicologia della memoria", Bologna, Il Mulino, 2010

Perls Fritz, "La terapia gestaltica. Parola per parola", Roma, Astrolabio, 1980

Perls Fritz, Hefferline R. F., Goodman Paul, "Teoria e pratica della terapia della Gestalt. Vitalità e accrescimento della personalità umana", Roma, Astrolabio, 1997

Pert Candance B., "Molecole di emozioni. Perché sentiamo quel che sentiamo?", Milano, TEA, 2013

Rajneesh Osho, "Innamorarsi dell'amore", Milano, Mondadori, 2015

Raworth Kate, "L'economia della ciambella. Sette mosse per pensare come un economista del XXI secolo", Milano, Edizioni Ambiente, 2017

Reich Wilhelm, "L'assassinio di Cristo", Varese, Sugarco Edizioni, 1972

Reich Wilhelm, "Analisi del carattere", Varese, Sugarco Edizioni,

1994

Ricard Matthieu, "Il gusto di essere felici: Saggezza e benessere in ogni momento della vita", Piemme e Sperling & Kupfer, 2014

Ricard Matthieu, "I Segreti della Mente Calma. L'arte della meditazione per apprendere, pensare e risolvere", Piemme e Sperling & Kupfer, 2018

Rockström Johan e Klum Mattias, "Grande mondo, piccolo pianeta. La prosperità entro i confini planetari", Milano, Edizioni Ambiente, 2015

Rolf Eric, "Iniziazione alla medicina dell'anima. La vita va assaporata", Roma, Edizioni Mediterranee, 2009

Sassone Roberto M., "Wilhelm Reich: dall'energia vitale alla spiritualità naturale", Milano, Anima Edizioni, 2018

Sassone Roberto M., "Educazione alla Ricerca Interiore. Senza Corpo non c'è Spirito", Milano, Anima Edizioni, 2012

Sassone Roberto M., "La Ricerca dell'Amore. Un ponte tra Reich e Sri Aurobindo", Milano, Anima Edizioni, 2008

Siegel Daniel J., "Mindfulness e cervello", Milano, Raffaello Cortina, 2014

Siegel Daniel J., "La mente adolescente", Milano, Raffaello Cortina, 2014

Siegel Daniel J., "La mente relazionale. Neurobiologia dell'esperienza interpersonale", Milano, Raffaello Cortina, 2013

Siegel Daniel J., Payne Bryson Tina, "12 strategie rivoluzionarie per favorire lo sviluppo mentale del bambino", Milano, Raffaello Cortina, 2012

Thich Nhat Hanh, "Il miracolo della presenza mentale", Roma, Astrolabio, 1992

Thich Nhat Hanh, "Respira! Sei vivo", Roma, Astrolabio, 1994

Tolle Eckhart, "Il potere di adesso", Rimini, Edizioni My Life, 2013

Tolle Eckhart, "Come mettere in pratica il potere di adesso", Rimini, Edizioni My Life, 2014

Watzlawick Paul, Beavin Janet H., Jackson Don D., "Pragmatica della comunicazione umana", Roma, Astrolabio, 1971

Finito di stampare
nel mese di maggio 2022
presso Rotomail Italia S.p.A. – Vignate (MI)